F

TRAITÉ-FORMULAIRE

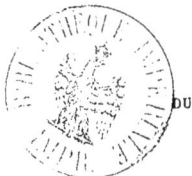

DU

CONTRAT DE MARIAGE

EXPLICATION DE QUELQUES ABRÉVIATIONS

Dict. Not.	Dictionnaire du Notariat (4e édition).
Roll.	Rolland de Villargues (2e édition).
J. N.	Journal des Notaires et des Avocats.
Jur. N.	Jurisprudence du Notariat, fondée par Rolland de Villargues.
Journ. du Not.	Journal du Notariat et des Offices ministériels.
Cass.	Cassation.
Zach.	Zachariæ, édition Massé et Vergé.
Marcadé, 1599, 2.	Marcadé, art. 1599, n° 2.
Garnier ou R. G.	Répertoire général de l'enregistrement de M. Garnier.
R. P., ou Rép. pér.	Répertoire périodique de l'Enregistrement.
I, ou Instr. Rég.	Instruction de la régie.
Dél.	Délibération de la régie.
Sol.	Solution de la régie.
D. M. F.	Décision du ministre des finances.

Paris. — Imprimerie de E. DONNAUD, rue Cassette, 9.

TRAITÉ-FORMULAIRE

DU

CONTRAT DE MARIAGE

SUIVANT UNE

MÉTHODE NOUVELLE

PLAÇANT LA FORMULE A COTÉ DE L'EXPLICATION THÉORIQUE

PAR

<table>
<tr><td>DEFRÉNOIS</td><td>VAVASSEUR</td></tr>
<tr><td>Clerc de notaire à Paris.</td><td>Avocat à la Cour impériale de Paris.</td></tr>
<tr><td>Ancien principal clerc de notaire à Évreux.)</td><td>(Ancien principal clerc de notaire à Paris)</td></tr>
</table>

Prix : **4 francs**.

PARIS

A L'ADMINISTRATION DU JOURNAL DES NOTAIRES ET DES AVOCATS

52, RUE DES SAINTS-PÈRES, 52.

1865

INTRODUCTION.

Le contrat de mariage est un de ces actes qui se passent souvent en dehors de l'étude du notaire; car il n'arrive pas toujours qu'il ait pu être rédigé à loisir, sur des notes prises à l'avance.

C'est pour cette raison que nous avons cru devoir, comme déjà nous l'avons fait pour l'*Inventaire*, extraire de notre ouvrage en cours de publication (1), un *Traité-formulaire du contrat de mariage*.

Ce traité devait nécessiter une grande variété dans les formules, à cause de la liberté laissée par la loi aux parties pour la rédaction de leurs conventions matrimoniales. En cette matière, le législateur s'efface et abdique en quelque sorte devant les volontés individuelles; chacun est constitué le maître de faire sa loi matrimoniale : de là une diversité infinie dans les clauses et les combinaisons possibles.

Toutefois, le législateur, pour faciliter l'usage de cette liberté, a offert au choix des parties un certain nombre de régimes-types, non certes arbitrairement imaginés, mais empruntés à nos anciennes traditions nationales, et il a donné la prééminence au régime de la communauté, qui constitue ainsi le *droit commun de la France*.

(1) *Traité pratique et formulaire général du Notariat*, à l'administration du *Journal des Notaires et des Avocats*, rue des Saints-Pères, 52, à Paris; 4 vol. grand in-8°. — Prix : 32 fr.

Le régime de la communauté est d'ailleurs lui-même purement facultatif ; et il est seulement applicable aux époux qui ne déclarent pas vouloir en choisir un autre ; mais leur silence est considéré comme un acquiescement, et il est parfaitement exact de dire que les dispositions du Code Napoléon qui établissent les règles de la communauté légale tiennent lieu de contrat de mariage à ceux qui n'en font pas ; elles forment leur statut matrimonial, statut éminemment personnel comme le statut conventionnel lui-même, suivant les époux français en tous pays au même titre et de la même manière que si, par un contrat spécial, ils avaient déclaré se marier sous le régime de la communauté.

Cependant, toute liberté a ses limites naturelles ; et il va de soi que les conventions contraires aux bonnes mœurs seraient frappées d'une nullité radicale, de même que celles qui porteraient atteinte à ces dispositions de nos lois qui sont considérées comme intéressant l'ordre public. C'est également en vain qu'on tenterait d'amalgamer dans un contrat de mariage des conventions contradictoires ou inconciliables ; mais rien n'empêche d'emprunter à plusieurs régimes des éléments divers, s'ils peuvent s'accorder entre eux ; la liberté ne s'arrête qu'au point où la nature des choses fait obstacle.

En dehors de ces limites, toujours faciles à déterminer, le choix entre les divers régimes ou entre les combinaisons dont ils sont susceptibles est entièrement libre ; et souvent ce n'est pas un médiocre embarras pour les parties, surtout pour leurs conseils, que de fixer leurs préférences.

Dans beaucoup de contrées, des habitudes locales invétérées ne laissent guère d'hésitation ; mais il n'en est pas de même dans certains pays qui forment comme des zones intermédiaires où la communauté et le régime dotal se livrent une lutte d'influence. Là, le rôle du notaire est difficile ; il est pour ainsi dire l'arbitre forcé des familles, et l'opinion qu'il exprimera sera presque toujours acceptée. Les tendances les plus générales étant favorables à la communauté, ce dernier régime l'emportera le plus souvent ; aussi peut-on remarquer que le régime dotal recule de plus en plus, pressé par le régime rival qui l'envahit et le déborde de toutes parts.

Ce n'est pas toutefois la communauté pure qui tend ainsi à prévaloir, mais la communauté mitigée, réduite aux acquêts provenant de la collaboration des époux ou de leurs économies. Déjà, lors de la confection du Code Napoléon, ce régime avait trouvé des partisans exclusifs qui prétendaient en faire le droit commun de la France, soit comme étant le plus conforme à l'équité naturelle, soit parce qu'il conserve le mieux les biens dans les familles. Ces raisons sont plus puissantes aujourd'hui en présence de l'extension considérable qu'a prise la fortune mobilière, et elles font aisément comprendre la prépondérance toujours croissante de la communauté restreinte aux acquêts.

Cependant, il faut le reconnaître, il est impossible de donner *à priori*, et d'une manière absolue, la préférence à tel régime sur tel autre. Dans chaque cas particulier, on doit tenir compte de la condition sociale des époux et de leurs familles; c'est ainsi que, même dans les pays de communauté, le régime dotal est vu avec faveur parmi les familles opulentes, étrangères au négoce et aux spéculations, et dont l'esprit conservateur préfère une tranquille sécurité aux avantages incertains d'une liberté hasardeuse. C'est encore le vieux principe romain qui leur sert de guide : *Interest reipublicæ dotes mulierum esse salvas*, mais avec une modification qui lui fait heureusement perdre de sa rudesse primitive pour s'adapter à notre civilisation; il est bien rare en effet que la dotalité ne soit pas tempérée par la société d'acquêts, qui rehausse la dignité de la femme en lui donnant au foyer domestique une place égale à celle du mari, en l'intéressant à la bonne administration et au succès des affaires communes.

Un autre tempérament non moins important, c'est la faculté d'aliéner moyennant remploi, qui est aujourd'hui généralement usitée, et qui permet aux époux de suivre dans une certaine mesure les progrès de la fortune publique, en saisissant l'occasion de placements avantageux.

Dans ces conditions, le régime dotal se rapproche sensiblement du régime de la communauté; et il peut même arriver que le rapprochement soit tel qu'il en résulte une sorte de mélange de nature à produire une confusion apparente entre l'un et l'autre, c'est lorsque le contrat de mariage en communauté stipule une obligation formelle de remploi ou d'emploi pour les biens de la femme, avec injonction aux tiers d'exiger l'exécution de cette obligation.

Nous savons qu'on a contesté la légalité de cette clause, et soutenu qu'il était nécessaire en pareil cas de soumettre expressément au régime dotal les biens qu'on voulait assujettir au remploi ; mais cette opinion ne semble pas suivie par la jurisprudence. Il est certain toutefois que la dotalité partielle peut être valablement stipulée, et qu'elle produit des effets incontestablement plus étendus que la simple obligation de remploi.

Le Code admet deux autres régimes que nous appellerons exceptionnels, à cause de la rare application qui en est faite : c'est *la non-communauté et la séparation de biens;* deux expressions qui, pour les gens du monde, semblent synonymes, mais qui, pour le jurisconsulte, répondent à des situations très-distinctes :

La femme mariée en non-communauté est, quant à l'administration de ses biens, sous la dépendance absolue du mari ; elle n'a aucune part aux gains ni aux économies ; en sorte que les risques qu'elle est tenue de subir de la part d'un mari, gérant incapable ou infidèle, ne sont compensés par aucun profit. C'est le régime dotal sans la société d'acquêts et sans la sécurité qu'il procure. On peut se demander quelle sera la femme assez mal inspirée ou assez abandonnée pour accepter une position aussi précaire, et consentir à se faire, pour la vie entière, l'humble servante de l'homme qui aura daigné lui apporter son nom.

Avec la séparation de biens, au contraire, la femme conserve sa personnalité ; elle peut, en dehors de son mari, et sans même le consulter, recevoir ses revenus et ses capitaux, louer ses immeubles, en un mot gérer sa fortune à ses risques et périls comme à son profit. On doit avouer qu'un tel régime n'est guère de nature à resserrer le lien conjugal, et qu'il aura plutôt pour effet de le distendre et de le relâcher. Il peut néanmoins servir de sauvegarde lorsque l'un des époux a des créanciers qui pourraient saisir les meubles de l'autre ; il peut encore convenir lorsque le mariage est contracté entre personnes arrivées à la maturité, ou ayant des enfants d'un premier lit, ou lorsque la femme est habituée à la gestion personnelle de ses affaires et veut conserver dans sa nouvelle situation une indépendance relative que l'administration de ses biens peut seule lui donner.

En résumé, le régime de la communauté réduite aux acquêts continuera d'être le plus fréquemment adopté. Néanmoins nous ne pouvons passer sous silence une importante question, jusqu'ici peu connue dans la pratique : on s'est demandé si la communauté réduite aux acquêts produit identiquement les mêmes effets que l'exclusion du mobilier présent et futur. Dans l'ignorance de la question, beaucoup de rédacteurs de contrats de mariage ont adopté indifféremment l'un ou l'autre régime ; à l'inverse, il est à notre connaissance personnelle que des praticiens distingués, à Paris même, ont rejeté systématiquement la communauté d'acquêts, dans la crainte que le mobilier apporté sans inventaire ne fût réputé acquêt, aux termes de l'art. 1499 C. N., malgré l'estimation en bloc qui lui serait donnée, et certains arrêts ont semblé donner raison à ces craintes. Quoiqu'elles soient, selon nous, exagérées, comme il est du devoir du notaire d'éviter les procès à venir par la précision des formules qu'il emploie, nous ne saurions recommander avec trop d'instance, quel que soit le régime adopté, de ne laisser aucun doute sur les points qui ont été signalés par la doctrine, comme constituant des différences entre les deux régimes. Ces points sont les suivants :

1° Le sort des dettes antérieures au mariage ;

2° La reprise de la valeur des apports mobiliers qui seraient estimés en bloc et sans inventaire ;

3° L'étendue du droit d'administration du mari sur les meubles et valeurs mobilières que la femme se réserve de reprendre en nature.

D'ailleurs parmi nos formules on en trouvera qui donnent satisfaction à ces scrupuleuses préoccupations.

Nous avons à soumettre à nos lecteurs une dernière observation : Il est

d'usage que les époux se fassent par contrat de mariage une donation mu
tuelle en usufruit ou en propriété; le notaire est presque toujours consulté
sur l'importance de cette donation, et son embarras doit être souvent asse?
grand. En pareil cas son premier soin, à notre avis, doit être d'averti?
les parties que la donation est irrévocable, et qu'il importe pour cette raison de ne pas engager l'avenir tout entier ; que la prudence la plus vul-
gaire conseille aux époux de se réserver la disposition d'une partie de leu?
fortune, soit pour récompenser des services ou des dévouements, soi?
même pour ajouter pendant le mariage aux faveurs contractuelles une
libéralité que le conjoint ne tiendrait que d'une volonté réfléchie et toujours persistante. Là devra se borner, autant que possible, le rôle d?
notaire; que si les parties le pressent et insistent pour obtenir un consei?
précis, nous pensons qu'il pourra leur faire connaître l'usage assez généralement répandu, qui consiste à limiter la donation contractuelle à une
quotité en usufruit, comme une moitié, un tiers ou un quart. En agissan?
ainsi, loin de mériter le reproche d'avoir pesé sur la volonté de ses clients
il aura conscience d'avoir rempli son devoir tout entier; car il sait que c?
qui élève si haut l'institution notariale dans la considération publique.
c'est cette belle prérogative qui appartient au notaire d'être volontaire-
ment accepté pour conseil et pour guide de ceux qui veulent faire donne?
l'authenticité à leurs conventions.

DU
CONTRAT DE MARIAGE.

CHAPITRE PREMIER

DES FORMES DU CONTRAT DE MARIAGE.

1. Le contrat de mariage est l'acte que passent les futurs conjoints pour fixer les règles qui régiront leur association conjugale quant aux biens (C. N. 1387).

2. Le contrat de mariage est *exprès* lorsque les époux règlent par écrit les conventions spéciales de leur mariage (C. N. 1387). Il est *tacite* lorsque l'association conjugale est régie par la loi, à défaut de conventions spéciales écrites (C. N. 1387, 1399 à 1496).

3. Les époux peuvent faire telles conventions matrimoniales qu'ils jugent à propos, pourvu qu'elles ne soient pas contraires aux bonnes mœurs (C. N. 1387); toutefois ils ne peuvent déroger ni aux droits résultant de la puissance maritale sur la personne de la femme (1) et des enfants, ou qui appartiennent au mari comme chef, ni aux droits conférés aux survivants des époux par le titre de la *puissance paternelle* et par le titre *de la minorité, de la tutelle et de l'émancipation*, ni aux dispositions prohibitives de la loi (C. N. 1388); les époux ne peuvent non plus faire aucune convention ou renonciation dont l'objet serait de changer l'ordre légal des successions soit par rapport à eux-mêmes dans la succession de leurs enfants ou descendants, soit par rapport à leurs enfants entre eux, sans préjudice des donations entre-vifs ou testamentaires qui peuvent avoir lieu selon les formes et dans les cas déterminés par la loi (C. N. 1389); ni stipuler d'une manière générale que leur association sera

§ 1. — INTITULÉ ET CLOTURE DU CONTRAT DE MARIAGE.

FORMULE 1. — **Fils majeur et fille mineure; père et mère.** (N°s 1 à 7.)

PAR-DEVANT M^e . . .

ONT COMPARU :

1° M. Louis-Auguste ROUSSET, professeur, demeurant à . . ., chez ses père et mère, ci-après nommés,

Majeur, étant né à . . . . le . . . . .; issu du mariage d'entre M. Eloi ROUSSET, propriétaire, et Mme Elisa BOISNEY, demeurant ensemble à . . .,

Stipulant en son nom personnel,

D'UNE PART;

2° M. et Mme ROUSSET père et mère, ci-dessus nommés, qualifiés et domiciliés, la femme de son mari autorisée,

Stipulant tant pour assister le futur époux, leur fils, qu'à cause de la donation qu'ils lui feront ci-après,

AUSSI D'UNE PART ;

(1) On ne pourrait stipuler que la femme choisira le domicile commun, ni qu'elle ne sera pas tenue de suivre son mari; mais l'on pourrait valablement stipuler : 1° que la femme ne serait pas tenue de suivre son mari s'il venait à s'établir en pays étranger pour s'y faire naturaliser : Troplong, n° 39; 2° que pour de graves raisons de santé, de sûreté ou de pudeur, la femme n'habitera pas tel pays : Rodière et Pont, I. 53; Troplong, n° 58; Marcadé, 1389. 4; Trib. Senlis, 9 octobre 1835.

réglée par l'une des coutumes, lois ou statuts locaux qui régissaient ci-devant les diverses parties du territoire français (1) (*C. N. 1590*).

4. Tout contrat de mariage postérieur au 1er janvier 1851 n'est opposable aux tiers qu'autant que son existence a été déclarée dans l'acte de célébration du mariage, voir notre *Traité form., n° 1001, 10°*. Si cet acte porte que les époux se sont mariés sans contrat, la femme est réputée, à l'égard des tiers, capable de contracter dans les termes du droit commun, à moins que, dans l'acte qui contient son engagement, elle n'ait déclaré avoir fait un contrat de mariage (*C. N. 1391 et loi du 18 juill. 1850*).

5. Toutes conventions matrimoniales doivent, à peine de nullité (2), être rédigées avant le mariage, par acte devant notaire (*C. N. 1394*), et en minute (3).

6. Si le contrat de mariage a été fait sous seings privés, le simple dépôt pour minute, qui en serait fait en l'étude d'un notaire, même par toutes les parties et avec reconnaissance d'écriture, ne remplirait pas le vœu de la loi (4). Il semble qu'il devrait en être autrement si l'acte de reconnaissance, d'ailleurs antérieur au mariage, relatait en substance les conventions du contrat, et surtout si les parties déclaraient au besoin réitérer ces conventions (5). Le contrat de mariage sous seings privés, passé dans un pays étranger autorisant les pactions matrimoniales dans cette forme, est valable, même entre Français ou entre un Français et une étrangère, lorsque leur mariage est célébré dans ce pays (6) ; à plus forte raison, si les époux, lors de leur retour en France, l'ont déposé pour minute à un notaire (7).

7. Lorsque le contrat de mariage est nul pour vice de forme, incapacité ou incompétence de l'officier public, ou parce que l'un des futurs conjoints n'a été ni présent ni valablement représenté, il est frappé d'une nullité radicale et absolue qui ne saurait être couverte par la célébration du mariage (8), ni même par la ratification ou l'exécution volontaire après la dissolution du mariage (9).

8. Cette nullité peut être invoquée par les futurs, et même par les tiers qui y ont intérêt (10); et si l'époux survivant et les héritiers de l'époux prédécédé veulent régler leurs droits respectifs conformément au contrat de mariage, ils ne le peuvent que par une convention nouvelle (11).

9. Le contrat de mariage entre parents qui ne peuvent se marier qu'avec une dispense du gouvernement, et qui a été fait avant l'obtention des dispenses, est valable si le mariage a lieu ensuite en vertu des dispenses (12).

10. Les futurs conjoints, tous deux majeurs de vingt-un ans accomplis, peuvent arrêter les

---

3° Mlle Louise CARVILLE, sans profession, demeurant à . . ., chez ses père et mère, ci-après nommés,

Mineure, étant née à . . . . le . . . . ; issue du mariage d'entre M. Charles CARVILLE, négociant, et Mme Thérèse HÉBERT, demeurant ensemble à . . . .,

Stipulant en son nom personnel, avec l'assistance et l'autorisation de ses père et mère,

D'AUTRE PART ;

4° Et M. et Mme CARVILLE père et mère, ci-dessus nommés, qualifiés et domiciliés, la femme de son mari autorisée,

---

(1) Voir Duranton, XIV, 3; Toullier et Duvergier, XIII, 7 ; Rodière et Pont, I, 74, 75; Zach., Massé et Vergé, § 637, note 27; Troplong, n° 438 ; Marcadé, *1393*, 1 ; Roll., *Contr. de mar.*, n° 405 ; Poitiers, 16 mars 1826; Grenoble. 6 juin 1829 ; Cass., 28 août 1833.

(2) Cette nullité ne peut être couverte par des actes faits pendant le mariage : Troplong, n° 200; Rodière et Pont, I, 438; Nîmes, 29 déc. 1841.

(3) Toullier, XII, 70; Rodière et Pont, I, 429; Zach., Massé et Vergé, § 636, note 2; Marcadé, *1397*, 1 ; Dict. Not., *Contr. de mar.*, n° 9, 10 ; Roll., *ibid.*, n° 66 ; Bastin, 10 déc. 1849 ; Jur. N., 9415.

(4) Massé et Vergé, § 636, note 1 ; Dict. Not., *Contr. de mar.*, n° 209; Roll., *ibid.*, n° 64.

(5) Duranton, XIV, 43; Rodière et Pont, I, 428; Troplong, n° 485 ; Zach., § 636, note 1; Rouen, 11 janv. 1826.

(6) Paris, 11 mai 1826, 22 nov. 1828.

(7) Troplong, n° 488; Taulier, V, p. 26; Massé et Vergé, § 636, note 1.

(8) Troplong, n° 494; Toulouse, 11 juin 1850 ; Jur. N., 9049.

(9) Dict. Not., *Contr. de mar.*, n° 470; Nîmes, 29 déc. 1841, 9 mars 1846, 24 août 1848, 26 août 1851, 20 juill. 1852, 30 août 1851 ; Limoges, 9 juill. 1843, 17 déc. 1847 ; Toulouse, 15 juin 1844, 25 mars 1852, 19 janv. 1853. 2 juin 1857 ; Grenoble, 7 juin 1834 ; Pau, 1er mars 1853 ; Montpellier, 3 déc. 1853 ; Riom, 23 juin 1853, 13 nov 1860 ; Cass., 11 juill. 1853, 29 mai 1854, 9 janv. 1855, 3 mars 1855, 13 juillet 1857, 6 avril 1858 ; J. N., 1737, 13297, 14775, 15051, 15082, 15347, 15451, 15408, 16154, 16293. Voir Nîmes, 3 mai 1847 ; J. N., 13287.

(10) Bellot, I, p. 78; Roll., *Contr. de mar.*, n° 82; Cass., 19 mars 1838, 5 mars 1855; J. N., 15468 ; CONTRA, Troplong, n° 288; Rodière et Pont, I, 43; Odier, I, 610; Marcadé, *1398*, 2 ; Dalloz, n° 471.

(11) Toulouse, 2 juin 1857; Cass., 6 avril 1858 ; J. N., 16293.

(12) Paris, 9 fév. 1860 ; J. N., 10807.

conventions de leur association conjugale (1) sans l'assistance des personnes dont le consentement est nécessaire pour la validité de leur mariage (2) ; si l'un d'eux est pourvu d'un conseil judiciaire, voir notre *Traité form.*, n° 1387.

11. Le mineur habile à contracter mariage, soit parce qu'il a atteint l'âge prescrit, soit qu'il ait obtenu des dispenses d'âge (3), est, par faveur pour le mariage, habile aussi à consentir toutes les conventions dont le contrat de mariage est susceptible, et les conventions et donations qu'il y a faites sont valables, pourvu qu'il ait été assisté, dans le contrat, des personnes dont le consentement est nécessaire pour la validité de son mariage, voir notre *Traité form.*, n° 3017 (C. N. 1398). [Form. 1 et 2].

12. Les personnes qui doivent habiliter le mineur peuvent être représentées au contrat de mariage par un mandataire (4), en vertu d'une procuration notariée spéciale et relatant d'une manière succincte toute les conventions à y insérer (5).

13. Du reste, les mineurs ne peuvent être habilités que pour les conventions relatives à l'association conjugale ; toute autre stipulation, par exemple une cession de droits successifs, serait nulle et sans effet (6).

14. Si le contrat de mariage a été fait sans l'assistance prescrite, il n'est pas frappé d'une nullité absolue, il est seulement annulable sur la demande de celui des époux qui devait être assisté (7) ; cet époux ne peut le ratifier pendant le mariage (8) ; mais le contrat est susceptible de ratification tacite, en ce sens que l'action en nullité se prescrit par dix ans à compter du jour de la dissolution du mariage, conformément à l'art. 1304 (9).

Stipulant tant pour assister et autoriser Mlle leur fille, future épouse, à raison de son état de minorité, qu'à cause de la donation qu'ils lui feront ci-après,

AUSSI D'AUTRE PART ;

Lesquels, dans la vue du mariage projeté entre M. ROUSSET et Mlle CARVILLE, et dont la célébration aura lieu incessamment à la mairie de . . . ., en ont arrêté les conditions civiles de la manière suivante :

ART . . . . .

FORMULE 2. — Fils majeur orphelin, fille mineure orpheline assistée d'un ascendant ; oncle donateur. (N°s 11 à 15.)

PAR-DEVANT M^e . . . .

ONT COMPARU :

1° M. Charles Auguste CHÉRON, avocat à la Cour impériale de . . . ., demeurant à . . , Majeur, étant né à..., le . . . ; issu du mariage d'entre M. Louis CHÉRON, ancien magistrat, et Mme Aglaé CHEMIN, tous deux décédés, le mari à . . ., le . . . , et la femme à . . ., le . . . , Stipulant en son nom.

D'UNE PART ;

2° Mlle Rose Lecat, sans profession, demeurant à . . . , chez son aïeul, ci-après nommé, Mineure, étant née à . . . , le . . . ; issue du mariage d'entre M. Honoré LECAT, négociant, et Mme Virginie LEBLANC, tous deux décédés à . . ., le mari le . . ., et la femme le . . .,

---

(1) Les conventions matrimoniales des membres de la famille impériale sont nulles si elles ne sont pas approuvées par l'Empereur, sans que, dans ce cas, les parties puissent exciper des dispositions du Code Nap. (*Statuts, 21 juin 1853, art. 6.*)

(2) Dict. Not., *Contr. de mar.*, n° 133 ; Roll., *ibid.*, n° 8.

(3) Si le contrat de mariage a été signé avant l'obtention des dispenses ou avant l'âge requis pour le mariage, et que le mariage ait ensuite lieu après l'obtention des dispenses ou après l'âge requis, la célébration du mariage opère une ratification tacite : Rodière et Pont. I, 38 ; Marcadé, *1398*, 2 ; CONTRA, Duranton, XIV, 14 ; Troplong, n° 286 ; Zach, Massé et Vergé, § 635, note 2 ; Demolombe, XVIII,

416. Voir Riom, 22 juin 1853 ; Cass., 23 déc. 1856 ; J. N., 15982.

(4) Marcadé, *1398*, 3 ; Rodière et Pont, I, 41, 42 ; Troplong, n° 282 ; Massé et Vergé, § 635, note 5.

(5) Troplong. *Don.*, n° 2627. Voir Dict. Not., *Contr. de mar.*, n°s 464, 465.

(6) Dict. Not., *Contr. de mar.*, n° 434 ; Roll., *ibid*, n° 46 ; Bordeaux, 1er fév. 1826 ; Grenoble, 5 août 1856 ; Jur. N., 14563.

(7) Rodière et Pont, I, 43 ; Troplong, n°s 283, 284 ; Zach., Massé et Vergé, § 635, note 5 ; Cass., 5 mars 1855 ; J. N., 15498.

(8) Troplong, n° 288 ; Rodière et Pont, I, 158.

(9) Troplong, n° 286.

15. C'est la seule qualité de père, mère ou ascendant qui donne le droit d'assister le mineur, et il importe peu qu'ils aient été exclus ou destitués de la tutelle ou qu'ils n'aient l'administration ni de la personne ni des biens du mineur (1).

16 Si le père, la mère ou tout autre ascendant appelé à consentir au mariage ne peut, pour cause d'interdiction, donner un consentement valable, il est remplacé par celui que la loi appelle à son défaut, voir notre *Traité form.*, *n° 943* [FORM. 3] ; ainsi, lorsque le père est interdit, la mère, même non tutrice de son mari, peut, sans l'autorisation du conseil de famille ni de justice, assister son enfant mineur au contrat de mariage ; elle peut même, avec l'autorisation de justice, le doter avec des biens à elle personnels. Si c'est la femme qui est interdite, le mari assiste seul son enfant mineur, et il peut, sans recourir à aucune autorisation, le doter soit avec des biens personnels, soit avec des biens de la communauté. S'il n'y a point d'autre ascendant que l'interdit, c'est au conseil de famille à consentir au mariage du mineur et à déléguer l'un des membres pour l'assister au contrat de mariage, voir notre *Traité form.*, *n° 952*.

17. Dans ce dernier cas, la dot ou l'avancement d'hoirie et les autres conventions matrimoniales sont réglées par un avis du conseil de famille, homologué par le tribunal, sur les conclusions du procureur impérial (*C. N. 511*).

18. Si le mineur n'a ni père, ni mère, ni aucun autre ascendant, il doit aussi être assisté d'un délégué du conseil de famille, agissant en vertu d'une délibération relatant succinctement les conventions de l'association conjugale, à peine de nullité (2) du contrat de mariage (3) [FORM. 3].

19. Le délégué du conseil de famille ne peut habiliter le mineur que dans les termes de la

Stipulant en son nom personnel, avec l'assistance et l'autorisation de son aïeul, ci-après nommé,

D'AUTRE PART ;

3° M. Jules LECAT, propriétaire, demeurant à . . . , aïeul paternel de Mᶫᶫᵉ LECAT, future épouse, et resté son seul ascendant,

Stipulant pour assister et autoriser Mᶫᶫᵉ LECAT, future épouse, sa petite-fille, à cause de son état de minorité,

AUSSI D'AUTRE PART ;

4° Et M. Gervais LEBLANC, rentier, demeurant à . . . , oncle maternel de la future épouse,

Stipulant à cause de la donation qu'il fera ci-après à ladite future épouse,

ENCORE D'AUTRE PART ;

Lesquels, etc.

FORMULE 3. — Fils mineur sans père ni mère, ni autre ascendant ; et fille mineure d'un interdit. (Nᵒˢ 16 à 20.)

PAR-DEVANT Mᵉ . . .

ONT COMPARU :

1° M. Charles-Auguste comte de SAINT-ESPRIT, propriétaire, demeurant à . . . , chez son tuteur ci-après nommé,

Mineur, étant né à . . . , le . . . ; issu du mariage d'entre M. César-Alexandre comte de SAINT-ESPRIT, général de division, et Mᵐᵉ Amélie VAL, tous deux décédés, le mari à . . , le . . . , et la femme à . . . , le . . . ,

---

(1) Troplong, n° 284; Rodière et Pont. I, 40; Bastia, 3 fév. 1836.
(2) La délibération du conseil de famille intervenue postérieurement au contrat de mariage ne saurait conférer à ce contrat la validité qui lui manque : Cass., 20 juill. 1859.

(3) Dict. Not., *Contr. de mar.*, nᵒˢ 150 à 154; Roll., *ibid.*, n° 22; Troplong, *Don.*, n° 2629; Douai, 1ᵉʳ déc. 1835; Cass., 19 mars 1838 ; 15 nov. 1858 ; J. N., 9180, 9981, 10450.

délibération; si le contrat y déroge, ce qui diffère est nul et non avenu, ou, en cas de doute, doit être interprété dans le sens de la délibération (1).

20. La délibération du conseil de famille, constituant un mandat, doit être enregistrée avant la réception du contrat de mariage, et une expédition en est annexée au contrat (2).

21. Si le futur conjoint mineur est enfant naturel reconnu par son père et sa mère, il doit, sauf le cas de dissentiment, être assisté par l'un et l'autre ; s'il n'a été reconnu que par l'un d'eux, c'est à celui-ci à l'assister ; enfin s'il n'a pas été reconnu ou si, ayant été reconnu, ses père et mère n'existent

---

Stipulant en son nom personnel, avec l'assistance, à défaut d'ascendant, du délégué de son conseil de famille,

D'UNE PART ;

2° M. Louis-Edmond DESCHAMPS, sénateur, grand-croix de la Légion d'honneur, demeurant à . . . . , tuteur de M. le comte de SAINT-ESPRIT, futur époux,

Agissant pour assister et autoriser le futur époux ; délégué à cet effet par le conseil de famille de M. le comte de SAINT-ESPRIT, futur époux, suivant délibération, relatant les conventions matrimoniales qui vont être arrêtées, prise sous la présidence de M. le juge de paix du canton de . . ., ainsi qu'il résulte du procès-verbal que ce magistrat en a dressé, assisté de son greffier, le . . ., dont une expédition est demeurée ci-jointe, après que dessus les notaires ont apposé une mention de l'annexe,

AUSSI D'UNE PART ;

3° Mlle Berthe de BELAMI, sans profession, demeurant avec Mme sa mère au château de . . ., situé commune de . . .,

Mineure, étant née au château de . . ., le . . . ; issue du mariage d'entre M. Hyacinthe, marquis de BELAMI, propriétaire, et Mme Thérèse de SPAS, marquise de BELAMI, demeurant ensemble au château de . . . . M. le marquis de BELAMI interdit suivant jugement rendu par le tribunal civil de . . . ., le . . .,

Stipulant en son nom personnel, avec l'assistance et l'autorisation de Mme la marquise de BELAMI, sa mère,

D'AUTRE PART ;

4° Mme la marquise de BELAMI, née de SPAS, ci-dessus nommée, qualifiée et domiciliée,

Agissant d'abord en sa qualité de mère, pour assister et autoriser Mlle de BELAMI, sa fille, future épouse, M. le marquis de BELAMI, son mari, étant dans l'impossibilité de manifester sa volonté ; puis, en vertu des pouvoirs qui lui ont été conférés par le conseil de famille de M. le marquis de BELAMI, son mari interdit, suivant délibération, par laquelle la dot ci-après constituée et les conventions matrimoniales qui vont être réglées ont été arrêtées, prise sous la présidence de M. le juge de paix du canton de . . ., assisté de son greffier, le . . ., et homologuée par jugement du tribunal civil de . . ., en date du . . . ; une expédition desquels jugement et délibération est demeurée ci-annexée, après que dessus les notaires ont apposé une mention de l'annexe,

AUSSI D'AUTRE PART ;

Lesquels, etc.

FORMULE 4. — Veuf avec enfants et fille naturelle mineure. (N° 21.)

PAR-DEVANT M^e. . .

ONT COMPARU :

1° M. Joseph BONTEMPS, marchand épicier, demeurant à . . ., veuf avec deux enfants encore mineurs, de Mme Louise LEFEBVRE, décédée à . . ., le . . .,

---

(1) Bordeaux, 24 août 1848, 10 fév. 1853; Jur. N., 8721, 9789.   (2) Dict. Not., Contr. de mar., n° 24 ; Roll., ibid., n° 24 ; Trib. Fontainebleau, 24 juill. 1839 ; J. N., 10003.

plus, il lui faut l'assistance du tuteur *ad hoc* nommé pour consentir à son mariage, et sans qu'il semble nécessaire, dans ce cas, d'énoncer dans la délibération les conventions de l'association conjugale (1). Le membre du conseil d'administration remplissant les fonctions de tuteur d'un enfant mineur admis dans l'hospice, peut l'assister au contrat en sa seule qualité de tuteur.

22. Le notaire est tenu, lors de la' clôture du contrat de mariage : 1° de donner lecture aux parties du dernier alinéa de chacun des art. 1391 et 1394; 2° de mentionner cette lecture dans le contrat, à peine de dix francs d'amende ; 3° puis, lors de la signature du contrat, de délivrer aux parties un certificat sur papier libre et sans frais énonçant: ses nom et lieu de résidence, les noms, prénoms,

---

Majeur, étant né à . . ., le . . . ; issu du mariage d'entre M. Chrysostome BONTEMPS et Mᵐᵉ Véronique DANDIN, tous deux décédés à. . . , le mari le . . . , et la femme le . . . ,
Stipulant en son nom personnel,

D'UNE PART ;

2° Mˡˡᵉ Elise GUILBERT, sans profession, demeurant à . . . , chez sa mère ci-après nommée,
Fille mineure naturelle, née à . . . , le . . . , et reconnue par Mˡˡᵉ GUILBERT, sa mère, ci-après nommée, suivant acte reçu par Mᵉ . . . , notaire à . . . , le . . . ,
Stipulant en son nom personnel, avec l'assistance et l'autorisation de sa mère ;

D'AUTRE PART ;

3° Et Mˡˡᵉ Agnès GUILBERT, rentière, demeurant à . . . ,
Stipulant tant pour assister sa fille, future épouse, à raison de son état de minorité, qu'à cause de la donation qu'elle lui fera ci-après,

AUSSI D'AUTRE PART ;

Si l'enfant naturel est assisté d'un tuteur AD HOC.
4° Et M. Charles MAUPIN, rentier, demeurant à . . . ,
Agissant ici comme tuteur *ad hoc* de Mˡˡᵉ GUILBERT, future épouse, à l'effet de consentir à son mariage et de l'habiliter au présent contrat, suivant délibération du conseil de famille de ladite future, présidée par M. le juge de paix du canton de . . . , assisté de son greffier, le . . . , dont une expédition est demeurée ci annexée après que dessus les notaires ont fait mention de l'annexe,
En cette qualité stipulant pour assister et autoriser la future épouse,

AUSSI D'AUTRE PART ;

Lesquels, etc.

FORMULE 5. — Clôture de contrat de mariage. (N° 23.)

Telles sont les conventions arrêtées entre les parties, en présence, savoir :
Du côté du futur époux, de :
1° M..., etc.
Et du côté de la future épouse, de :
1° M..., etc.
DONT ACTE. Fait et passé à..., en la demeure de M. et Mᵐᵉ..., père et mère de la future,
L'an mil huit cent soixante..., le . . .
Avant de clore, Mᵉ..., l'un des notaires soussignés, a donné lecture aux parties du dernier alinéa de chacun des art. 1391 et 1394 du Code Napoléon, et leur a délivré le certificat prescrit par ce dernier article, pour être remis à l'officier de l'état civil avant la célébration du mariage.

---

(1) Fréminville, *Minor.*, 1,904; Massé et Vergé, § 635, note 5.

qualités et demeures des futurs époux, la date du contrat, et l'indication qu'il doit être remis à l'officier de l'état civil avant la célébration du mariage (*C. N. 1394*) [Form. 6].

23. Dans l'usage, on constate dans les contrats de mariage que les parents et amis des futurs époux y ont donné leur agrément, et l'on reçoit leurs signatures sur le contrat [Form. 507] ou sur un acte en suite du contrat appelé *réception de signatures* [Form. 7].

24. Lorsque l'Empereur donne son agrément à un mariage, le notaire, s'il a le droit d'instrumenter dans le lieu de la résidence impériale, s'y transporte et reçoit sa signature sur un acte particulier en suite du contrat de mariage [Form. 8] ; s'il n'a pas le droit d'instrumenter dans le lieu de la résidence impériale, la signature est reçue par un notaire de cette résidence sur le vu d'une expédition du contrat de mariage qui demeure annexée à l'acte de réception de signature.

25. Les officiers, sous-officiers et soldats en activité de service ne peuvent se marier : les officiers, qu'avec la permission, par écrit, du ministre de la guerre ou de la marine, et les sous-officiers et soldats qu'avec la permission, par écrit, du conseil d'administration de leur corps. Pour obtenir cette permission, les officiers de tous grades et de toutes armes doivent : 1° établir que la personne qu'ils recherchent leur apporte en dot un revenu *non viager* de douze cents francs au moins ; 2° adresser leur demande au ministre de la guerre ou de la marine, par la voie hiérarchique ; 3° accompagner leur demande : 1° d'un certificat délivré par le maire du domicile de la future et approuvé par le sous-préfet

---

Et après lecture, les futurs époux, leurs pères et mères et les assistants ont signé avec les notaires.

FORMULE 6. — Certificat à délivrer aux parties. (N° 22.)

ÉTUDE DE M* . . ., NOTAIRE A . . .

Je soussigné . . ., notaire à . . .,
Certifie que le contrat de mariage d'entre :
M. Charles-Auguste CHÉRON, avocat, demeurant à . . .,
Et M*** Rose LECAT, sans profession, demeurant à . . .,
A été passé devant moi, qui en ai gardé minute, ce jourd'hui. . . ;
En foi de quoi j'ai délivré le présent certificat aux futurs époux, pour être remis, ainsi qu'ils en ont été avertis, à l'officier de l'état civil, avant la célébration du mariage.

(Signature.)

FORMULE 7. — Réception par acte séparé des signatures des parents et amis. (N° 23.)

Et le. . .
PAR-DEVANT M*. . .
ONT COMPARU : M. . . (*le futur*), et M. . . (*le père de la future, ou la future elle-même*),
Lesquels, désirant conserver un témoignage authentique de l'agrément que leurs parents et amis, ci-après nommés, donnent au mariage de M. . . avec M*** . . .,
Ont requis M*. . ., notaire soussigné, de recevoir les signatures de leursdits parents et amis sur le présent acte qui demeurera déposé à la suite de la minute du contrat de mariage de M. . . et de M*** . . ., reçu par ledit M*. . ., le. . .
En conséquence, M*. . . a reçu, au pied du présent acte, les signatures des personnes ci-après nommées, savoir :
Du côté du futur : 1°. . ., etc.
Et du côté de la future : 1°. . ., etc.
DONT ACTE. Fait et passé, etc.

FORMULE 8. — Acte de réception de la signature du chef de l'État. (N° 24.)

PAR-DEVANT M*. . .
ONT COMPARU :
M. . . (*le futur*),

de l'arrondissement, constatant l'état des parents de la future, le sien, la réputation dont elle jouit ainsi que sa famille, le montant et la nature de la dot qu'elle doit recevoir et la fortune à laquelle elle peut prétendre; 2° et d'un extrait du projet de contrat de mariage relatant l'apport de la future (1). — Le projet de contrat de mariage peut être fait sous deux formes : soit par un certificat, sur timbre, du notaire qui sera appelé à recevoir le contrat de mariage, dans lequel il énonce les apports en mariage de la future et la constitution de dot qui lui sera faite dans les termes mêmes qui seront plus tard consignés au contrat de mariage, et comme s'il s'agissait du contrat lui-même [FORM. 9] ; soit par un acte en brevet du ministère du notaire qui recevra le contrat de mariage, par lequel les parties elles-mêmes font connaître l'apport en mariage de la future et la constitution de dot qui lui sera faite, aussi dans les termes mêmes qui seront plus tard consignés au contrat [FORM. 10]. Nous préférons cette dernière forme en ce qu'elle n'engage pas la responsabilité du notaire.

26. Après que l'officier a obtenu la permission de se marier, le notaire rédige le contrat de mariage sans qu'il soit besoin de l'y mentionner. Les clauses relatives aux apports et à la dot de la femme doivent être littéralement conformes à celles contenues dans le projet.

27. Dans le mois de la célébration du mariage, l'officier doit faire parvenir, par la voie hiérarchique, au ministre de la guerre, un extrait du contrat de mariage en ce qui concerne l'apport de sa femme, délivré par le notaire dépositaire de l'acte (2).

Et M... (*le père de la future*),

Lesquels, désirant laisser à leur famille un témoignage et une preuve authentiques de l'honneur que Leurs Majestés Louis Napoléon III, Empereur des Français, et l'Impératrice Eugénie, ont daigné leur faire en donnant leur agrément au mariage de M... avec Mlle...,

Ont requis Me..., notaire soussigné, de recevoir sur le présent acte qui demeurera déposé à la suite de la minute du contrat de mariage de M... et de Mlle..., reçu par ledit Me..., le..., les signatures de Leurs Majestés l'Empereur et l'Impératrice.

En conséquence, ledit notaire a reçu au pied du présent acte les signatures de Leurs Majestés impériales.

Fait et passé au Palais des Tuileries,

Les jour, mois et an susdits,

Et ont Leurs Majestés signé avec MM... et les notaires, après lecture.

FORMULE 9. — Projet de contrat de mariage d'un officier ; certificat d'apport.
(Nos 25 à 27.)

Le soussigné Me..., notaire à...,

Requis de recevoir le contrat qui doit régler les clauses et conditions civiles du mariage projeté entre M... et Mlle...,

Certifie :

1ent que l'apport de Mlle... sera rédigé dans les termes suivants :

Mlle apporte en mariage et se constitue personnellement en dot, etc. (*voir formule* 46) ;

2ent que ses père et mère lui feront, dans le contrat de mariage, la constitution de dot suivante :

En considération du mariage, etc.

En foi de quoi j'ai délivré le présent, à..., le...

1) Décis. min. guerre, 17 déc. 1853 ; J. N., 16100, 17550. | 2) Même décision.

CHAPITRE DEUXIÈME

DE LA COMMUNAUTÉ LÉGALE.

28. Les futurs conjoints peuvent déclarer d'une manière générale qu'ils entendent se marier sous le régime de la communauté ; alors les droits des époux et de leurs héritiers sont réglés par les dispositions des art. 1401 à 1496, qui peuvent être modifiées, *infra* nᵒˢ *35 et suiv.* A défaut de modification, comme à défaut de contrat, la communauté est purement légale [FORM. 11] : elle forme donc le droit commun de la France (*C. N. 1393, 1400*).

29. Il en est de même dans les cas suivants : 1° si le contrat de mariage est nul pour vice de forme (1) ou pour défaut d'assistance régulière du futur époux mineur (2) ; 2° si le contrat, conçu en termes ambigus, ne permet pas de reconnaître le régime que les époux ont entendu adopter (3). Les sommes constituées en dot à la future tombent dans la communauté, même lorsque le contrat de mariage annulé contenait adoption du régime dotal (4).

30. La communauté légale régit l'association conjugale des Français mariés sans contrat à l'étranger (5), et du Français qui épouse à l'étranger une étrangère, sans contrat (6) ; à moins qu'il ne résulte des circonstances que les époux ont voulu fixer leur domicile matrimonial à l'étranger (7).

31. Lorsque des étrangers autorisés à établir leur domicile en France s'y marient sans contrat de mariage, ils sont censés avoir voulu adopter le régime de la communauté légale (8). Il en est de même de l'étranger non encore autorisé, s'il a manifesté l'intention d'établir son domicile en France (9).

32. En *Algérie*, les indigènes sont présumés avoir contracté entre eux selon la loi du pays, s'il n'y a convention contraire, voir notre *Traité form.*, nᵒ 21, renvoi. Les Israélites indigènes mariés sans contrat, même devant l'officier de l'état civil français, ne sont donc point soumis au régime de la com-

---

FORMULE 10. — **Autre projet; acte de déclaration d'apport** [*à délivrer en brevet*].
(Nᵒˢ **25** à **27**.)

PAR-DEVANT Mᶜ . . . .
ONT COMPARU :
M. . . . .   D'UNE PART ;
Et Mˡˡᵉ. . .   D'AUTRE PART ;

Lesquels, pour se conformer aux prescriptions de la circulaire de M. le ministre de la guerre du 17 décembre 1843, ont, dans la vue du mariage projeté entre eux, établi ainsi qu'il suit l'apport de Mˡˡᵉ..., future épouse :
Dans le contrat qui doit régler les clauses et conditions civiles de son mariage avec M...., Mˡˡᵉ ..., comparante, apportera en mariage et se constituera personnellement en dot, les biens et valeurs dont la désignation suit :
1°... (*voir formule 46*),
Déclarant et affirmant ici les comparants, ès mains des notaires soussignés, l'existence des biens et valeurs ci-dessus désignés.
DONT ACTE. Fait et passé, etc.

---

(1) Durauton, XIV, 48; Pont, *Rev. crit.*, 1853, p. 8; Dict. Not., *Contr. de mar.*, nᵒ 356 ; Roll., *ibid.*, nᵒ 72 ; Cass., 29 mai 1854, 9 janv. 1855, 5 mars 1855 ; Toulouse, 25 mars 1852 ; Riom, 23 juin 1853, 13 nov. 1850 ; Paris, 21 août 1854 ; J. N., 14775. 15082, 15247, 16296, 15451, 15498, 17209.
(2) Tro/long, *Don.*, nᵒ 2029, *Contr. de mar.*, nᵒˢ 283, 284 ; Zach., Massé et Vergé, § 635, note 5 ; Roll., *Contr. de mar.*, nᵒ 22 ; Cass., 19 mars 1838, 5 mars 1855 ; J. N., 15498.
(3) Tessier, I, p. 5 ; Marcadé, *1393*, 3 ; Rodière et Pont, I, 83 ; Troplong, nᵒ 160 ; Massé et Vergé, § 637, note 30 ; Roll., *Contr. de mar.*, nᵒˢ 89 à 91 ; Turin, 23 juill. 1808.

(4) Pont, *Rev. crit.*, 1853, p. 8; Grenoble, 7 juin 1851 ; Toulouse 20 juill. 1852 ; Cass., 29 mai 1854, 9 janv. 1855, 5 mars 1855 ; J. N., 15247, 15451, 15498 ; CONTRA, Toulouse, 5 mars 1852 ; Jur. N., 9800.
(5) Troplong, nᵒ 33 ; Cass., 29 juin 1842, 25 janvier et 7 février 1843.
(6) Colmar, 25 janv. 1823 ; Cass., 23 août 1826.
(7) Troplong, nᵒ 33 ; Cass., 29 déc. 1836.
(8) Pothier, nᵒ 81 ; Zach., Massé et Vergé, § 639, note 2 ; Durauton, XIV, 88 ; Dict. Not., *Communauté*, nᵒ 15 ; Roll., *ibid.*, nᵒ 16 ; Paris, 3 août 1849, 15 déc. 1853, 29 avril 1862 ; Aix, 27 nov. 1854 ; Cass., 11 juill. 1855 ; Jur. N., 9001, 10233 ; J. N., 15614, 17413.
(9) Rodière et Pont, I, 33 ; Paris, 18 nov. 1864 ; Droit du 20 déc.

munauté légale; et, à moins d'une convention expresse, ils demeurent soumis à la loi mosaïque (1).

33. Lorsque les époux ont adopté le régime de la communauté légale, il n'est pas nécessaire de constater leurs apports en mariage mobiliers, puisqu'ils tombent en communauté, voir notre *Traité form.*, n° 3595, si ce n'est à l'égard de la future, lorsqu'elle se réserve la faculté de reprendre ses apports en renonçant à la communauté, *infra* n° 65. Quant aux apports immobiliers, il faut les énoncer dans le but de constater la possession antérieure au mariage (C. N. 1402).

34. Les règles concernant la communauté légale, l'actif qui la compose, le passif dont elle est grevée, et le mode d'en faire le partage après sa dissolution, sont établies dans notre *Traité form.*, n°⁵ 3769 à 3928.

CHAPITRE TROISIÈME

DE LA COMMUNAUTÉ CONVENTIONNELLE.

35. Les époux peuvent modifier la communauté légale par toute espèce de conventions non contraires aux art. 1387 à 1390. Les principales modifications sont celles qui ont lieu en stipulant de l'une ou de l'autre des manières qui suivent; savoir: 1° que la communauté n'embrassera que les acquêts; 2° que le mobilier présent ou futur n'entrera point en communauté, ou n'y entrera que pour une partie; 3° qu'on y comprendra tout ou partie des immeubles présents ou futurs, par la voie de l'ameublissement; 4° que les époux payeront séparément leurs dettes antérieures au mariage; 5° qu'en cas de renonciation, la femme pourra reprendre ses apports francs et quittes; 6° que le survivant aura un préciput; 7° que les époux auront des parts inégales; 8° qu'il y aura entre eux communauté à titre universel (C. N. 1497).

Si la future est mineure, elle doit, dans la déclaration dont la formule précède, être assistée de ceux dont le consentement est nécessaire pour la validité du contrat de mariage.
Si une dot lui est constituée, on fait comparaître le donateur avec les futurs époux, et après l'apport personnel constaté comme dessus, l'on ajoute:

De son côté, M... (*le donateur*) se propose, dans le même contrat, de faire à Mˡˡᵉ..., future épouse, une donation dans les termes suivants:
En considération du mariage projeté, M... donne et constitue en dot à Mˡˡᵉ..., future épouse, les biens et valeurs dont la description suit:
1°, etc. (*voir formule* 47).

§ 2. — COMMUNAUTÉ LÉGALE; — CLAUSES MODIFICATIVES.

FORMULE 11. — **Adoption du régime de la communauté légale.** (N°ˢ 28 à 34.)

ART. 1. RÉGIME.

Les futurs époux adoptent le régime de la communauté tel que l'établit le Code Napoléon; *si la communauté est modifiée, on ajoute*: sauf les modifications résultant des articles ci-après.

FORMULE 12. — **Communauté d'acquêts.** (N°ˢ 35 à 42.)

Les futurs époux adoptent le régime de la communauté; mais cette communauté sera réduite aux acquêts, et, comme telle, régie conformément aux dispositions des art. 1498 et 1499 du Code Napoléon.

(1) Alger, 16 nov. 1858.

SECTION I. — DE LA COMMUNAUTÉ RÉDUITE AUX ACQUÊTS.

36. Lorsque les époux stipulent qu'il n'y aura entre eux qu'une communauté d'acquêts (1), Form. 12], ils sont censés exclure de la communauté et les dettes de chacun d'eux actuelles ou futures, et leur mobilier respectif présent et futur (*C. N. 1498*) ; chacun d'eux conserve donc la propriété de son mobilier, et le mari, quoique pouvant recevoir le remboursement des capitaux de sa femme, ne peut, sans son consentement, aliéner le mobilier qui lui est propre, *infra, n° 52 et la note 4.*

37. En ce cas, et après que chacun des époux a prélevé ses apports dûment justifiés, le partage se borne aux acquêts faits par les époux ensemble ou séparément durant le mariage, et provenant tant de l'industrie commune que des économies faites sur les fruits et revenus des biens des deux époux (*C. N. 1498*). Les fruits et revenus perçus ou échus antérieurement à la célébration du mariage, ou avant l'ouverture des successions échues aux époux pendant le mariage, n'entrent pas en communauté. Les fruits et récoltes pendants par branches ou par racines, et non encore recueillis au jour du mariage ou de l'ouverture des successions, appartiennent à la communauté qui rembourse les frais de labour, engrais et semences à l'époux propriétaire des biens (2) ; et à la dissolution de la communauté, ils appartiennent à l'époux propriétaire des biens, en indemnisant de même la communauté (3).

38. La communauté d'acquêts comprend aussi les produits de l'industrie séparée des époux, et des bénéfices même personnels qu'ils font durant le mariage; comme la concession gratuite d'un office (4), la découverte d'une chose perdue, un gain au jeu ou à la loterie (5). Mais il en est autrement de tout ce qui peut être considéré comme accroissement d'un propre, tel que : 1° le prix de vente d'un ouvrage composé par l'un des époux avant le mariage, à la différence des produits de son exploitation qui tombent en communauté (6) ; 2° les primes afférentes aux actions ou obligations dans les compagnies industrielles ou de finances propres à l'un des époux (7) ; 3° les actions et obligations allouées en vertu du droit de préférence attaché aux actions propres à l'un des époux, sauf récompense à la communauté pour les sommes versées; 4° l'augmentation (8) de la valeur d'un office dont l'époux était titulaire au jour du mariage (9) ; 5° la part allouée au propriétaire dans le trésor découvert sur son propre ; mais celle qui appartient comme inventeur à l'un des époux tombe en communauté (10).

39. La communauté d'acquêts est chargée des intérêts et arrérages des dettes personnelles aux époux, des réparations usufructuaires, des aliments et dépenses du ménage.

En conséquence, ils excluent de la communauté et leur mobilier respectif présent et à venir, et les dettes de chacun d'eux actuelles et futures.

À ce moyen, la communauté se composera des acquêts faits par les époux ensemble ou séparément durant le mariage, et provenant tant de leur industrie que des économies faites sur les fruits et revenus de leurs biens.

FORMULE 13. — **Clause de réalisation.** (N°s 43 à 52.)

I. — *Réalisation du mobilier présent et à venir.*

Les futurs époux se réservent propres et excluent de la communauté, tant leurs ap-

---

(1) Cette stipulation doit être formellement exprimée : Voir Battur, II, 356 ; Duranton, XV, 18 ; Zach., Massé et Vergé, § 655, note 1 ; Glandaz, n° 385 ; Troplong, n° 4855; Duvergier sur Toullier, XIII, 317 ; Rodière et Pont. II, 217 ; Marcadé, *1498*, 1 ; Dict. Not., *Communauté*, n° 492; Roll., *ibid.*, n° 449 ; Bordeaux, 8 juill. 1839; Rouen, 2 déc. 1852; Cass., 16 déc. 1849, 1er juin 1853 ; J. N., 10920, 15113.

(2) Rodière et Pont, II, 31 ; Massé et Vergé, § 655, note 5; Troplong, n° 4870; Marcadé, *1499*, 2; Roll., *Reprises*, n° 20 ; contra, Duranton, XV, 113; Zach., § 655, note 5.

(3) Marcadé, *1499*, 2.

(4) Troplong, n° 4874 ; Dalloz, n° 2591; Zach., Massé et Vergé, § 655, note 6; Rodière et Pont, II, 39 ; Colmar, 26 déc. 1832; Douai, 15 nov. 1838; Agen, 2 déc. 1836 ; Cass., 8 mars 1813 ; Bordeaux, 6 janv. 1846 ; Riom, 28 mars 1859.

(5) Duranton, XV, 12 ; Tessier, n° 76; Odier, II, 687; Troplong n° 4872 ; Dalloz, n° 2595; Massé et Vergé, § 655, note 6; contra, Rodière et Pont, II, 38 ; Marcadé, *1499*, 2.

(6) Marcadé, *1499*, 2; Dict. Not., *Société d'acq.*, n° 20.

(7) Troplong, n° 416 ; J. N., 17085.

(8) De même qu'il supporte la dépréciation.

(9) Roll., *Communauté*, n° 473; Trib. Arras, 7 déc. 1839 ; Bordeaux, 10 fév. 1856 ; J. N., 10750, 15822. Voir Cass., 8 mars 1843 ; J. N., 11589; contra, Troplong, n° 4870; Bordeaux, 29 mai 1840 ; J. N., 10887.

(10) Duranton, XV, 12; Troplong, n° 4874 ; Demolombe, XIII, 45. Voir cependant Toullier, XIII, 323 ; Rodière et Pont, II, 36 ; Marcadé, *1499*, 2; Zach., § 655, note 6.

40. Si le mobilier existant lors du mariage ou échu depuis, n'a pas été constaté par inventaire ou état en bonne forme, il est réputé acquêt (*C. N., 1499*); cela est incontestable vis-à-vis des tiers (1), mais entre les époux, quelques distinctions sont à faire : — A l'égard du mobilier leur appartenant au jour du mariage, le défaut d'inventaire (2) et d'état rend acquêt le mobilier du mari ; mais la jurisprudence incline à autoriser la femme à faire la preuve par toute espèce de titres (3), non toutefois par témoins (4). Quant au mobilier échu depuis, celui du mari est acquêt, car il est en faute de ne pas l'avoir fait constater, et ni lui ni ses héritiers n'ont l'action en reprise (5) ; mais la femme peut, ainsi que ses héritiers, faire preuve de la valeur et de la consistance du mobilier, à elle échu, conformément à l'art. 1504 (6).

41. Toutefois nous pensons que si le mobilier apporté par l'un ou l'autre des époux, quoique non décrit dans un inventaire ou état, était estimé en bloc dans le contrat, il ne serait acquêt que sauf la reprise du montant de l'estimation (7), ce qu'il est d'ailleurs parfaitement licite de stipuler.

42. Les époux peuvent stipuler une communauté *d'acquêts immobiliers* seulement (8), qui se composera des immeubles acquis pendant le mariage avec le gain provenant du revenu ou de l'industrie des époux. Les biens meubles acquêts appartiennent au mari, lors même que tous les revenus et gains y auraient été employés Les dettes de la communauté sont supportées pour la totalité par la société d'acquêts, sans qu'il y ait lieu, d'après l'opinion qui semble aujourd'hui la plus accréditée, d'y faire contribuer les meubles acquêts du mari (9).

SECTION II. — DE LA CLAUSE QUI EXCLUT DE LA COMMUNAUTÉ, LE MOBILIER EN TOUT OU PARTIE.

43. Les époux peuvent, par une clause appelée dans la pratique *clause de réalisation* (10), [Form. 13], exclure de leur communauté tout leur (11) mobilier présent et futur (*C. N., 1500*), ou tout leur mobilier présent, ou celui à venir, ou une quotité de l'un ou de l'autre, ou une somme fixe, ou des objets déterminés. L'exclusion du mobilier sans autre explication est seulement du mobilier présent (12).

44. Lorsque la réalisation est de l'universalité, elle entraîne de plein droit l'exclusion des dettes; si elle est d'une quote-part, l'exclusion est proportionnelle (13) ; si la réalisation ne porte que sur une somme ou des objets déterminés, la communauté reste chargée des dettes (14).

---

ports en mariage ci-dessus constatés et les objets dont il vient de leur être fait donation, que les biens meubles et immeubles dont ils deviendront respectivement propriétaires pendant le mariage par successions, donations, legs ou autrement.

II. — *Réalisation du mobilier présent*, — ou *du mobilier à venir*.

Les futurs époux se réservent propre et excluent de la communauté, le mobilier dont

---

(1) Décidé cependant qu'un fonds de commerce apporté par la femme et simplement indiqué dans le contrat, lui est resté propre : Paris, 23 fév. 1835; Rodière et Pont. I, 49; Massé, *Droit commercial*, III, 356.

(2) Si l'inventaire a été fait après le mariage, il est opposable entre époux, mais non aux créanciers : Pothier, n° 298 ; Marcadé. *1499*, 3. Voir Duranton, XV, 16 ; Massé et Vergé, § 655, note 12.

(3) Mailleville, III, p. 354 ; Battur, II. 367 ; Rodière et Pont, I, 49; Troplong, n° 1883 ; Dalloz, n° 2618 ; Cass., 17 août 1825, 3 août 1831, 24 avril 1849 ; contra, Duranton, IV, 16; Bellot, III, p. 27 ; Taulier, V, 107; Massé et Vergé, § 655, note 42; Mourlon, III, p. 78; Marcadé, *1499*, 3 ; Roll., *Commun.*, n° 456; Caen, 31 mars 1828 ; Douai, 2 avr. 1840; Paris, 19 août 1847; Pau, 10 déc. 1848; Jur. N., 11389.

(4) Troplong, n° 1882 ; contra, Glandaz, n° 388 ; Toullier, XIII, 306.

(5) Marcadé, *1499*, 3 ; Troplong, n° 1887 ; Massé et Vergé, § 655, note 12. Voir cependant Rodière et Pont, II, 46 ; Orléans, 24 fév. 1890; Jur. N., 11607.

(6) Odier, II, 690; Rodière et Pont. II, 46 ; Bellot, III, p. 27; Duranton, XIV, 18; Marcadé, *1499*, 3 ; Troplong, n° 1887 ; Massé et Vergé, § 655, note 12 ; Dict. Not., *Commun.*, n° 502 ; Roll., *ibid.*, n° 436; Poitiers, 6 mai 1830 ; Bordeaux, 24 janv. et 9 avril 1853 ; Cass. 19 juin 1855 ; J. N., 15557. Voir Paris, 19 août 1847; Cass., 8 août 1831, 24 avril 1849 ; J. N., 13742.

(7) V. Bordeaux, 23 avr. 1830 ; Cass., 3 août 1831 ; Paris, 11 mai 1837.

(8) Troplong. n°s 1856 et 1905 à 1909 ; Massé et Vergé, § 655, note 25 ; Marcadé, *1199*, 4. Voir cependant Bellot, III, p. 24 ; Zach., § 655, note 25; Rodière et Pont, II, 24 ; Dict. Not., *Commun.*, n° 59; Roll., *ibid.*, n° 447.

(9) Massé et Vergé, § 655, note 25; Bruxelles, 5 nov. 1823 ; Caen, 21 janv. 1850, 12 nov. 1853; Rouen, 29 juin et 22 juill. 1850, 15 mars 1851 ; Cass., 3 août 1852 ; J. N., 11084, 14792 ; contra, Troplong, n° 1905; Marcadé, *1499*, 4 : Caen, 31 mai 1828 ; Jur. N., 8910.

(10) La clause de réalisation peut être tacite : Troplong, n° 1920 ; Metz, 8 juill. 1863 ; J. N., 17874.

(11) L'exclusion peut être inégale entre époux ou n'être stipulée que par l'un des époux : Troplong, n° 1931; Bellot, III, p. 49; Toullier, XIII, 298 ; Duranton, XV, 26 ; Odier, II, 737 ; Rodière et Pont, II, 69 ; Zach., Massé et Vergé, § 656, note 5.

(12) Troplong, n° 1926; Odier, II, 736; Duranton, XV, 28 ; Marcadé, *1500*, 4 ; Dict. Not., *Réalisation*, n° 14 ; Roll., *Commun.*, n° 472; contra, Rodière et Pont, II, 76 ; Massé et Vergé, § 656, note 6.

(13) Bellot, III, p. 77 ; Toullier, XIII, 324, 325; Duranton, XV, 50; Odier, II, 755 ; Massé et Vergé, § 656, note 14 ; Rodière et Pont, II, 73; Marcadé, *1500*, 3; Roll., *Commun.*, n° 96 ; contra, Battur, II 592 ; Troplong, n° 1939; Zach., § 655, note 4.

(14) Marcadé, *1500*, 3 ; Troplong, n° 1939.

2

45. Lorsque tout le mobilier présent et à venir est exclu de la communauté, la communauté se compose activement et passivement, ainsi qu'il est dit *supra* n°⁵ 37 *et suiv.*

46. Il y a *mise en communauté* [FORM. 14] lorsque les époux stipulent qu'ils mettront réciproquement du mobilier dans la communauté jusqu'à concurrence d'une somme ou d'une valeur déterminée, par exemple : telle somme ou telle partie du mobilier, et ils sont, par cela seul, censés se réserver, ou tacitement réaliser, tout le surplus (*C. N.*, *1500*) de leur mobilier présent et tout leur mobilier futur (1).

47. La clause de mise en communauté rend l'époux débiteur envers la communauté de la somme qu'il a promis d'y mettre et l'oblige à justifier de cet apport (*C. N.*, *1501*). L'apport est suffisamment justifié, quant au mari, par la déclaration portée au contrat de mariage que son mobilier est de telle valeur. Il est suffisamment justifié, à l'égard de la femme, par la quittance que le mari lui donne ou à ceux qui l'ont dotée (*C. N.*, *1502*), ou par la stipulation du contrat que la célébration du mariage en vaudra quittance.

48. Si la mise en communauté n'est point justifiée, la somme promise est à prendre sur les biens meubles qui peuvent échoir pendant le mariage à celui des époux qui l'a promise (2).

49. Chaque époux a le droit de reprendre et de prélever, lors de la dissolution de la communauté, la valeur de ce dont le mobilier qu'il a apporté lors du mariage, ou qui lui est échu depuis, excédait sa mise en communauté (*C. N.*, *1503*).

50. Le mobilier qui échoit à chacun des époux pendant le mariage, doit être constaté par un inventaire. A défaut d'inventaire du mobilier échu au mari, ou d'un titre propre à justifier de sa consistance et valeur, déduction faite des dettes, le mari, sauf convention contraire, ne peut en exercer la reprise (3). Si le défaut d'inventaire porte sur un mobilier échu à la femme, celle-ci ou ses héritiers sont admis à faire preuve, soit par titres, soit par témoins, soit même par commune renommée, de la valeur de ce mobilier (*C. N.*, *1504*).

51. A la dissolution de la communauté, les époux font la reprise en nature du mobilier réalisé,

---

ils deviendront respectivement propriétaires pendant le mariage, par successions, donations, legs ou autrement ; — *ou bien* : leur mobilier présent.

FORMULE 14. — Mise en communauté. (N°⁵ 46 à 52.)

I. — *Mises égales.*

Les futurs époux mettent de part et d'autre en communauté une somme de..., pour former un fonds commun de... ; en conséquence, ils se réservent propre et excluent de la communauté, le surplus de leurs apports et des objets dont il vient de leur être fait donation, ainsi que les biens meubles et immeubles dont ils deviendront respectivement propriétaires pendant le mariage par successions, donations, legs ou autrement.

II. — *Mises inégales.*

Les futurs époux mettent en communauté : le futur époux deux mille francs, et la future épouse mille francs, pour former un fonds commun de trois mille francs ; en conséquence, ils, etc. (*le surplus comme au n° 1ᵉʳ ci-dessus*).

III. — *Mise en communauté avec ameublissement.*

Les futurs époux mettent de part et d'autre en communauté une somme de...., pour

---

(1) Toullier, XIII, 312; Duranton, XIII, 85; Rodière et Pont, II, 79; Odier, II, 754; Marcadé, *art. 1501*; Massé et Vergé, § 656, note 8; Roll., Commun., n° 474; CONTRA, Bellot, III, p. 51; Troplong, n° 1953; Zach., § 656.

(2) Troplong, n° 1903; Rodière et Pont, II, 99; Odier, II, 754; Toullier, XIII, 311, 312; Zach., § 656, note 1.

(3) Voir cependant Orléans, 24 fév. 1860; J. N., 10815.

sans distinguer entre les meubles corporels et incorporels, sauf, si ces derniers ont été aliénés ou remboursés, à reprendre le prix de la vente ou le montant du remboursement (1) ; toutefois si le mobilier a été estimé en bloc, les époux ne reprennent que la valeur estimative ; de même, lorsqu'il a été mis en communauté jusqu'à concurrence d'une certaine somme, la communauté en devient propriétaire en totalité, sauf reprise de ce qui excède la mise (2).

52. Le mari, en sa qualité d'administrateur, reçoit le remboursement des capitaux propres à la femme, sans son concours (3); mais il ne peut, sans le consentement de sa femme, aliéner ni céder les meubles, créances et valeurs qu'elle a le droit de reprendre en nature (4), à moins qu'il ne s'agisse de choses fongibles, ou qu'il ne résulte des dispositions du contrat de mariage que la femme s'est seulement réservé la reprise de leur valeur (5).

53. Sous le régime de la communauté, les époux ont la libre disposition des capitaux de la femme et des sommes reçues pour les prix de ses immeubles aliénés; il peut être utile cependant de l'exprimer dans le contrat de mariage, pour en justifier aux tiers, au besoin [Form. 15].

SECTION III. — DE LA CLAUSE D'AMEUBLISSEMENT.

54. Au lieu de restreindre leur communauté, les époux peuvent, au contraire, l'étendre en stipulant la clause d'*ameublissement* [Form. 16]. Il y a ameublissement lorsque les époux ou l'un d'eux, qu'ils soient majeurs ou mineurs (6), font entrer en communauté tout ou partie de leurs immeubles présents ou futurs (*C. N.*, *1505*). Les époux peuvent, par une convention particulière, attribuer aux immeubles ameublis le caractère d'effets mobiliers, et les faire entrer dans la communauté mobilière (7).

55. La clause d'ameublissement doit être formellement exprimée (8); ainsi, l'ameublissement des immeubles qui écherront par succession ne comprend pas ceux qui proviennent de donation ; et

---

former un fonds commun de...; à l'effet de quoi ils déclarent faire entrer en communauté et ameublir, chacun jusqu'à concurrence de ladite somme de..., savoir :

Le futur époux, une pièce de terre..., etc.

Et la future épouse, un verger..., etc.

En conséquence, ils se réservent propres et excluent de la communauté, etc. (*le surplus comme au n° 1er*).

FORMULE 15. — Clause de non emploi. (N° 53 .)

Les futurs époux ne seront astreints envers les tiers à la justification d'aucun emploi ni d'aucun remploi, pour raison des biens meubles et immeubles de la future, recouvrés ou aliénés pendant le mariage.

FORMULE 16. — Clause d'ameublissement. (N°s 54 à 59.)

L'ameublissement se joint à la communauté légale, lorsqu'on en étend les effets.

1° *Ameublissement de tous les immeubles présents.*

Les futurs époux déclarent faire entrer en communauté, et, en conséquence, ameublir la totalité des immeubles dont ils sont actuellement propriétaires.

---

(1) Paris, 7 avril 1854 ; Jur. N., 10023; Cass., 16 juill. 1856; J. N., 15878.

(2) Odier, II, 728 ; Rodière et Pont, I, 50, 53; Marcadé. 1503, 1; Troplong, n° 937 ; Colmar, 12 avril 1828 ; Paris, 21 janv., 15 avril et 11 mai 1837; contra, Toullier, XIII, 326; Duranton, XV, 20; Cass., 2 juill. 1840.

(3) Toullier, XII, 380; Zach., Massé et Vergé, § 656, n° 13; Cass., 25 juill. 1843; Colmar. 23 déc. 1863 ; J. N., 18085.

(4) Toullier et Duvergier, XII, 377 ; Duranton, XIV, 315, XV, 20 ; Odier, II, 728; Rodière et Pont, 1, 688 , II, 51; Marcadé, 1428, 2 ; Zach., Massé et Vergé, § 686, note 11; Paris, 15 fév. 1839, 3 janv. 1852, 28 juin 1861 ; Lyon, 30 nov. 1860 ; Cass., 15 avril 1839, 2 juill.

1840, 5 nov. 1860, 4 août 1862; J. N., 10599, 10086, 14602, 17030, 17237, 17511 ; contra. Bellot, III, p. 101 ; Troplong, n° 1936; Roll.. *Commun.*, n° 488 ; Paris, 21 janv., 15 avril, 11 mai 1837.

(5) Cass., 25 fév. 1852; Paris, 14 mai 1853.

(6) Duranton, XV, 16; Rodière et Pont, II, 154; Troplong, n° 1984; Dalloz, n° 2752; Massé et Vergé, § 657, note 1; Marcadé, 1505, 4; Dict. Not., *Ameubliss.*, n° 33; Roll., *ibid.*, n° 34.

(7) Douai, 2 mai 1857; Cass., 7 juin 1858; J. N., 16926.

(8) Odier, II, 804 , Rodière et Pont, II, 143 ; Troplong, n° 1986; Marcadé, 1505, 3; Zach., Massé et Vergé, § 657 note 2; Cass., 14 nov. 1855 ; J. N., 15603.

celui de tous les biens immeubles, sans autre indication, ne comprend que les immeubles présents (1).

56. L'ameublissement peut être être déterminé ou indéterminé. Il est déterminé [Form. 16, 1°, 2°, 3°] quand l'époux a déclaré ameublir et mettre en communauté un tel immeuble en tout ou jusqu'à concurrence d'une certaine somme, ou pour une quotité déterminée, comme un tiers, un quart, etc. (2); dans ce cas, l'immeuble doit être mis dans la communauté indemne de toute dette (3). Il est indéterminé [Form. 16, 4°] quand l'époux a simplement déclaré apporter en communauté ses immeubles, jusqu'à concurrence d'une certaine somme (C. N., 1506), et alors c'est à la charge des dettes dont ces immeubles sont grevés (4).

57. L'effet de l'ameublissement déterminé est de rendre l'immeuble ou les immeubles qui en sont frappés, biens de la communauté comme les meubles mêmes (5). Lorsque l'immeuble ou les immeubles de la femme sont ameublis en totalité, le mari en peut disposer comme des autres effets de la communauté, et les aliéner en totalité (6). Si l'immeuble n'est ameubli que pour une certaine somme, le mari ne peut l'aliéner, en tout ni en partie (7), qu'avec le consentement de la femme; mais il peut l'hypothéquer sans son consentement, jusqu'à concurrence seulement de la portion ameublie (C. N., 1507).

58. L'ameublissement indéterminé ne rend point la communauté propriétaire des immeubles qui en sont frappés; son droit se réduit à obliger l'époux qui l'a consenti, la femme même, en cas de renonciation à communauté, à comprendre dans la masse, lors de la dissolution de la communauté, quelques-uns de ses immeubles, à son choix (8), jusqu'à concurrence de la somme par lui promise. Le mari ne peut aliéner en tout ni en partie, sans le consentement de sa femme, les immeubles sur lesquels elle a établi l'ameublissement indéterminé ; mais il peut les hypothéquer jusqu'à concurrence de cet ameublissement (C. N., 1508). La femme peut, pendant le mariage, rendre l'ameublissement déterminé en indiquant l'immeuble ou les immeubles sur lesquels elle entend qu'il produise son effet (9).

2° *Ameublissement d'immeubles désignés*, ou *de quotités d'immeubles.*

Les futurs époux déclarent faire entrer en communauté, et, en conséquence, ameublir, savoir :

Le futur époux, une pièce de terre labourable sise commune, etc. (*la désigner avec l'indication succincte de l'origine de propriété*).

Et la future épouse, un verger. . ., etc.

Ou bien :

Le futur époux, la moitié à prendre du côté de. . ., d'une pièce de terre, etc.

Et la future épouse. . ., etc.

3° *Ameublissement jusqu'à concurrence d'une certaine somme.*

Les futurs époux déclarent faire entrer en communauté, et, en conséquence, ameublir, savoir :

Le futur époux, une pièce de terre. . ., etc.

Et la future épouse, une prairie. . ., etc.

Ces ameublissements sont consentis : celui du futur époux jusqu'à concurrence d'une somme de. . ., et celui de la future épouse jusqu'à concurrence d'une somme de. . .

---

(1) Duranton, XV, 57; Zach., § 657 ; Odier, II, 805; Rodière et Pont, I, 143; Duvergier sur Toullier, XIII, 333; Troplong, n° 1986 ; Marcadé, *1505*, 3; Dict. Not., *Ameubliss.*, n° 6; Roll., *ibid.*, n° 8; contra, Toullier. XIII, 333; Battur, II, 395.

(2) Toullier et Duvergier, XIII, 345; Odier, II, 802; Duranton, XV, 62, 63; Taulier, V, p. 90 ; Marcadé, *1509*, 4. Voir cependant Rodière et Pont, II, 615; Troplong, n° 2005.

(3) Toullier, XIII, 304; Duranton, XV, 70; Odier, II, 813; Rodière et Pont, II, 873; Troplong, n°s 1998, 1999; Marcadé, *1507*, 5; Zach., Massé et Vergé, § 657, note 13; Roll., *Ameubliss.*, n° 33.

(4) Marcadé, *1507*, 5; Zach., Massé et Vergé, § 657, note 13; Dalloz, n° 2769; Roll., *Ameubliss.*, n° 52.

(5) Si la femme ou ses héritiers renoncent à la communauté, l'immeuble ameubli reste au mari ou à ses héritiers, sans indemnité : Troplong, n° 1995.

(6) Voir Marcadé, *art. 1505*; Rodière et Pont, II, 517 ; Dalloz, n° 2768; Massé et Vergé, § 657, note 9; Dict. Not., *Ameubliss.*, n° 39 ; Cass., 9 mars 1857 ; J. N., 16078.

(7) Troplong, n° 2003 ; Rodière et Pont, II, 464.

(8) Troplong, 2007.

(9) Troplong, n° 2013 , Rodière et Pont, II, 172; Championnière et Rigaud, IV, 2893.

59. L'époux qui a ameubli un héritage, a, lors du partage, la faculté de le retenir en le pré-comptant sur sa part pour le prix qu'il vaut alors; et ses héritiers ont le même droit (*C. N.*, *1509*), que l'ameublissement soit déterminé ou indéterminé (1). Mais si la femme ou ses héritiers renoncent à la communauté, ils n'ont point le droit, bien entendu, de reprendre l'immeuble ameubli par la femme, à moins que le contrat de mariage ne leur en ait réservé la faculté (2).

SECTION IV. — DE LA CLAUSE DE SÉPARATION DES DETTES.

60. La clause par laquelle les époux, ou l'un d'eux, stipulent qu'ils payeront séparément leurs dettes personnelles [Form. 17], les oblige à se faire, lors de la dissolution de la communauté, respec-tivement raison des dettes qui sont justifiées avoir été acquittées par la communauté à la décharge de celui des époux qui en était le débiteur (*C. N.*, *1510*); la femme est tenue à cette obligation, même en renonçant à la communauté (3). Il ne s'agit ici que des dettes antérieures au mariage ou dont le prin-cipe est antérieur au mariage, comme amendes prononcées pendant le mariage, pour délits anté-rieurs (4), ou les dettes d'une succession ouverte avant le mariage, mais acceptée depuis (5); quant aux dettes des successions ou donations à venir, leur exclusion ne résulte pas ordinairement d'une convention directe, elle vient seulement comme conséquence de la clause qui exclut en tout ou en partie de l'actif les successions ou donations (6), *supra n° 44*.

61. Cette obligation est la même, soit qu'il y ait eu inventaire ou non; mais, si le mobilier apporté par les époux n'a pas été constaté par un inventaire ou état authentique antérieur au ma-riage, les créanciers de l'un et de l'autre des époux peuvent, sans avoir égard à aucune des distinctions qui seraient réclamées, poursuivre leur payement sur le mobilier non inventorié, comme sur tous les autres biens de la communauté (7). Les créanciers ont le même droit sur le mobilier qui serait échu

---

4° Ameublissement indéterminé.

Les futurs époux déclarent faire entrer en communauté et, en conséquence, ameublir leurs biens immeubles présents et à venir, savoir :

Le futur époux, jusqu'à concurrence d'une somme de . . .

Et la future épouse jusqu'à concurrence de . . .

FORMULE 17. — Séparation des dettes. (N°ˢ 60 à 63.)

La clause de séparation des dettes s'ajoute au contrat de mariage contenant adoption du régime de la communauté légale, ou même du régime de la communauté modifiée par la réalisation des biens meubles.

1° Séparation des dettes présentes et à venir.

Les futurs époux ne seront pas tenus des dettes l'un de l'autre créées antérieurement à la célébration du mariage, ni de celles dont pourront être grevés les biens et droits dont ils deviendront respectivement propriétaires pendant la durée de la communauté; ces dettes, s'il en existe ou survient, seront acquittées par celui des époux qui les aura contractées ou du chef duquel elles proviendront, sans que l'autre époux, ses biens, ni la communauté puissent en être aucunement tenus.

2° Séparation des dettes antérieures au mariage.

Les futurs époux ne seront pas tenus des dettes l'un de l'autre créées antérieurement

---

(1) Troplong, n° 2018 ; Rodière et Pont, II, 180; Marcadé, *1509*, 6.
(2) Odier, II, 812; Troplong, 2019; Toullier, XIII, 348; Zach., Massé et Vergé, § 657, note 11; Rodière et Pont, II, 483 ; Dalloz, n° 2788; Marcadé, *1509*, 5 ; Dict. Not., *Ameublias.*, n° 70 ; Roll., *ibid.*, n° 57.
(3) Troplong, n° 2047.
(4) Toullier, XIII, 351 ; Rodière et Pont, II, 205; Troplong, n° 2025 ; Dict. Not., *Communauté*, n° 511.

(5) Odier, II, 706; Rodière et Pont, II, 200; Troplong, n° 2030; Massé et Vergé, § 659, note 2 ; contra, Duranton, XV, 92 ; Marcadé, *art. 1510*.
(6) Duranton, XV, 90 ; Rodière et Pont, II, 200; Marcadé, *art. 1510* ; Zach., Massé et Vergé, § 659, note 2.
(7) Voir Zach., Massé et Vergé, § 659, note 13 ; Rodière et Pont, II, 218; Odier, II, 782; Duvergier sur Toullier, XIII, 356; Troplong, n° 2046; Marcadé, *1512*, 3.

aux époux pendant la communauté, s'il n'a pas été pareillement constaté par un inventaire ou état authentique (1) (C. N., 1510).

62. Lorsque les époux apportent dans la communauté une somme certaine ou un corps certain, un tel apport emporte la convention tacite qu'il n'est point grevé de dettes antérieures au mariage; et il doit être fait raison par l'époux débiteur à l'autre, de toutes celles qui diminueraient l'apport promis (C. N., 1511).

63. La clause de séparation des dettes n'empêche point que la communauté ne soit chargée des intérêts et arrérages qui ont couru depuis le mariage (C. N., 1512), à moins de convention contraire qui peut être valablement stipulée (2).

64. Lorsque la communauté est poursuivie (3) pour les dettes de l'un des époux déclaré, par contrat, franc et quitte de toutes dettes antérieures au mariage, l'autre conjoint a droit à une indemnité, pour tout ce qui a été payé en principal, intérêts et frais, et aussi pour les intérêts de la somme payée jusqu'au jour de la dissolution de la communauté (4); cette indemnité se prend soit sur la part de communauté revenant à l'époux débiteur, soit sur les biens personnels dudit époux; et, en cas d'insuffisance, elle peut être poursuivie par voie de garantie contre le père, la mère, l'ascendant ou le tuteur qui l'auraient déclaré franc et quitte, mais sauf leur recours contre l'époux qui s'est laissé faussement déclarer tel (5). Cette garantie peut même être exercée par le mari durant la communauté, si la dette provient du chef de la femme; sauf, en ce cas, le remboursement dû par la femme ou ses héritiers aux garants, après la dissolu tion de la communauté (C. N., 1513), mais non auparavant.

SECTION V. — DE LA FACULTÉ ACCORDÉE A LA FEMME DE REPRENDRE SON APPORT
FRANC ET QUITTE.

65. La femme peut stipuler, par une clause appelée *reprise d'apports* [Form. 19], qu'en cas de

à la célébration du mariage; ces dettes, s'il en existe, seront acquittées, etc. (*le surplus comme au n° 1er*).

3° *Séparation des dettes postérieures au mariage, en cas de réalisation des immeubles à venir* (N° 60.)

Les futurs époux ne seront pas tenus des dettes dont pourront être grevés les biens et droits dont ils deviendront respectivement propriétaires pendant le mariage; ces dettes, s'il en existe, seront acquittées, etc. (*le surplus comme au n° 1er*).

FORMULE 18. — Clause de franc et quitte. (N° 64.)

Les époux se déclarent francs et quittes de toutes dettes antérieures à la célébration du mariage. (*Voir infra formule 45, 19e*.)

Si la déclaration de franc et quitte émane des père et mère :

M. et Mme .... déclarent le futur époux, leur fils, franc et quitte de toutes dettes antérieures à la célébration du mariage.

FORMULE 19. — Reprises d'apports de la femme pour le cas de renonciation
à la communauté. (Nos 65 et 66.)

Cette clause s'ajoute à la communauté légale.

La future épouse ou ses héritiers et représentants, en renonçant à la communauté lors

(1) Voir Battur, II, 412; Bugnet sur Pothier, VII, p. 212; Zach., Massé et Vergé, § 639, note 11; Rodière et Pont, II, 216, 217; Troplong, nos 2041, 2042; Marcadé, 1512, 3, 4; contra, Bellot, III, p. 166; Duranton, XV, 110; Roll., *Communauté*, n° 517.
(2) Duranton, XV, 99; Rodière et Pont, II, 209; Troplong, n° 2055; Marcadé, *art. 1512*; Massé et Vergé, § 639, note 5; contra, Delvincourt, III, p. 86; Battur, n° 417.

(3) La communauté doit payer, sauf son recours: Duranton, XV, 145; Troplong, n° 2061; Marcadé, *art. 1513*; Zach., Massé et Vergé, § 660, note 6; Dict. Not., *Communauté*, n° 532; contra, Bellot, III, p. 198.
(4) Toullier, XIII, 366; Bellot, III, p. 195, 199; Duranton, XV, 136; Zach., § 660, note 5; Roll., *Communauté*, n° 531.
(5) Toullier, XIII, 361; Duranton, XV, 119; Rodière et Pont, II, 222; Troplong, n° 2060; Zach., § 660, note 9.

renonciation à la communauté, lors de sa dissolution par le décès de l'un des époux ou par la séparation de biens (1), elle reprendra tout ou partie de ce qu'elle y aura apporté, soit lors du mariage, soit depuis (2) ; mais cette stipulation ne peut s'étendre au delà des choses formellement exprimées, ni au profit de personnes autres que celles désignées. Ainsi, la faculté de reprendre le mobilier que la femme a (3) apporté lors du mariage ne s'étend point à celui qui serait échu pendant le mariage, et *vice versa* la faculté de reprendre le mobilier à venir ne comprend pas celui apporté en mariage. Ainsi encore, la faculté accordée à la femme ne s'étend point aux enfants (4) ; toutefois, celle accordée à la femme et aux enfants comprend tous les enfants et petits-enfants, même ceux d'un précédent mariage (5), et aussi les enfants naturels ou adoptifs (6), mais elle ne s'étend point aux héritiers ascendants ou collatéraux ; celle accordée à la femme et à ses héritiers collatéraux comprend, à plus forte raison, ses héritiers descendants et ascendants (7) ; celle accordée à la femme et aux enfants à naître du mariage, ne s'étend point aux enfants issus d'un précédent mariage, ni aux enfants naturels ou adoptifs ; celle accordée à la femme et à ses héritiers comprend tous les héritiers ascendants, descendants et collatéraux, mais ne s'étend pas aux successeurs irréguliers ni aux légataires (8) ; enfin celle accordée à la femme ou à ses héritiers et représentants s'étend à tous ceux qui succèdent aux biens. Dans tous les cas, les apports ne peuvent être repris que déduction faite des dettes personnelles à la femme, et que la communauté aurait acquittées (C. N., 1514), c'est-à-dire des dettes contributives à la charge des apports repris ; toutefois, si la femme ne s'est réservé de reprendre qu'une certaine somme ou un objet déterminé, elle n'a à subir aucune déduction de dette (9).

66. Quand la faculté a été réservée à la femme seule, si elle décède après la dissolution de la communauté sans y avoir encore renoncé, son droit passe à ses héritiers et représentants, quels qu'ils soient (10), et leurs créanciers peuvent l'exercer en leur nom, par application de l'art. 1466. Cependant si le successible qui aurait le droit d'exercer la faculté est exclu par un légataire universel, son droit ne passe pas au légataire (11).

---

de la dissolution, reprendront les apports en mariage de la future ci-dessus constatés, ensemble tous les biens meubles et immeubles dont elle deviendra propriétaire durant la communauté, par succession, donation, legs ou autrement.

Ces reprises auront lieu franches et quittes des dettes et charges de la communauté ; et si la future épouse s'y trouvait tenue envers les créanciers par suite des engagements qu'elle aurait contractés ou des condamnations prononcées contre elle, ladite future ou ses héritiers et représentants en seraient garantis et indemnisés par le futur époux ou ses héritiers.

FORMULE 20. — 1° **Reprises d'apports des époux et partage de la communauté.**

(Nᵒˢ 67 et 68.)

Cette clause s'ajoute à tous les cas d'adoption d'une communauté d'acquêts, ou d'une communauté modifiée par la réalisation des biens meubles.

Sur la masse des biens qui existeront lors de la dissolution de la communauté, les

---

(1) Troplong, nᵒ 2085 ; Duranton, XV, 150 ; Odier, II, 831 ; Zach., Massé et Vergé, §601, note 7.

(2) Avec l'intérêt du jour de la dissolution de la communauté, et non pas seulement du jour de la demande : Troplong, nᵒˢ 1708 et 2103 ; Rodière et Pont, II, 262 ; Cass., 3 fév. 1835 ; contra, Duranton, XV, 173 ; Massé et Vergé, § 601, note 10 ; Marcadé, 1514, 3 ; Dict. Not., *Communauté*, nᵒ 574 ; Nancy, 29 mai 1826.

(3) S'il est dit : *Aura apporté* ou *qui sera entré*, le futur passé employé a pour effet d'étendre la réserve au mobilier futur : Rodière et Pont, II, 200 ; Marcadé, 1514, 1 ; Roll., *Communauté*, nᵒ 559 ; contra, Bellot, III, p. 229.

(4) S'il est dit : *Il pourra être fait reprise de..*, la clause doit être appliquée dans le sens restreint et ne comprend que la femme : Rodière et Pont, II, 245 ; Duvergier sur Toullier, XIII, 381 ; Troplong, nᵒ 2077 ; Marcadé, 1514, 3 ; Roll., *Communauté*, nᵒ 548 ; contra, Toullier, *loc. cit.*

(5) Toullier, XIII, 384 ; Duranton, XV, 156 ; Troplong, nᵒ 2083 ; Ro-

dière et Pont, II, 248 ; Marcadé, 1514, 2 ; Zach., Massé et Vergé, § 601, note 5.

(6) Rodière et Pont, II, 249.

(7) Toullier, XIII, 387 ; Duranton, XV, 158 ; Rodière et Pont, II, 254 ; Troplong, nᵒ 2082 ; Marcadé, 1514, 2 ; Zach., Massé et Vergé, § 601, note 5 ; Dict. Not., *Communauté*, nᵒ 556 ; Roll., *ibid.*, nᵒ 556.

(8) Bellot, III, p. 224 ; Marcadé, 1514, 2 ; Dict. Not., *Communauté*, nᵒ 555 ; Roll., *ibid.*, nᵒ 554. Voir Bordeaux, 10 juin 1833 ; Metz, 1er fév. 1842 ; J. N., 8202, 1228.

(9) Duranton, XV, 162 ; Odier, II, 865 ; Rodière et Pont, II, 265 ; contra, Batbir, II,445.

(10) Duranton, XV, 151 ; Zach., Massé et Vergé, § 601, note 6 ; Rodière et Pont, II, 256 ; Troplong, nᵒ 2087 ; Marcadé, 1514, 3 ; Dict. Not., *Communauté*, nᵒ 563 ; Roll., *ibid.*, nᵒ 542.

(11) Duranton, XV, 165 ; Marcadé, 1514, 2 ; Dict. Not., *Communauté* nᵒ 564.

67. Lorsque les époux adoptent la communauté réduite aux acquêts, *supra* n° 55, ou stipulent la clause de réalisation totale, *supra* n° 43, la reprise des apports de la femme est de droit, qu'elle accepte la communauté ou qu'elle y renonce (aussi bien d'ailleurs que celle des apports du mari) ; elle n'a donc pas besoin d'être stipulée ; cependant, il arrive souvent en pareil cas que, par une rédaction vicieuse, on stipule le droit de reprise en faveur de la femme seule et pour le cas de renonciation (1). Ou il faut s'abstenir, ou, si l'on veut éclairer les parties, il faut donner aux deux époux le droit égal qu'ils tiennent de la loi [FORM. 20].

68. La reprise des apports de la femme s'opère sans charge des dettes de la communauté ; et si la femme s'est engagée envers les créanciers, elle a contre le mari un recours conservé par l'hypothèque légale et qui est habituellement stipulé dans les termes suivants : « Les reprises de la femme auront lieu franches et quittes des dettes et charges de la communauté, quand même elle s'y serait obligée ou y aurait été condamnée. » Cette clause, purement surérogatoire, a donné l'idée de soutenir qu'elle avait pour effet de frapper les apports de la femme d'une indisponibilité conditionnelle et de les soustraire à l'action

---

époux ou leurs héritiers et représentants prélèveront, conformément à la loi : 1° les apports en mariage des futurs époux ci-dessus constatés ; 2° les biens meubles et immeubles dont ils deviendront respectivement propriétaires durant la communauté par succession, donation, legs ou autrement ; 3° les récompenses qui pourront leur être dues par la communauté.

Ce qui restera après les prélèvements dont il vient d'être question composera le bénéfice de communauté, qui sera partageable par moitié entre les futurs époux ou entre le survivant d'eux et les héritiers ou représentants du prédécédé.

La future épouse ou ses héritiers et représentants, qu'ils acceptent la communauté ou qu'ils y renoncent, exerceront le prélèvement des reprises de la future, en cas d'insuffisance des biens de la communauté, sur les biens personnels du mari. En tout cas, les reprises de la femme auront lieu franches et quittes des dettes et charges de la communauté ; et si la future épouse s'y trouvait tenue envers les créanciers par suite d'engagements qu'elle aurait contractés ou de condamnations prononcées contre elle, ladite future ou ses héritiers et représentants en seraient garantis et indemnisés par le futur époux ou ses héritiers.

Si un préciput a été stipulé, modifier ainsi la deuxième phrase : Ce qui restera après le prélèvement des reprises dont il vient d'être question et des préciput et augment de préciput dont il est parlé sous l'art..., composera le bénéfice, etc. (*le surplus comme dessus*).

Si le partage de la communauté est inégal, modifier ainsi la même phrase : Ce qui restera après le prélèvement des reprises dont....., composera le bénéfice de communauté auquel les époux ou leurs héritiers et représentants auront droit de la manière indiquée en l'art... ci-après.

S'il y a mise en communauté, on modifie ainsi l'article :

Sur la masse des biens qui existeront lors de la dissolution de la communauté, les époux ou leurs héritiers et représentants prélèveront, conformément à la loi : 1° les apports en mariage des futurs époux ci-dessus constatés, déduction faite de leur mise en communauté ; 2° les, etc. (*le surplus comme à la première phrase*).

Ce qui restera, etc. (*comme à la deuxième phrase*).

La future épouse ou ses héritiers et représentants exerceront le prélèvement des reprises de la future, qu'ils acceptent la communauté ou qu'ils y renoncent, et en cas d'insuffisance des biens de la communauté, sur les biens personnels du mari ; de plus, en cas de renonciation à la communauté, la future épouse ou ses héritiers et représentants reprendront la mise en communauté de la future ci-dessus stipulée ; le tout franc et quitte, etc. (*le surplus comme à la troisième phrase*).

---

(1) Voir Formule de *Clerc*, I, p. 431 ; Dict. Not., IV, p. 72, 77.

des créanciers de la communauté, envers lesquels elle s'était obligée (1) ; mais cette prétention ne pouvait longtemps triompher, et bientôt l'on est revenu à l'opinion, si longtemps et avec raison incontestée, que la stipulation n'a d'effet qu'entre les époux, et ne concerne pas les tiers (2). surtout s'il est ajouté que la femme aura un recours contre le mari ou ses héritiers (3), addition que nous conseillons de toujours employer.

69. Les reprises dues à la femme ou à ses représentants pour ses biens meubles non entrés dans la communauté sont garanties par l'hypothèque légale de la femme contre son mari. Mais dans le contrat de mariage, ou dans une contre-lettre à la suite, *infra n° 272*, les parties, lorsque la future épouse est majeure (4), peuvent convenir [FORM. 21] qu'il ne sera pris d'inscription que sur un ou certains immeubles du mari, ou sur tous immeubles autres que quelques immeubles spécialement désignés qui n'en seront pas grevés (5); dans ce cas, les immeubles non indiqués pour l'inscription, ou exceptés de l'inscription, restent libres et affranchis de l'hypothèque pour la dot de la femme et pour ses reprises et conventions matrimoniales (*C. N.*, 2140). Si l'on stipule dans le contrat de mariage que l'hypothèque légale sera restreinte à certains biens présents *pour la dot de la femme, ses créances et reprises de toute*

2° *Autre clause de reprise des apports des époux.*

Lors de la dissolution de la communauté, les époux ou leurs représentants reprendront le montant de leurs apports en mariage et constitution de dot, ensemble tous les biens meubles et immeubles qui leur seront advenus et échus personnellement pendant le mariage, par succession, donation, legs ou autrement, ou les biens et valeurs qui auraient été acquis en remploi ; et si la future épouse survit, elle aura droit en outre, même en cas de renonciation à la communauté, au préciput stipulé en faveur du survivant.

Ces reprises seront exercées par la future épouse ou ses représentants, franches et quittes de toutes dettes et charges de la communauté ; et si la future épouse s'y trouvait tenue envers les tiers, par suite de ses engagements, elle ou ses représentants en seraient garantis et indemnisés par le futur époux ou sa succession, et sur ses biens personnels.

FORMULE 21. — Limitation de l'hypothèque légale de la future épouse.

(Nᵒˢ 69 et 70.)

L'hypothèque légale de la future épouse contre son mari, pour raison de ses apports, créances, reprises de toute nature, et autres droits matrimoniaux, ne frappera que. . . (*désigner les immeubles*), auxquels elle est limitée de convention expresse. En conséquence, la future épouse ne pourra prendre d'inscription de son hypothèque légale que sur les immeubles ci-dessus désignés ; et tous les autres biens actuels du futur époux, ainsi que tous ceux qu'il pourra acquérir et tous ceux qui lui écherront par succession, donation, legs ou à tout autre titre, seront affranchis de l'hypothèque légale de la future épouse et de toutes inscriptions qu'elle pourrait prendre.

Toutefois, si l'hypothèque devenait insuffisante, soit par la dépréciation de valeur des immeubles susindiqués, soit par suite de l'accroissement de la fortune de la future épouse, il lui sera fourni par son mari un supplément d'hypothèque dont ils détermineront

---

(1) Caen, 31 juill. 1855; Cass., 7 fév., 1855, 16 avril 1856 ; J. N., 15492, 15812. Voir aussi : Cass., 15 fév. 1853; J. N., 14935 ; Émile Olivier, *Rev. pat.*, III, p. 529 ; Berger, J. N., 15930.
(2) Pont, *Rev. crit.*, IX, p. 298 ; Journ. du Not., 13 août 1856 ; Bordeaux, 19 fév. 1857 ; Amiens, 5 mars 1857 ; Riom, 31 mai 1858 ; J. N., 16057.
(3) Nancy, 10 déc. 1857; Limoges, 4 mars 1858; Paris, 21 janv. 1858, 6 juin 1863 ; Trib. Seine, 21 fév. 1860 ; Cass., 15 déc. 1858, 23 août 1859, 13 août 1860, 19 nov. 1863 ; J. N., 16255, 16304, 16476, 16762, 16952, 17747.

(4) Si elle est mineure, elle ne le peut pas, même avec l'assistance des personnes dont le consentement est requis pour le mariage : Persil, *2140*, 3; Grenier, I, 269; Turrible, *Inscr.*, § 3 , n° 18 Duranton, XX, 36; Zach., Masse et Vergé, § 635. note 6; Troplong *Hyp.*, n° 637 *bis* et *Contr. de mar.*, n° 272; Marcadé, *1398*, 2 ; Pont. *Hyp.*, n° 551; Dict. Not., *Contr. de mar.*, n° 143 ; Cass., 19 juill. 1820 ; Caen, 15 juill., 1836; Lyon, 30 mai 1844; Grenoble, 25 août 1847 ; Paris, 26 juill. 1850; Chambéry, 3 déc. 1860; J. N., 14141 ; CONTRA, Taulier, VII, 319; Paris, 10 août 1816.
(5) Pont, *Hyp.*, n° 545.

nature et autres droits matrimoniaux, les biens exceptés de l'hypothèque et ceux à venir en sont affranchis, quelles que soient les circonstances ultérieures qui élèvent les reprises de la femme; mais si la restriction de l'hypothèque légale n'est exprimée que pour *la dot et les conventions matrimoniales*, les autres reprises de la femme sont conservées par l'hypothèque légale sur tous les biens présents et à venir du mari (1).

70. Il ne peut pas être convenu qu'il ne sera pris aucune inscription (*C. N.*, *2140*), ni que l'hypothèque légale restreinte à certains immeubles pourra pendant le mariage être transportée d'accord entre les époux sur d'autres immeubles (2).

SECTION VI. — DU PRÉCIPUT CONVENTIONNEL.

71. La clause appelée *préciput conventionnel* [Form. 22, 23, 24] est celle par laquelle l'époux survivant, ou l'un des époux seulement pour le cas de survie, est autorisé à prélever, avant tout partage, une certaine somme ou une certaine quantité d'effets mobiliers en nature, ou tous autres biens de la communauté, quelle qu'en soit l'importance (3). La femme survivante n'a droit au prélèvement du préciput que lorsqu'elle accepte la communauté, à moins que le contrat de mariage ne lui ait réservé ce droit même en y renonçant (4). Hors le cas de cette réserve, le préciput ne s'exerce que sur la masse partageable et non sur les biens personnels de l'époux prédécédé (*C. N.*, *1515*). Le préciput de la femme, avec la réserve dont il s'agit, se prélève donc, en cas d'insuffisance de la communauté, sur les biens du mari, et il est conservé par son hypothèque légale à la date du mariage. Les intérêts de la somme composant le préciput ne courent que du jour de la demande (5).

l'importance, d'un commun accord, ou qui sera réglé par le juge. Cette hypothèque n'aura d effet à l'égard des tiers que du jour de l'inscription au bureau des hypothèques.

FORMULE 22. — Préciput stipulé dans un contrat contenant adoption de la communauté légale. (N°ˢ 71 à 75.)

1° Préciput et augment de préciput.

Le survivant des futurs époux prendra et prélèvera, à titre de préciput, sur les biens meubles de la communauté, avant tout partage, tels des objets mobiliers et valeurs qu'il voudra, jusqu'à concurrence de la somme de . . . , ou cette somme en deniers comptants, ou partie en objets mobiliers et le surplus en deniers comptants, le tout à son choix.

En outre, le survivant prélèvera, à titre d'augment de préciput, aussi avant tout partage de la communauté, savoir :

Si c'est le futur époux, les vêtements, linge et bijoux à son usage personnel, plus ses armes et les livres composant sa bibliothèque ;

Et si c'est la future épouse, les vêtements, linge, bijoux, châles, dentelles à son usage personnel, plus ses instruments, cahiers et albums de musique.

De plus, le survivant aura la faculté de conserver, pour son compte personnel, telle partie du mobilier meublant qu'il lui plaira choisir, en sus des préciput et augment de préciput ci-dessus stipulés, et même la totalité de ce mobilier, si bon lui semble, sans que les représentants du prédécédé puissent en exiger la vente, et sauf par le survivant à faire la déduction sur ses droits et reprises ou à tenir compte à qui de droit de la valeur des objets prélevés ou conservés par lui, d'après l'estimation qui en aura été faite dans l'inventaire dont il est parlé ci-dessus, à la charge seulement de déclarer son option à cet égard avant la clôture dudit inventaire.

La future épouse, si elle survit, aura droit à ces préciput et augment de préciput, et elle profitera de la faculté de conserver tout ou partie du mobilier, le tout même en renonçant à la communauté ; — *ou* : la future épouse, si elle survit, aura droit à ces préciput

---

(1) Duranton, XX, 59 ; Massé et Vergé, § 795, note 13 ; Pont, *Hyp.*, n° 546 ; Paris, 29 mai 1819 ; Cass., 18 août 1856 ; J. N., 15907.
(2) Pont, *Hyp.*, n° 547 ; Cass., 6 mai 1852 ; Lyon, 26 janv. 1854 ; J. N., 14659, 15148.

(3) Voir Troplong, n°ˢ 2111, 2117, 2120 ; Marcadé, *1515*, 3 ; Roll', *Préciput*, n° 9 ; Mollot, *Liquid.*, n° 428.
(4) Toullier, XIII, 405 ; Odier, II, 888 ; Troplong, n° 2121.
(5) Toullier, XIII, 406, 408 ; Duranton, XV, 483 ; Odier, II, 871 ; Troplong, 2112 ; Marcadé, *1515*, 1. Voir Battur, II, 467.

72. Le préciput n'est point regardé comme un avantage sujet aux formalités des donations, mais comme une convention de mariage (*C. N., 1516*), et il ne s'impute pas sur la quotité disponible (1). Toutefois, en cas de mariage en secondes noces, il est sujet à retranchement s'il donne lieu à un avantage excédant la quotité disponible (2) ; il en est de même dans tous les cas lorsqu'il est exercé par la femme renonçante (3).

73. La mort naturelle donne seule ouverture au préciput (*C. N., 1517*); mais on peut stipuler que l'un des époux aura droit au préciput lors de la dissolution de la communauté arrivée pour quelque cause que ce soit (4).

74. Lorsque la dissolution de la communauté s'opère par la séparation de corps ou de biens, il n'y a pas lieu à la délivrance actuelle (5) du préciput ; mais l'époux qui a obtenu la séparation de corps (6) conserve ses droits au préciput en cas de survie. Si c'est la femme, la somme ou la chose qui constitue le préciput reste toujours provisoirement au mari, à la charge de donner caution (*C. N., 1518*). Cependant il n'en est ainsi que si la femme renonce et qu'elle ait stipulé le préciput même en renonçant (7); car si elle accepte, l'actif se partage par moitié sans déduction du préciput, et, au décès du prémourant, la moitié qu'il se trouvait avoir revient au survivant (8), à moins qu'il n'ait été défendeur à la demande en séparation de corps, voir notre *Traité form.*, n° 1088.

75. Les créanciers de la communauté ont toujours le droit de faire vendre les effets compris dans le préciput, sauf le recours de l'époux, conformément à l'art. 1515, *supra*, n° 74 (*C. N., 1519*).

---

et augment de préciput, et à la faculté de conserver tout ou partie du mobilier, qu'elle accepte la communauté ou qu'elle y renonce, et, en cas d'insuffisance des biens de la communauté, elle pourra prélever le préciput et l'augment de préciput sur les biens du futur.

2° Autre clause.

Le survivant des futurs époux prendra et prélèvera à titre de préciput, sur les biens meubles de la communauté avant tout partage, les vêtements, linge et bijoux à son usage personnel, plus un lit complet, une armoire et six paires de draps, le tout à son choix.

De plus, le survivant aura la faculté de conserver pour son compte, etc. (*le surplus comme dessus*).

La future épouse, si elle survit, aura droit à ces préciput, etc. (*le surplus comme dessus*).

FORMULE 23. — **Préciput stipulé dans un contrat contenant adoption d'une communauté modifiée.** (N°ˢ 71 à 75.)

Le survivant des futurs époux prendra et prélèvera, à titre de préciput, etc. (*le surplus comme en la formule 22*).

En outre, le survivant prélèvera à titre d'augment de préciput, aussi avant tout partage de la communauté, savoir :

Si c'est le futur époux, l'accroissement qui sera survenu dans les vêtements, linge et bijoux à son usage personnel, dans ses armes et dans les livres composant sa bibliothèque ;

Et si c'est la future épouse, l'accroissement qui sera également survenu dans les vêtements, linge, bijoux, châles et dentelles à son usage personnel, et dans ses instruments, cahiers et albums de musique.

De plus, le survivant aura la faculté, etc. (*le surplus comme en la formule 22 1°*).

---

(1) Troplong, n° 2423 ; Odier. II, 872 ; Duranton, XV, 190 ; Rodière et Pont, II, 277.

(2) Troplong, n° 2423.

(3) Troplong, 2424 ; Bellot, III, p. 207 ; Bugnet sur Pothier, VII, p. 246; *contra*, Duranton, XV, 190 ; Marcadé, *art. 1516*.

(4) Troplong, n°ˢ 83, 2129; Toullier, XIII, 398 ; Duranton, XV, 481 ; Rodière et Pont, II, 288 ; Troplong , n° 2219 ; Marcadé, *art. 1515;* Zach., § 662; Roll., *Préciput*, n° 25; Limoges, 6 août 1849; Jur. N., 8830.

(5) A moins que le préciput n'ait été stipulé en faveur de l'époux, dans tous les cas, comme au n° 3602; si d'ailleurs

la séparation de corps n'a pas été prononcée contre cet époux.

(6) Quant à l'époux contre lequel la séparation de corps a été prononcée, il perd tout droit au préciput, *supra* n° 1088 : Toullier, XIII, 396 ; Duranton, XV, 194; Troplong, n° 21 2; Marcadé, *1518.2*; Zach., § 662, note 8 ; Roll., *Préciput*, n° 34 ; Cass., 13 fév. 1826.

(7) Toullier et Duvergier, XIII, 397; Duranton, XV, 194; Rodière et Pont, II, 304 ; Taulier, V, p. 205; Troplong, n° 2135 ; Marcadé, *1518*, 3 ; Zach., Massé et Vergé, § 662, note 7 ; Roll., *Préciput*, n° 36.

(8) Toullier, XIII, 394; Duranton, XV, 184, 495; Bellot, III, p. 373 Rodière et Pont, II, 301 ; Marcadé, *1518*, 2 ; Troplong, n° 2134.

76. La faculté réservée au survivant des époux de conserver tout ou partie du mobilier [Form. 22], ou un fonds de commerce [Form. 25], un droit au bail [Form. 26], à la condition de tenir compte de leur valeur, semble aussi constituer une sorte de préciput.

FORMULE 24. — Préciput en faveur de l'un des époux. (N°s 71 à 75.)

La future épouse, si elle survit, prendra et prélèvera, etc. *(le surplus comme aux formules ci-dessus).*

Si la future épouse a droit au préciput dans tous les cas de dissolution de communauté, on ajoute à la formule :

En cas de dissolution de la communauté, pour quelque cause que ce soit, avant la dissolution du mariage, la future épouse aura droit, dès ce moment, et sans être tenue à aucune restitution, aux préciput et augment de préciput ci-dessus stipulés.

FORMULE 25. — Faculté accordée au survivant de conserver le fonds de commerce.
(N° 76.)

Si, lors de la dissolution du mariage, les futurs époux ou l'un d'eux exploitent un commerce ou possèdent des droits dans un établissement de commerce, le survivant des époux aura le droit de conserver pour son compte personnel le commerce ou les droits dont il s'agit, ensemble l'achalandage, les marchandises, objets mobiliers, ustensiles et autres accessoires en dépendant, à la charge de prendre le tout d'après la prisée de l'inventaire qui sera fait alors, ou d'après l'estimation de deux experts choisis à l'amiable, ou désignés sur simple requête de la partie la plus diligente par M. le président du tribunal de première instance du domicile des époux, lesquels experts, en cas de désaccord, pourront s'adjoindre un troisième expert qui prononcera définitivement. — *Si la valeur de l'achalandage ne doit pas être payée, l'on ajoute :* Mais le survivant n'aura rien à payer pour l'achalandage, qui lui appartiendra exclusivement à titre de convention de mariage.

(Ou lorsqu'il s'agit de droits dans une société : Si, lors de la dissolution du mariage, les futurs époux ou l'un d'eux exploitent une industrie ou possèdent des droits dans un établissement ou dans une société de commerce, le survivant des époux aura le droit de conserver pour son compte personnel, soit ladite industrie et le matériel et les objets mobiliers servant à son exploitation, soit la part d'intérêt dans l'établissement ou dans la société, à la charge, dans tous les cas, de tenir compte aux héritiers du prédécédé de la portion à laquelle ils auraient droit, soit dans la valeur de la société, soit dans la valeur du fonds et des marchandises et effets mobiliers, d'après la prisée..., etc.)

Le survivant imputera la valeur des droits en question sur les sommes qui lui reviendront en propriété ou en usufruit, tant dans la communauté que dans la succession du prédécédé ; et pour se libérer envers les héritiers de celui-ci des sommes qu'il pourrait encore leur devoir, il aura terme et délai d'une année à partir du jour du décès du prémourant, sans être tenu de payer aucun intérêt pendant ce temps, ni de fournir caution. Toutefois, ce délai cesserait en cas de vente de l'établissement ou de convol à de secondes noces, et la somme entière deviendrait exigible par le fait seul de la vente ou du second mariage.

En usant de cette faculté, le survivant aura seul droit au bail des lieux où s'exploitera le fonds de commerce, et où les époux auront leur habitation, pour le temps qui en restera à courir, à la charge de tenir compte à la communauté des loyers payés d'avance, d'exécuter toutes les obligations qui pourront en résulter et de payer les loyers à courir, de manière que les héritiers de l'époux prédécédé ne soient aucunement inquiétés par qui que ce soit à cet égard.

Si le commerce s'exerce dans une maison dépendant de la communauté ou appartenant à la succession de l'époux prédécédé, le survivant aura le droit d'exiger qu'il lui soit fait un bail de... années, au plus, des lieux nécessaires à l'exploitation du commerce et à son

SECTION VII. — DES CLAUSES PAR LESQUELLES ON ASSIGNE A CHACUN DES ÉPOUX
DES PARTS INÉGALES DANS LA COMMUNAUTÉ.

77. Les époux peuvent déroger au partage égal établi par la loi en donnant, soit à l'un des époux

habitation, moyennant le prix et sous les conditions qui seront fixés soit à l'amiable, soit par experts choisis par les parties ou nommés d'office de la même manière que pour l'estimation du fonds de commerce.

Le survivant sera tenu de déclarer, dans les quarante jours qui suivront la clôture de l'inventaire, s'il entend user des droits qui viennent de lui être réservés, à peine de déchéance.

La future épouse survivante aura le droit d'exercer cette faculté, même en renonçant à la communauté.

Si l'époux survivant n'opte pas pour la conservation de l'établissement commercial, il ne pourra exercer un pareil commerce ni s'y intéresser directement ou indirectement, dans un rayon de... kilomètres, à peine de tous dommages et intérêts vis-à-vis de la personne qui en sera devenue acquéreur.

Si l'on veut réserver au futur époux survivant ses droits dans une association commerciale, il y a lieu à la clause suivante : Si le futur époux survit, et que, lors du décès de la future, il se trouve associé dans une maison de commerce ou d'industrie, il est expressément convenu : 1° que les héritiers et autres représentants de la future épouse ne pourront réclamer d'autres droits au sujet de cette société que ceux résultant du dernier inventaire social, ou, s'il n'a pas encore été fait d'inventaire, que ceux résultant de l'acte même de société ; qu'il ne devra conséquemment être fait aucun inventaire de l'actif social, ni être apposé de scellés sur cet actif ; 2° et que le futur époux pourra conserver pour son compte les droits appartenant à la communauté dans la société, sans avoir aucune indemnité à payer aux héritiers et représentants de la future épouse, sauf, bien entendu, l'obligation de payer aux héritiers et représentants les droits acquis dans ladite société et constatés ainsi qu'il vient d'être dit.

FORMULE 26. — **Faculté accordée au survivant de conserver le droit à un bail.**
(N° 76.)

Si, lors de la dissolution du mariage, les futurs époux ou l'un d'eux cultivent une ferme tenue à location ou des terres détachées, aussi tenues à location, le survivant des époux aura le droit de conserver pour son compte personnel le droit au bail, ensemble le mobilier de ferme, les instruments aratoires, chevaux, bestiaux, fourrages, grains, fruits et fourrages coupés ou pendants par branches ou par racines, et autres accessoires en dépendant ; à la charge : 1° de prendre le tout d'après la prisée de l'inventaire qui sera fait alors, ou d'après l'estimation de deux experts choisis à l'amiable ou désignés, sur simple requête de la partie la plus diligente, par M. le président du tribunal de première instance du domicile des époux, lesquels experts, en cas de désaccord, pourront s'adjoindre un troisième qui prononcera définitivement ; 2° d'acquitter les fermages à courir et d'exécuter toutes les charges et conditions du bail, de manière que les héritiers de l'époux prédécédé ne soient aucunement inquiétés ni recherchés.

A cet égard, il est expressément convenu : 1° que le survivant n'aura rien à payer pour le droit au bail, qui lui appartiendra exclusivement à titre de convention de mariage ; 2° que les récoltes non encore coupées seront comprises dans l'estimation pour les frais de labours, engrais et ensemencements, auxquels on ajoutera le prorata du fermage représentatif de cette récolte, couru du jour de la prise de possession annuelle à celui de la dissolution du mariage.

Le survivant imputera la valeur du tout sur les sommes qui lui reviendront, etc. *(le surplus comme au 2ᵉ alinéa de la formule 26).*

Le survivant sera tenu de déclarer, dans les quarante jours qui suivront la clôture de

ou à ses héritiers, soit à l'époux survivant ou aux héritiers du prémourant, une part de communauté supérieure ou moindre que la moitié (1), soit en ne leur donnant qu'une somme fixe pour tout droit de communauté, soit en stipulant que la communauté entière, en certains cas, appartiendra à l'époux survivant ou l'un d'eux seulement (C. N., 1520), ou que les biens meubles appartiendront à l'un et les biens immeubles à l'autre (2) ou que le survivant aura une portion en pleine propriété et une portion en usufruit [FORM. 27].

78. L'attribution de parts stipulée en faveur du survivant, ou contre lui, ne produit son effet qu'en cas de dissolution de la communauté par le décès de l'un des époux ; si elle est dissoute par la séparation de corps ou de biens, le partage, nonobstant la clause, a lieu par moitié (3).

79. Lorsqu'il a été stipulé que l'un des époux ou les héritiers de l'un d'eux n'auront qu'une certaine part dans la communauté, comme le tiers ou le quart, l'époux ainsi réduit ou les héritiers ne supportent les dettes de la communauté que proportionnellement à la part qu'ils prennent dans l'actif (C. N., 1521) ; ainsi, le survivant qui prend moitié en pleine propriété et moitié en usufruit, supporte une moitié des dettes et l'intérêt de l'autre moitié (4).

80. La convention, c'est-à-dire l'attribution de parts inégales, est nulle si elle oblige l'époux ou les héritiers réduits à supporter une plus forte part, ou si elle dispense les époux ou leurs héritiers de supporter une part dans les dettes égale à celle qu'ils prennent dans l'actif (C. N., 1521), et le partage a lieu par moitié (5).

81. Lorsqu'il est stipulé que l'un des époux ou les héritiers de l'un d'eux ne pourront prétendre qu'une certaine somme pour tout droit de communauté [FORM. 530], la clause est un forfait qui oblige

l'inventaire, s'il entend user des droits qui viennent de lui être réservés, à peine de déchéance.

La future épouse survivante aura le droit d'exercer cette faculté, même en renonçant à la communauté.

FORMULE 27. — **Assignation de parts dans la communauté.** (Nᵒˢ 77 à 80.)

1° *Assignation de parts.*

Par dérogation au partage égal des biens de communauté établi par la loi, les parties stipulent comme convention de mariage, et conformément aux dispositions des articles 1520 et 1525 du Code Napoléon, que le partage des bénéfices de la communauté se fera de la manière suivante :

L'époux survivant aura droit à moitié en pleine propriété des bénéfices de communauté, et à l'usufruit de l'autre moitié, dont la nue propriété appartiendra aux héritiers du conjoint prédécédé.

Le survivant sera dispensé de fournir caution et de faire emploi, mais il devra faire inventaire.

Ou bien : L'époux survivant aura droit à trois quarts en pleine propriété des bénéfices de communauté, et les héritiers de l'époux prédécédé au quart de surplus ; les dettes de la communauté seront supportées dans de semblables proportions.

Ou bien encore : L'époux survivant aura droit à un quart seulement des bénéfices de communauté, et les héritiers de l'époux prédécédé, aux trois quarts de surplus ; les dettes, etc.

---

(1) Ou seulement une part, soit sur les biens meubles, soit sur les biens immeubles : Dalloz, n° 2950 ; Cass., 20 janv. 1830, 26 déc., 1831 ; Douai, 7 fév., 1850 ; Jur. N., 10960.
(2) Troplong, n° 2143 : Dalloz, n° 2957 ; Zach., § 668, note 3 ; Marcadé, art. 1520 ; Cass., 16 avril 1838 ; Douai, 7 fév. 1850 ; Jur. N., 10960.
(3) Troplong, nᵒˢ 2167, 2184 ; Rodière et Pont, II, 347 ; Massé et Vergé, § 663, note 20 ; Marcadé, art. 1525 ; Cass., 1er juin 1833 ; J. N., 15113.

(4) Voir Rodière et Pont, II, 345 ; Marcadé, art. 1525 ; Troplong, n° 2810 :Zach., § 663 ; Dalloz, n° 8012 ; Agen, 1er juin 1838 ; Douai, 7 fév. 1850 ; Amiens, 23 janv. 1854 ; Cass., 1er août 1855 ; Jur. N., 10960.
(5) Troplong, n° 2150 ; Odier, II, 893 ; Rodière et Pont, II, 325 ; Zach., Massé et Vergé, § 663, note 8 ; Marcadé, 1521, 2 ; Dict. Not., Communauté, n° 579 ; Roll., ibid, n° 575 ; contra, Duranton, XV, 206.

l'autre époux ou ses héritiers à payer la somme convenue, que la communauté soit bonne ou mauvaise, suffisante ou non pour acquitter la somme (*C. N.*, *1522*). Cette clause peut être stipulée purement et simplement, ou sous une condition, par exemple s'il y a ou s'il n'y a pas d'enfants du mariage, ou de toute autre manière.

82. Si la clause n'établit le forfait qu'à l'égard des héritiers de l'un des époux, celui-ci, dans le cas où il survit, a droit au partage légal par moitié (*C. N.*, *1523*).

83. Le mari ou ses héritiers qui retiennent, en vertu de la stipulation du contrat de mariage, la totalité de la communauté, sont obligés d'en acquitter toutes les dettes. Les créanciers n'ont, en ce cas, aucune action contre la femme ni contre ses héritiers (*C. N.*, *1524*), à moins que la femme ne se soit obligée ou que les dettes ne proviennent d'elle; alors elle y est tenue, mais sauf son recours contre son mari (1).

84. Si c'est la femme survivante qui a, moyennant une somme convenue, le droit de retenir toute la communauté contre les héritiers du mari, elle a le choix, ou de leur payer cette somme en demeurant obligée à toutes les dettes, quand même elles excéderaient l'actif de la communauté (2), ou de renoncer à la communauté et d'en abandonner aux héritiers du mari les biens et les charges (*C. N.*, *1524*).

85. Le forfait en faveur de la femme étant une convention du mariage, elle a hypothèque légale contre son mari, du jour du mariage, pour le montant du forfait (3).

86. Il est permis aux époux de stipuler, purement et simplement ou sous condition, que la totalité de la communauté appartiendra au survivant ou à l'un des époux seulement [FORM. 29], sauf à l'autre époux ou à ses héritiers à faire la reprise des apports et capitaux tombés de son chef dans la

2° *Autre clause.*

Si, lors du décès du premier mourant, il existe des enfants ou autres descendants issus du mariage, le partage de la communauté aura lieu par égales portions; mais en cas de non-existence d'enfant ou autres descendants, le partage des bénéfices de la communauté se fera de la manière suivante:

L'époux survivant aura droit, etc. (*le surplus comme en la formule qui précède*).

FORMULE 28. — Forfait de communauté. (N°s 81 à 85.)

Comme convention du mariage, l'actif de la communauté appartiendra en totalité au futur époux ou à ses héritiers (*ou* à la future épouse ou à ses héritiers), à la charge de payer, à titre de forfait, à la future épouse ou à ses héritiers et représentants, une somme de.... dans le délai de six mois à partir du jour de la dissolution de la communauté, sans intérêt.

Si le forfait est en faveur des héritiers du prémourant.

Comme convention du mariage, l'actif de la communauté appartiendra en totalité au survivant des futurs époux, à la charge de payer, à titre de forfait, aux héritiers et représentants du prédécédé, etc. (*le surplus comme en la formule qui précède*).

Ou bien : Comme convention du mariage, si, lors de sa dissolution, il n'existe point d'enfants issus du mariage, ni descendants d'eux, la communauté appartiendra en totalité au survivant, etc.

FORMULE 29. — Attribution de communauté. (N°s 86 et 87.)

1° *Attribution au survivant.*

Comme convention du mariage, l'actif de la communauté appartiendra en totalité au

(1) Troplong, n° 2159.
(2) Troplong, n° 2166; Odier, II, 903; Rodière et Pont, II, 337;
Massé et Vergé, § 663, note 13; Marcadé, 1521, 2; Roll., *Communauté*, n° 588; contra, Bellot, III, p. 298; Zach., § 663, note 13.
(3) Troplong, n° 2162; Rodière et Pont, II, 335, 336.

communauté (1), qu'ils aient été ou non réservés propres (2). Cette stipulation n'est point réputée un avantage (3) sujet aux règles relatives aux donations, soit quant au fonds, soit quant à la forme, mais simplement une convention de mariage et entre associés (C. N., 1423).

87. On peut même stipuler que le survivant prendra toute la communauté, y compris les apports et capitaux qui y sont entrés du chef du prémourant (4) ; mais ce qui provient de celui-ci constitue une libéralité imputable sur la quotité disponible (5).

SECTION VIII. — DE LA COMMUNAUTÉ A TITRE UNIVERSEL.

88. Les époux peuvent établir par leur contrat de mariage une communauté universelle de leurs biens, tant meubles qu'immeubles, présents et à venir, ou de tous leurs biens présents seulement, ou de tous leurs biens à venir seulement (C. N., 1526) [Form. 30] ; et le mari, en sa qualité d'administrateur, peut aliéner et hypothéquer les biens qui y sont entrés du chef de sa femme (6). A la dissolution de la communauté, le partage des biens communs a lieu par moitié, à la charge d'acquitter les dettes aussi par moitié (7). Si la femme ou ses héritiers renoncent, ils ne peuvent reprendre les biens personnels de la femme entrés en communauté, à moins de stipulation de la clause de reprise, *supra* n° 63.

89. Lorsque les époux établissent une communauté à titre universel de tous leurs biens présents

survivant des futurs époux, sans exception, à la charge par lui, comme de droit, de payer toutes les dettes de la communauté.

En conséquence, les héritiers du prémourant, après la reprise des biens meubles entrés dans la communauté du chef de celui-ci, n'auront aucun droit dans les autres biens de la communauté.

Ou bien : Comme convention du mariage, si, lors de la dissolution du mariage, il n'existe point d'enfants issus du mariage, ni descendants d'eux, l'actif de la communauté appartiendra, etc. (*le surplus comme dessus*).

2° Attribution à l'un des époux.

Comme convention du mariage, l'actif de la communauté appartiendra en totalité au futur époux (*ou* à la future), sans exception, à la charge, etc. (*le surplus comme au n° 1er*).

FORMULE 30. — **Communauté à titre universel.** (Nos 88 et 89.)

1° Biens présents et à venir.

Les futurs époux mettent en communauté tous les biens meubles et immeubles qu'ils possèdent actuellement, et tous ceux dont ils deviendront propriétaires pendant la durée de la communauté, par succession, donation, legs ou autrement, sans exception ; par suite, la communauté sera tenue de toutes les dettes actuelles et à venir des futurs époux.

2° Biens présents.

Les futurs époux mettent en communauté la totalité des biens meubles et immeubles qu'ils possèdent actuellement. En conséquence, ils consentent l'ameublissement des immeubles dont ils ont fait l'apport en mariage ; mais ils se réservent propres à chacun

(1) Troplong, n° 2182; Rodière et Pont, II, 316.
(2) Bellot, III, p. 306 ; Rodière et Pont, II, 316 ; Troplong, n° 2171 ; Marcadé, 1525, 2 ; Douai, 9 mars 1849 ; Jur. N., 9143 ; J N., 17392. Voir cependant Toullier, XII, 422 ; Dict. Not., *Communauté,* n° 597 ; Roll., *ibid.,* nos 594, 597.
(3) Sauf le cas où l'époux a des enfants d'un précédent mariage : Toullier, V, 900 ; Duranton, XV, 244 ; Zach., § 663, note 17 ;Rodière et Pont, II, 384 ; Marcadé, *art. 1525 ;* Roll., *Communauté,* n° 597 ; Douai, 7 fév. 1850 ; Jur. N., 10960.

(4) Bellot, III, p. 303; Zach., § 603; Rodière et Pont, II, 346; Marcadé, 1525, 4 ; contra, Battur, II, 489.
(5) Bellot, III, p. 303; Zach., § 665 ; Marcadé, 1525, 4 ; Rodière et Pont, II, 346 ; Dalloz, n° 2906 ; contra, Troplong, 2481.
(6) Toullier, XIII, 466 ; Troplong, n° 2199 ; Rodière et Pont, II, 433; Dict. Not., *Communauté,* n° 608 ; Roll., *ibid.,* n° 604.
(7) Troplong, n° 2202.

seulement ou de tous leurs biens à venir, il est bon d'exprimer qu'ils se réservent propres, dans le premier cas, leurs biens meubles à venir, et, dans le second cas, leurs biens meubles présents.

Dispositions communes aux huit sections ci-dessus.

90. Ce qui est dit aux huit sections ci-dessus ne limite pas à leurs dispositions précises les stipulations dont est susceptible la communauté conventionnelle. Les époux peuvent faire toutes autres conventions, ainsi qu'il est dit en l'art. 1387 et sauf les modifications portées par les art. 1388, 1389 et 1390, *supra* n° 5 (*C. N.*, *1527*).

91. Néanmoins, dans le cas où il y aurait des enfants d'un précédent mariage, toute convention qui tendrait dans ses effets à donner à l'un des époux au delà de la portion réglée par l'art. 1098, *infra* n° 254, est sans effet pour tout l'excédant de cette portion. Mais les simples bénéfices résultant des travaux communs et des économies faites sur les revenus respectifs quoique inégaux, des deux époux, ne sont pas considérés comme un avantage fait au préjudice des enfants du premier lit (*C. N.*, *1527*). Ainsi, l'on ne doit pas examiner si l'un des époux a des revenus plus considérables que l'autre, ou si l'un a une industrie très-lucrative, tandis que l'autre est sans profession ; le tout est considéré comme bénéfice de communauté et se partage par moitié. Mais, quant à toute convention qui aurait pour effet d'attribuer à l'un des époux une part plus forte que l'autre dans les bénéfices de communauté, en propriété ou en usufruit, ou d'établir un forfait de communauté, elle serait sans effet pour tout l'excédant de la portion réglée par l'art. 1098 (1). Quant à la soumission au régime dotal et à la clause de non-communauté, elles ne donnent lieu à aucune réduction en faveur des héritiers de la femme, car la femme ne donne rien du sien, elle manque seulement d'acquérir (2).

92. La communauté conventionnelle reste soumise aux règles de la communauté légale pour tous les cas auxquels il n'y a pas été dérogé implicitement par le contrat (*C. N.*, *1528*).

---

d'eux tous les biens meubles et immeubles dont ils deviendront propriétaires pendant la durée de la communauté, par successions, donations, legs ou autrement. Par suite la communauté ne sera tenue que des dettes actuelles des futurs époux, et elle n'aura pas à supporter les dettes dont pourront être grevés les biens à venir de chacun d'eux ; ces dernières dettes seront acquittées par celui des futurs époux du chef duquel elles seront provenues, sans que l'autre époux, ses biens ni la communauté puissent en être chargés.

3o Biens à venir.

Les futurs époux mettent en communauté les biens meubles et immeubles qui écherront à chacun d'eux. pendant la durée de la communauté, par successions, donations, legs ou autrement ; mais ils se réservent propre la totalité des biens meubles et immeubles dont ils sont actuellement propriétaires. Par suite la communauté sera tenue des dettes dont pourront être grevés les biens à venir de chacun des futurs époux ; mais elle n'aura pas à supporter les dettes actuelles des futurs époux : ces dernières dettes, etc. (*Le surplus comme au* n° 2.)

---

(1) Toullier, V, 397; Duranton, IX, 812; XIV, 521; Troplong, n° 2217; Vazeille, *1098*, 8; Roll., *Noces (secondes)*, n° 5 à 58; Paris, 18 nov 1854; Rouen, 20 juin 1857; Cass., 21 mai 1808, 23 juin 1855, 12 avril 1858, 3 déc. 1861; J. N., 15381, 15349, 17325. Voir cependant Bordeaux, 13 nov. 1848; Jur. N., 8610.
2) Duranton, XV, 272; Bellot, III, p, 321; Roll., *Noces (secondes)* n° 59; Marcadé, *1548*, 1.

CHAPITRE QUATRIÈME.

DES CONVENTIONS EXCLUSIVES DE LA COMMUNAUTÉ.

---

93. Lorsque, sans se soumettre au régime dotal, les époux déclarent qu'ils se marient sans communauté, ou qu'ils seront séparés de biens, les effets de cette stipulation sont réglés comme il suit (C. N., *1529*).

§ 1er. — DE LA CLAUSE PORTANT QUE LES ÉPOUX SE MARIENT SANS COMMUNAUTÉ.

94. La clause portant que les époux se marient sans communauté (1) [FORM. 31] ne donne point à la femme le droit d'administrer ses biens ni d'en percevoir les fruits ; ces fruits sont censés apportés au mari pour soutenir les charges du mariage (C. N., *1530*). C'est lui qui en a l'administration et par suite le droit de percevoir le mobilier, recevoir les capitaux, en donner quittance, sauf la restitution dont il sera parlé *infra n° 99* (C. N., *1531*) : c'est lui aussi qui exerce les actions mobi-

---

§ 3. — NON-COMMUNAUTÉ ET SÉPARATION DE BIENS.

FORMULE 31. — **Non-communauté.** (Nos 93 à 99.)

1° *Clause de non-communauté.*

Les futurs époux déclarent se marier sans communauté, conformément aux dispositions des art. 1530 à 1535 du Code Napoléon ;

En conséquence ils ne seront pas tenus des dettes et hypothèques l'un de l'autre, antérieures à la célébration du mariage, non plus que de celles qui pourraient grever les biens qui adviendront à chacun d'eux.

Les droits de la future épouse se borneront à la reprise, soit en nature, soit en deniers, tant des biens et valeurs par elle apportés en mariage, que de ceux qui pourront lui échoir ou advenir par la suite, à titre de succession, donation, legs ou autrement.

Quant au futur époux, il aura droit non-seulement à ses biens et valeurs actuels et à ceux qui pourront lui échoir et advenir au même titre de succession, donation, legs ou autrement, mais encore à tous les bénéfices et économies faits pendant la durée du mariage.

2° *Apports du futur.*

Le futur époux se marie avec tous les biens et droits qui lui appartiennent, et dont il est sans objet de donner le détail en raison du régime adopté.

3° *Perception de revenu par la future.* (N° 97.)

La future épouse touchera annuellement, pendant le mariage, pour son entretien et

---

(1) C'est par les règles du régime de la communauté, et non par celles du régime dotal que ce paragraphe s'explique et se complète : Pothier, n° 466; Duranton, XV, 278; Bellot, III, p. 133; IV, p. 489; Odier, II, 944; Troplong, n° 2234; Massé et Vergé, § 664, note 2 ; Marcadé, *1532*, 1 : Dict. Not., *Communauté,* nos 631, 632; Roll., *Communauté,* n° 637. Voir cependant Rodière et Pont, II, 760, 782; Zach., § 632, note 2.

lières et possessoires, mais non les actions immobilières pétitoires (1); il ne peut vendre les meubles de la femme sans son consentement (2). Les dettes personnelles à la femme restent à sa charge, et, si elles ont une date certaine antérieure au mariage, les créanciers peuvent en poursuivre le payement sur la pleine propriété de ses biens (3).

95. Le mari est tenu de toutes les charges de l'usufruit, voir notre *traité form.*, n°ˢ *1504* à *1515* (*C. N.*, *1535*); mais il n'est pas obligé à fournir caution ni à faire emploi des capitaux (4), à moins de convention contraire (5). Les fruits et revenus des biens propres à la femme même les bénéfices de son industrie sont donc la propriété du mari, quelle qu'en soit l'importance (6), et le mari y a droit du jour du mariage à celui de la dissolution (7); s'il les emploie à acquérir des immeubles, il en est seul propriétaire (8).

96. Si dans le mobilier apporté en dot par la femme ou qui lui échoit pendant le mariage, il y a des choses dont on ne peut faire usage sans les consommer, il en doit être joint un état estimatif au contrat de mariage, ou il doit en être fait inventaire (9), lors de l'échéance [FORM. 31, 3°], et le mari en doit rendre le prix d'après l'estimation (*C. N.*, *1552*). A défaut d'inventaire ou d'état authentique, la femme ou ses héritiers peuvent justifier de la consistance et de la valeur du mobilier échu par tous les modes de preuves indiqués en l'art. 1415 (10).

97. La clause de non-communauté ne fait point obstacle à ce qu'il soit convenu que la femme touchera annuellement, sur ses seules quittances, certaines portions de ses revenus pour son entretien et ses besoins personnels (*C. N.*, *1534*). Si la femme fait des économies sur ces revenus et les emploie en acquisition d'immeubles, ils lui appartiennent (11) [FORM. 31, 2°].

---

ses besoins personnels, sur ses simples quittances, la somme de . . . sur les fermages de de la terre de . . ., dont elle a fait l'apport en mariage ; ladite ferme actuellement occupée par M. . . . (*énoncer le bail*). Si cette ferme vient à être vendue, le droit de la future s'exercera sur les intérêts du prix, et, ensuite, sur les revenus des biens ou valeurs acquis en remploi.

Les économies que la future pourra faire sur les revenus par elle réservés lui seront personnels, et les objets, meubles et immeubles, qu'elle justifiera avoir acquis avec ces économies seront aussi sa propriété; les revenus des sommes placées et des biens acquis avec lesdites économies sont également réservés à la femme.

4° *Constatation du mobilier de la future.* (N° 96.)

Le futur époux sera tenu de faire constater par inventaire ou état authentique, les biens meubles dont la future épouse deviendra propriétaire pendant le mariage, à quelque titre que ce soit, afin de lui en faciliter la restitution ou à ses héritiers lorsqu'il y aura lieu.

Autre clause.

Le linge à la marque de la future épouse, l'argenterie portant son chiffre et celui de sa famille, les effets, bijoux et autres ornements servant à son usage personnel, seront réputés de plein droit lui appartenir, sans qu'elle soit obligée d'en constater la propriété par aucun titre ; et ce, comme représentation du trousseau qu'elle a apporté en mariage.

---

(1) Duranton, XV, 278; Troplong, n° 2234 ; Marcadé, *1531,* 2.
(2) Bellot, III, 342 ; Zach., Massé et Vergé, § 664, note 3; Roll., *Communauté,* n° 629.
(3) Duranton. XV, 291 ; Zach., Massé et Vergé, § 664, note 44; Odier, II, 954 ; Troplong, 2268. Voir cependant Marcadé, *1532,* 4 : Montpellier, 18 janv. 1840.
(4) Troplong, n° 2248; Bellot, III, p. 347 ; Duranton, XV, 270; Zach., Massé et Vergé, § 664, note 42; Marcadé, *art. 1533,* Dict., Not., *Communauté,* n° 643 ; Roll, *ibid.,* n° 626.
(5) Duranton, XV, 270; Troplong, n° 2249.
(6) Duranton, XV,259; Troplong, n°ˢ 2236, 2250; Zach., § 664;

note 6 : Marcadé, *1530,* 4; Dict. Not., *Communauté,* n° 628; Roll., *ibid ,* n° 621 ; CONTRA, Toullier, XIV, 28.
(7) Duranton, XV, 267; Odier, II, 944; Troplong, n° 2234.
(8) Duranton, XV, 261 ; Troplong, n° 2242.
(9) Aux frais du mari: Troplong, n° 2248.
(10) Troplong, n° 2269; Marcadé, *1532,* 3.
(11) Bellot, III, p. 249; Duranton, XV, 264; Troplong, n° 2214; Marcadé, *1532,* 2 ; Roll, *Communauté,* n° 644; Riom, 22 fév. 1819. Voir cependant Massé et Vergé, § 664, note 10; Angers, 11 mars 1897.

98. Les immeubles constitués en dot ne sont point inaliénables; néanmoins ils ne peuvent être aliénés par le mari sans le concours de la femme, et la femme ne peut les aliéner sans le consentement du mari, et, à son refus, sans l'autorisation de justice (C. N., 1555).

99. Après la dissolution du mariage ou après la séparation de biens prononcée en justice, le mari cesse d'avoir l'administration des biens de la femme, et il est tenu d'en faire sans délai (1) la restitution (C. N., 1531) [Form. 31, 7°]. A cet égard il faut distinguer : le numéraire et les capitaux touchés du chef de la femme sont restituables en numéraire; les objets non fongibles sont restituables en nature sans indemnité pour les détériorations résultant du simple usage (2), ni pour ceux qui ont péri sans la faute du mari (3) ; si c'est par sa faute, il doit en payer la valeur d'après l'estimation du contrat ; si le mari a vendu les meubles, la femme peut réclamer le prix ou l'estimation du contrat, à son choix (4). Les immeubles sont repris par la femme dans l'état où ils sont lors de la dissolution du mariage ou de la séparation de biens, sans indemnité pour les labours, engrais et semences; s'il en a été vendu, elle a l'action en reprises contre son mari (5). Les créances ou valeurs existant encore en nature sont restituables dans l'état où ils sont, sans que le mari soit responsable de leur dépréciation ou même de leur perte si aucune faute ni aucune négligence ne lui sont imputables (6) (C. N., 1567). Les intérêts de la dot à restituer par le mari courent du jour de la dissolution du mariage, et non pas seulement du jour de la demande (7).

§ 2. — DE LA CLAUSE DE SÉPARATION DE BIENS.

100. Lorsque les époux ont stipulé par leur contrat de mariage qu'ils seraient séparés de biens

---

Quant à tous autres objets mobiliers et à toutes valeurs quelconques, sur lesquels la future épouse ne pourra pas prouver sa propriété par titres réguliers, ils seront réputés de plein droit appartenir au futur époux.

5° *Gain de survie.*

Le futur époux assure à la future épouse, pour sa collaboration, mais seulement si elle lui survit, un gain de survie de la somme de . . . . . , laquelle somme sera prise par la future sur tels biens du futur époux qu'elle voudra choisir et se faire délivrer.

6° *Indemnité pour engagements contractés par la femme.*

La future épouse ou ses héritiers seront garantis et indemnisés par le futur époux ou ses héritiers, de toutes les dettes que la future aura pu contracter pour lui pendant le mariage.

7° *Restitution des biens de la future.* (N° 99.)

Le futur époux ou ses héritiers, lorsqu'il y aura lieu, restitueront à la future épouse ou à ses héritiers, les biens meubles et immeubles dont elle a fait l'apport en mariage, et ceux dont elle deviendra propriétaire pendant le mariage, y compris les objets qui seront justifiés avoir été acquis par la future, avec les économies faites sur les revenus dont elle s'est réservé la perception.

FORMULE 32. — Séparation de biens. (Nos 100 à 107.)

1° *Clause de séparation de biens.* (Nos 100 à 105.)

Les futurs époux déclarent qu'ils seront séparés de biens conformément aux articles 1536 et suivants du Code Napoléon.

---

(1) Duranton, XV, 299; Troplong, n° 2231.
(2) Troplong, nos 2258, 3611.
(3) Troplong, n° 2258.
(4) Troplong, nos 986, 2262.
(5) Duranton, XV, 264, 305; Troplong, n° 2240; Zach., § 661, note 5.

(6) Voir Duranton, XV, 283 ; Zach., § 661, note 3; Marcadé, art. 1567.
(7) Troplong, n° 2261 ; Dict Not., Communauté, n° 663; contra Duranton, XV, 301.

[Form. 32, 1°], ou ont adopté le régime dotal sans constitution de dot, ce qui a rendu les biens de la femme paraphernaux (1), *infra n° 114*, la femme conserve l'entière administration de ses biens meubles et immeubles, et la jouissance libre de ses revenus (*C. N., 1536*) et du produit de son industrie; elle a la capacité de disposer de son mobilier et l'aliéner (*C. N., 1449*) (2) ; elle peut donc, sans l'assistance de son mari ni de justice, faire les réparations nécessaires, utiles, même voluptuaires, cultiver ses biens, recueillir les récoltes ou les vendre sur pied, faire les coupes de taillis et de futaies aménagés, louer ses biens, mais pour un temps n'excédant point neuf années, toucher les sommes qui lui sont dues en capitaux et revenus (3), poursuivre ses débiteurs (4), transporter ses créances, transférer ses rentes sur l'Etat, actions et obligations dans les compagnies de finance ou d'industrie (5), opérer le retrait des actions ou obligations au porteur déposées à la banque ou dans les caisses des compagnies (6), convertir ses actions et obligations nominatives en titres au porteur (7), donner mainlevée des inscriptions, saisies, oppositions, etc., militant à son profit même sans recevoir (8) ; placer ses capitaux sur hypothèque ou sur billet, même à rente perpétuelle ou viagère (9), ou en acquisition d'objets mobiliers, créances, rentes sur l'Etat ou sur particuliers, ou d'autres valeurs, ou d'immeubles, surtout si elle paye comptant le prix des immeubles (10); faire des emprunts et s'engager, mais seulement pour les besoins de son administration (11). Les obligations contractées par la femme seule ont seulement pour gage son mobilier, et dès lors ne peuvent être poursuivis sur ses biens immeubles (12).

101. Mais la femme séparée ne peut, sans l'autorisation de son mari : s'engager ou cautionner en dehors des besoins de son administration; souscrire des lettres de change (13); jouer à la Bourse (14); donner ses immeubles en antichrèse (15) ; contracter une société commerciale (16) ;

En conséquence, ils ne seront pas tenus des dettes l'un de l'autre créées avant ou après la célébration du mariage.

La future épouse aura l'entière administration de ses biens meubles et immeubles avec le droit de disposer de son mobilier et de l'aliéner comme bon lui semblera, et la jouissance libre de ses revenus. (*Si la future est marchande, on ajoute :* Elle exploitera seule et sans avoir besoin du concours de son mari, les présentes lui valant autorisation formelle à cet effet, l'industrie de marchande de....., qu'elle exerce actuellement, ou toutes autres qu'elle pourrait exercer par la suite, soit seule, soit en société avec toutes autres personnes.)

Par suite elle pourra, sans avoir besoin de l'autorisation de son mari : toucher toutes sommes qui peuvent et pourront lui être dues à quelque titre et pour quelque cause que ce soit; faire tous transferts, transports, cessions, et délégations, avec ou sans garantie ; convertir en valeurs au porteur toutes valeurs nominatives ; passer ou résilier tous baux ; donner toutes quittances et décharges; consentir, avec ou son payement, tous désistements de privilège, hypothèque, actions résolutoires ou autres, ainsi que toutes mainlevées, faire tous placements; acquérir tous immeubles ; en tout état de cause, traiter, transiger, compromettre sur ses droits mobiliers, quels qu'ils soient; et relativement à son com-

(1) Bellot, IV, p. 300; Duranton, XV. 313; Toullier, XIII, 106; Taulier, V, p. 384; Marcadé, *1449*, 4 ; Roll., *Séparation de biens*, n° 9; Paris, 12 mars, 1811 ; contra, Rodière et Pont, II, 708.

(2) Mais seulement pour les besoins de son administration, suivant Troplong, n° 1447, à la différence de la femme séparée judiciairement qui aurait à cet égard un droit absolu. Voir Rodière et Pont, II, n° 879.

(3) Sans que le mari soit fondé à prétendre surveiller le versement ni l'emploi : Bourges, 5 fév. 1861; M. T., 1861, p. 447.

(4 Sauf à se faire autoriser par son mari ou par justice, si les poursuites l'obligent à ester en justice : Troplong, n° 1410; Marcadé, *art. 1449* ; Zach., Massé et Vergé, § 649, note 36; Cass., 12 fév. 1828, 5 mai 1829, 7 déc. 1829, 7 déc. 1830 ; Nancy, 21 juin 1854 ; contra, Colmar, 8 août 1820 ; Poitiers, 19 août 1824 ; Lyon, 18 juin 1847.

(5) Voir trib. Seine, 22 juin 1894; J. N., 18096.

(6) Lefebvre, *Journ. du Not.*, des 14 et 18 nov. 1863.

(7) Contra, Lefebvre, *loc. cit.*

(8) Duranton, XX, 490; Baudot, *Transc.*, n° 905; Troplong, *Hyp.*, n° 538 bis; Marton, *ibid.*, n° 1189; Pont, *ibid.*, n° 1077 ; Dict.

Not., *Main levée*, n° 48 ; Turin, 19 janv. 1811; contra, Persil, 2157, 4; Grenier, *Hyp.*, n° 324; Battur, IV, 608.

(9) Zach., § 649; Troplong. n° 1420 ; Paris, 17 mai 1834 ; contra, Massé et Vergé, § 649, note 51.

(10) Zach., § 649, note 451; Marcadé, *art. 1536*; contra, Roll, *Sep. de biens*, n° 132.

(11) Duranton, II, 492; Battur, II, 544, 652; Zach., Massé et Vergé, § 649, note 36; Rodière et Pont, II, 882; Marcadé, *1449*, 3; Roll, *Séparation de biens*, n° 125; Troplong, n° 1418; Cass., 5 mai, 7 déc. 1829, 7 déc. 1830, 3 janv. 1831, 21 août 1839; Rouen, 30 juill. 1844; Paris, 1er juin 1824, 28 juin 1851, 27 nov. 1857 ; J. N., 12448, 14416. 16216. Voir Lyon, 23 mai 1845; J. N., 12539.

(12) Zach., Massé et Vergé, § 649, note 65; Marcadé, *1449*, 3 contra, Duranton, II, 492; Valette sur Proudhon, I, p. 463 Rodière et Pont, II, 883.

(13) Nîmes, 4 juill. 1823.

(14) Cass., 30 déc. 1862 ; J. N., 17661.

(15) Troplong, n° 1420; Cass., 22 nov. 1851.

(16) Paris. 19 janv. 1838 ; J. N., 10107.

consentir une cession de droits successifs même purement mobilière ; donner son mobilier, voir notre *traité form.*, n° 2458, ni par analogie, consentir une remise de dette. etc.

102. Les époux séparés de biens judiciairement ou contractuellement ne peuvent former entre eux une société de commerce (1).

103. Dans aucun cas ni à la faveur d'aucune stipulation, la femme ne peut aliéner ses immeubles, les échanger ni les hypothéquer, sans le consentement spécial de son mari, ou, à son refus, sans être autorisée par justice (*C. N.*, 1449. 1558). Toute autorisation générale d'aliéner, échanger ou hypothéquer les immeubles, donnée à la femme, soit par contrat de mariage, soit depuis, est nulle (*C. N.*, 1558).

104. Le mari n'est point garant du défaut d'emploi ou de remploi du prix de l'immeuble que la femme séparée (2) a aliéné sans l'autorisation de la justice, à moins qu'il n'ait concouru au contrat (3), ou qu'il ne soit prouvé que les deniers ont été reçus par lui, ou ont tourné à son profit. Il est garant du défaut d'emploi ou de remploi si la vente a été faite en sa présence (4) et de son consentement ou avec son autorisation (5) : il ne l'est point de l'utilité de cet emploi (*C. N.*, 1450) [FORM. 32, 4°]. Il en est de même des capitaux de la femme recouvrés ou transportés pendant le mariage, selon que les fonds ont été ou non touchés en la présence du mari. Lors même que les deniers ont été touchés par la femme seule, le mari peut être déclaré responsable de leur perte provenue de son fait personnel ; par

merce, faire toutes opérations, tous traités et sociétés, et généralement tous actes permis à la femme marchande publique.

A. *Autre clause.*

Il y aura séparation de biens entre les futurs époux, conformément aux art. 1536 et suivants du Code Napoléon.

En conséquence, chacun d'eux conservera la propriété des biens meubles et immeubles qui lui appartiennent, et de ceux qui pourront lui advenir par succession, donation, legs ou autrement ; la future aura l'entière administration de ses biens, ce qui emportera pour elle le droit de toucher, sur ses simples quittances, sans le concours de son mari, tous capitaux ; donner quittances, désistements et mainlevées, avec ou sans payement ; transférer tous capitaux mobiliers, en recouvrer le prix, et en général de disposer de son mobilier et de l'aliéner.

Elle aura la jouissance libre de ses revenus, sauf ce qui va être dit, pour la contribution aux charges du mariage.

2° *Contribution aux charges du mariage.* (N° 106.)

Les futurs époux contribueront aux charges du mariage dans la proportion de leurs revenus ; chacun d'eux sera réputé avoir fourni jour par jour sa part contributive dans lesdites charges, en sorte qu'ils ne seront assujettis à aucun compte entre eux, ni à retirer aucune quittance l'un de l'autre.

A. *Autre clause.*

Les futurs époux contribueront aux charges du mariage, chacun pour moitié, sans être assujettis à aucun compte entre eux, ni à retirer quittance l'un de l'autre, chacun étant reputé avoir fourni sa part jour par jour.

---

(1) Paris, 9 mars 1859 ; Cass., 7 fév. 1860. Voir cependant Duranton, XV, 307 ; Roll., *Sép. de biens*, n° 15.
(2) Contractuellement ou judiciairement ; ce qui s'applique aussi au cas de paraphernalité : Rodière et Pont, II, 715 ; Troplong, n° 4159, 4400 ; Bencch, *Emploi*, p. 463 ; Marcadé, 1450.3 ; Zach. Massé et Vergé, § 619, note 63 ; Pont, *Priv.*, n° 774 ; Dict. Not., *Remploi*, n° 40 ; Roll., *ibid.*, n° 74 ; Limoges, 22 juin 1828 ; Poitiers, 24 juin 1831 ; Cass., 27 avril 1852, 27 déc. 1852 ; Paris, 7 mai 1853 ; J. N., 14888, 14982 ; Montpellier, 13 déc. 1862 ; Sirey : 1863, II, p. 8 ; con-

tra. Sériziat, *Rég. dotal*, n° 317 ; Toulouse, 13 mai 1831, 27 mars 1840 et 15 nov. 1849 ; J. N., 13225.
(3) Si d'ailleurs le prix est payé de suite, car s'il est payé à terme à la femme seule, le mari n'est pas responsable : Bellot, p. 162 ; Roll., *Remploi*, n° 81.
(4) Si le mari a seulement autorisé sa femme par écrit, il n'est pas responsable, suivant Bellot, II, p. 159 ; Odier, II, 984 ; Marcadé, 1450, 4 ; contra, Bencch, *Emploi*, n° 145 ; Rodière et Pont, II, 894 ; Troplong, n° 1447 ; Massé et Vergé, § 619, note 61 ; Roll., *Remploi*, n° 80.
(5) Cass., 1er mai 1848.

exemple, si, abusant de son ascendant moral, il a, pour satisfaire ses propres goûts, entraîné sa femme à dissiper une partie de ses capitaux (1).

105. Lorsque la femme séparée (2) a laissé la jouissance de ses biens à son mari, celui-ci n'est tenu, soit sur la demande que sa femme pourrait lui faire, soit à la dissolution du mariage, qu'à la représentation des fruits existants (3), et il n'est point comptable de ceux qui ont été consommés jusqu'alors (*C. N., 1539*). Si la femme, soit par contrat de mariage, soit pendant le mariage (4), a donné à son mari un pouvoir exprès pour gérer et administrer ses biens à la charge de lui rendre compte (5), ou si le mari a joui contre la volonté de sa femme et malgré sa protestation, il est tenu, comme tout mandataire, de rendre compte de tous les fruits qu'il a touchés (6), sous la déduction des sommes pour lesquelles la femme doit contribuer dans les frais du ménage, *infra n° 106*.

106 Chacun des époux contribue aux charges du mariage, suivant les conventions contenues en leur contrat [FORM. 32, 2°] ; et, s'il n'en existe point à cet égard, la femme contribue à ces charges jusqu'à concurrence du tiers de ses revenus (*C. N., 1537*), et le mari pour le surplus. Si le mari n'a aucun revenu et s'il est incapable de travailler, la femme doit supporter entièrement les frais du ménage (7). La procuration, à moins de stipulation contraire, doit remettre au mari la somme pour laquelle elle contribue dans les frais du ménage, même lorsqu'elle les supporte en totalité (8) ; sauf, si le mari est dissipateur, à se faire autoriser par justice à faire elle-même les dépenses (9).

B. *Autre clause.*

Le futur époux contribuera aux charges du mariage pour une somme annuelle de . . . payable à la future épouse en quatre termes égaux de trois mois en trois mois ; la future supportera le surplus de ces charges, mais sans être tenue d'y consacrer tous ses revenus, sur lesquels elle fera telle économie que bon lui semblera.

C. *Autre clause avec mise en commun.*

Les revenus des biens et valeurs de l'un et de l'autre des époux seront appliqués en entier jusqu'à due concurrence à l'acquit des charges du ménage.

Quant à l'excédant des revenus, quelle qu'en soit l'origine, et aux bénéfices et économies qui pourront être faits pendant le mariage, ils se partageront, par égales portions et appartiendront par moitié à chacun des époux et à leurs héritiers ou représentants ; les futurs époux constituant à cet effet, par ces présentes, une société qui comprendra tous ces excédants, bénéfices et économies, sauf l'acquit des dettes et charges contractées pour le compte commun, et sauf encore la faculté réservée à la femme et à ses représentants de renoncer à cette société.

3° *Propriété des meubles garnissant les lieux occupés.* (N° 107.)

Chacun des futurs époux restera propriétaire des objets mobiliers lui appartenant actuellement et de ceux qui lui adviendront pendant le mariage à titre gratuit ou onéreux. Lors de la dissolution du mariage, les époux ou leurs héritiers et représentants reprendront tous les objets dont ils justifieront être propriétaires, soit par titre, soit par l'usage, soit par la marque ou les factures des marchands. Les objets dont aucun des époux ne justifiera être propriétaire seront réputés appartenir à celui d'entre eux qui sera propriétaire ou locataire des lieux occupés.

---

(1) Cass., 13 août 1869 ; J. N., 17842.
(2) Contractuellement ou judiciairement : Marcadé, *art. 1539* ; Troplong. 2299 ; Zach., Massé et Vergé, § 649, note 51 ; Toulouse, 18 août 1827 ; Bordeaux, 26 janv. 1831.
(3) Troplong, n°s 2297, 3708 ; Toullier, XIV, 367 ; Roll., *Sép. de biens*, n° 46 ; Pau, 12 avril 1859 ; Cass., 17 janv. 1860 ; J. N., 16763. Voir cependant Cass., 24 avril 1845 ; J. N., 15541.
(4) La procuration donnée par contrat de mariage est irrévocable ; celle donnée pendant le mariage est révocable : Troplong, n° 3712 ; Odier, III, n° 1479 : Rodière et Pont, I, 67.
(5) Si la procuration n'impose pas la charge de rendre compte, le mari n'est tenu qu'à la représentation des fruits existants ; Toullier, XIV, 361 ; Odier, III, n° 1483 : Troplong, n° 3707.

(6) Troplong. n°s 2298. 3708 ; Massé et Vergé, § 649, note 47 ; Marcadé, *art. 1539*.
(7) Bellot, III, p. 361 ; Troplong, n° 1132 ; Marcadé, *art. 1537* ; Zach., § 629 ; Roll , *Sép. de biens*, n° 6 ; Cass., 2 juill. 1851 ; Jur. N. 9650 ; Paris, 17 mars 1860 ; J. N., 16885.
(8) Troplong. n° 1435 ; Marcadé, *1449, 2 ; 1537, 2* ; Zach., Massé et Vergé, § 649, note 44 ; Rodière et Pont, II, 875 ; Bellot, II, p. 150 ; Dict. Not., *Sép. de biens*, n° 111 ; Cass., 28 juill. 1808 ; Rouen, 8 juin 1824 ; Caen, 8 avril 1851.
(9) Chardon, *Puiss. marit.*, n° 337 ; Odier, I, 401 ; Rodière et Pont, II, 875 ; Marcadé, *1449, 2 ; 1537, 2* ; Massé et Vergé, § 649, note 39 ; Paris. 5 août 1807 ; Rouen, 23 janv. 1831 ; Cass., 6 mai 1835. Voir Troplong, n° 2287.

107. La propriété des objets mobiliers appartenant à l'un ou à l'autre des époux se constate par inventaire, titres, factures, par la marque ou par tout autre mode de preuve. A défaut de justification aucune, les objets sont réputés appartenir à celui des époux qui est propriétaire ou locataire des lieux occupés [Form. 32, 3°].

A. *Autre clause*.

Tous les effets et objets à l'usage personnel de l'un ou de l'autre des époux, tels qu'ils existeront au jour de la dissolution du mariage, seront de plein droit réputés appartenir à chacun d'eux, comme étant la représentation des objets de semblable nature qu'ils possèdent actuellement, et la reprise en sera exercée par eux ou leurs représentants, à quelque somme que puisse s'élever la valeur desdits objets.

Tous les meubles meublants, ustensiles de ménage et autres objets mobiliers qui garniront les lieux occupés en commun par les futurs époux, seront de plein droit réputés appartenir à la future épouse qui possède seule actuellement des objets de cette nature ;

Le futur époux ou ses héritiers ne pourront réclamer parmi cette nature d'effets ou d'objets que ceux qu'ils justifieront leur appartenir par pièces et titres réguliers.

B. *Autre clause*.

Tous les meubles meublants, ustensiles de ménage et autres objets mobiliers qui garniront, au jour du décès du premier mourant, les lieux occupés en commun par les futurs époux, seront réputés appartenir et appartiendront au survivant des époux, à la charge de tenir compte aux héritiers du prémourant, d'après la prisée de l'inventaire qui sera fait lors du décès de ce dernier, de la valeur des effets mobiliers qui seraient justifiés lui appartenir par factures de marchands ou autre titres.

Quant à l'argent comptant et aux valeurs au porteur, ils seront réputés appartenir à celui des époux qui les aura en sa possession, sauf à son conjoint ou aux héritiers de ce dernier à faire la preuve contraire. Les créances, les valeurs nominatives et les immeubles qui seront acquis appartiendront au titulaire. Les créances, valeurs ou immeubles qui seraient aux noms des deux époux leur appartiendront par moitié.

Le survivant aura la faculté de conserver pour son compte le bail des lieux qui seront occupés par les époux, au jour du décès du premier mourant, à la charge d'en payer les loyers et d'en exécuter les conditions, de manière que les héritiers du prémourant ne soient point inquiétés, et à la condition de leur faire connaître son option dans les trois mois du décès.

C. *Autre clause*.

Tous les meubles meublants, effets, et ustensiles de ménage, l'argenterie et les autres effets mobiliers qui garniront les lieux occupés en commun par les futurs époux, seront de plein droit réputés appartenir au futur époux, sans qu'il soit obligé d'en constater la propriété par aucun titre ; mais, bien entendu, sauf preuve ou justification contraire.

Les effets personnels de la future épouse, les vêtements, linge, bijoux, châles, dentelles et autres objets à son usage corporel et l'argenterie à sa marque, seront de plein droit réputés lui appartenir exclusivement, à quelque somme que la valeur en puisse monter.

La future épouse reprendra également tous les objets mobiliers sur lesquels elle justifierait de son droit de propriété, ainsi que les biens et valeurs à son nom. Elle aura droit en outre aux valeurs au porteur, de la propriété desquelles elle justifierait par achats ou autrement.

Les deniers comptants qui se trouveront au domicile commun seront censés provenir par égales portions des revenus des futurs époux, destinés aux charges du mariage, et ils appartiendront à chacun d'eux par moitié.

CHAPITRE CINQUIÈME.

DU RÉGIME DOTAL.

108. Lorsque les futurs conjoints déclarent d'une manière générale qu'ils entendent se marier sous le

---

D. *Autre clause si une mise en commun a été stipulée*. (Nº 3 *ci-dessus*.)

Tous les effets et objets à l'usage personnel de l'un ou de l'autre des époux, leurs diamants et bijoux, tels qu'ils existeront au jour de la dissolution du mariage, seront réputés de plein droit appartenir à chacun d'eux, comme étant la représentation des objets de semblable nature qu'ils possèdent actuellement, et la reprise en sera exercée par eux ou leur représentants, à quelque somme que puisse s'élever la valeur des objets.

Tous les meubles meublants, les effets et ustensiles de ménage, le linge, l'argenterie et les autres effets mobiliers qui garniront les lieux occupés en commun par les époux appartiendront de plein droit au survivant des époux comme convention du mariage.

Quant aux deniers comptants, et à tout ce qui aura été acquis pendant le mariage au nom de l'un ou de l'autre ou en commun, ils seront réputés dépendre de la société stipulée sous l'article . . . ci-dessus, et à ce titre reviendront par moitié à chacun des époux où à leurs héritiers et représentants, après toutefois la déduction des dettes et le prélèvement des reprises réciproques en nature ou en deniers.

4º *Responsabilité du mari*. (Nº 104.)

La future épouse et ses héritiers ou représentants seront garantis et indemnisés par le futur époux ou sa succession, pour raison de tous engagements et dettes qu'elle aurait pu contracter avec lui ou pour lui pendant le mariage.

Le futur époux ne sera responsable d'aucune des sommes qui seront payées à la future épouse hors de sa présence, ni des sommes, valeurs et objets mobiliers appartenant actuellement à la future ou dont elle deviendra propriétaire pendant le mariage ;

Mais s'il concourt aux quittances ou s'il consent à la vente des immeubles, il ne sera déchargé que par l'emploi à faire des capitaux ou des prix de vente ; cet emploi devra, pour sa validité, être fait ou accepté par la future, et le futur ne sera responsable ni de son utilité ni de ses suites. A défaut d'emploi, le futur époux ou ses héritiers seront tenus de rembourser les capitaux et les prix de vente, à la future épouse ou à ses héritiers.

§ 1. — RÉGIME DOTAL.

FORMULE 33. — Adoption de régime. (Nºs 108 à 114.)

Les futurs époux adoptent, pour base de leur union, le régime dotal. (*Si ce régime est modifié, l'on ajoute* : sauf les modifications résultant du présent contrat.)

FORMULE 34. — Adoption de la communauté et soumission de quelques biens au régime dotal. (Nº 111.)

Les futurs époux adoptent, pour base de leur union, le régime de la communauté, sauf les modifications résultant du présent contrat.

Malgré l'adoption de ce régime. les futurs époux déclarent soumettre au régime dotal un domaine situé à . . . , appelé domaine de . . . , qui sera désigné ci-après, sous le nº . . . des apports en mariage de la future épouse.

En conséquence, la future épouse se constitue en dot les biens composant ce domaine, qui seront administrés par le futur époux, mais dont les fruits et revenus entreront dans la communauté ci-dessus stipulée.

régime dotal [FORM. 33], leurs droits sont réglés par les dispositions des art. 1540 à 1581 (C. N., 1391).

109. La simple stipulation que la femme se constitue ou qu'il lui est constitué des biens en dot, ne suffit pas pour soumettre ces biens au régime dotal s'il n'y a dans le contrat de mariage une déclaration expresse à cet égard. La soumission au régime dotal ne résulte pas non plus de la simple déclaration faite par les époux qu'ils se marient sans communauté, ou qu'ils seront séparés de biens (C. N., 1392).

110. Cependant, aucune formule sacramentelle n'étant exigée (1), la dotalité résulterait de la stipulation que les biens immeubles de la femme seront dotaux et comme tels inaliénables, ou qu'ils seront soumis à l'inaliénabilité de l'art. 1554 (2).

111. Les époux, en adoptant le régime de la communauté, ne peuvent stipuler l'inaliénabilité des biens de la femme, qui est seulement du domaine du régime dotal (3); si les époux veulent combiner le régime de la communauté avec le régime dotal, ils doivent, en adoptant le régime de la communauté, déclarer qu'ils soumettent *tels biens* aux règles du régime dotal (4) [FORM. 34].

112. La dot sous le régime dotal est une chose quelconque, mobilière ou immobilière, corporelle ou incorporelle, inaliénable de sa nature, que la femme apporte au mari pour supporter les charges du ménage (C. N., 1540), et à charge de restitution à la fin de l'union conjugale (5).

113. Sont dotaux, s'il n'y a stipulation contraire : 1° tous les biens que la femme se constitue en dot (6); 2° ceux qui lui sont donnés (7) en contrat de mariage (C. N., 181), par des parents ou des étrangers, ou même par son mari (8).

114. Si la femme ne se constitue rien en dot, et s'il ne lui est fait aucune donation par son contrat de mariage, tous ses biens présents et à venir sont paraphernaux, *infra n° 181*, et elle est dans la position de la femme séparée de biens contractuellement (9).

SECTION I. — DE LA CONSTITUTION DE DOT.

115. La constitution de dot [FORM. 35] peut frapper tous les biens présents et à venir de la

---

Ou bien : La future épouse se réserve, comme paraphernaux, les biens formant ce domaine ; elle en aura seule l'administration et la jouissance, et les fruits et revenus ne tomberont pas dans la communauté ci-dessus stipulée. Toutefois, si la future épouse laisse à son mari la jouissance dudit domaine, les fruits qu'il percevra appartiendront à la communauté.

Si en stipulant la constitution de dot, on déclare les immeubles dotaux aliénables, voir infra,
FORMULE 44.

FORMULE 35. — Constitution de dot. (N°s 115 à 120.)

1° Biens présents et à venir.

La future épouse se constitue en dot tous ses biens et droits mobiliers et immobiliers présents et à venir ; en conséquence ils seront tous dotaux.

---

(1) Cass., chambr. réunies, 8 juin 1858 ; Paris, 28 juin 1839 ; J. N., 16354. 16083.

(2) Rodière et Pont, II, 375, 376; Troplong, n°s 375, 376 ; Marcadé, *1393*, 3. Voir cependant Duranton, XV, 330; 332; Toullier, XIV, 40 à 45 ; Odier, 3, 1051.

(3) La stipulation d'inaliénabilité jointe au régime de la communauté, réglerait seulement les rapports des deux époux entre eux et ne serait pas opposable aux tiers: Troplong, n°s 79 à 81, 1083 à 1085, 1402; Battur, II, 349; Marcadé, *1597*, 3. et *Rev. crit.*, 1854, p. 224 ; Rouen, 13 juill. 1837, 22 fév. 1839, 15 nov. 1845; Paris, 17 mars 1836; Bordeaux, 11 mai 1848 ; Cass., 7 juin 1836, 29 déc. 1841, 23 août 1847, 1er fév. 1848, 13 fév. 1850, 6 nov. 1854, 9 juin 1858, 9 août 1858, 1er mars 1859 ; Jur. N., 7263, 8123 ; J. N., 11230, 13448, 14015, 15413, 16354, 16581; conTRA, Roll., *Commun.*, n° 489 et *Contr. de mar.*, n° 94; Toullier, XII, 372 ; Rodière et Pont, I, 78, 79, 11, 5, 785 ; Pont, *Priv.*, n° 451; Demolombe, *Rev. crit.*, 1854, p. 746; Lyon, 31 mars 1840 ; Caen., 27 janv. 1819, 21 fév. 1845, 11 mai 1850, 27 déc. 1850, 27 sept. 1851 ; Paris, 26 déc. 1851; Cass., 22 nov. 1820, 9 août 1826, 15 mars 1853; J. N., 12417, 14418, 15075, 15420.

(4) Toullier, XII, 372; Roll., *Rég. dotal*, n° 46 ; Marcadé, *1497*, 3 ;

Caen, 4 juill. 1812, 11 fév. 1850, 10 juin 1857 ; Cass., 24 août 1836, 15 mars 1853; 1er mars 1859; Jur. N., 11110 ; J. N., 15420.

(5) Troplong, n° 3006.

(6) Voir Toullier, XIV, p. 64 ; Duranton, XV, 338; Tessier, I, p. 12; Rodière et Pont, II, 385 ; Troplong, n° 3029 ; Marcadé, *1541*, 1 ; Benoit, *Paraph.*, n° 12; Roll., *Rég. dotal.*, n° 31 ; Bordeaux, 11 fév. 1826, 7 juin 1834; Caen, 19 juin 1845 ; Paris, 28 juin 1839 ; Toulouse, 12 juin 1800; J. N., 16683, 16680.

(7) Voir Tessier, I, p. 21; Troplong, n° 3033; Roll., *Rég. dotal.* n° 20 ; Cass., 9 juin 1829; Bordeaux, 30 avril 1850, 25 avril 1861; J. N., 14183, 17290.

(8) Duranton, XV, 334; Rodière et Pont, II, 389 ; Bordeaux, 30 avril 1850; J. N., 14183. Voir cependant Tessier, I, p. 15 ; Massé et Vergé, § 666. note 5 ; Troplong, n° 3037 ; Marcadé, *1541*, 1; Bordeaux, 2 avril 1832, Aix, 19 janv, 1844 ; J. N., 12015.

(9) Toullier XIV, 7; Rodière et Pont, II, 396 ; Massé et Vergé, § 660, note 3 ; Duranton, XV, 346 ; Troplong, n° 3028 ; Marcadé, *art. 1540* ; Limoges, 4 août 1828 ; Bordeaux, 20 juin 1832 ; Caen, 23 juin 1844; Cass., 9 juin 1829, 19 juin 1812; conTRA, Bellot, IV, p. 431.

femme, ou tous ses biens présents seulement, ou une partie de ses biens présents et à venir, ou même un objet individuel. La constitution, en termes généraux, de tous les biens de la femme ne comprend pas les biens à venir (1) (*C. pr.*, *1542*). Les biens exceptés de la constitution de dot sont paraphernaux (2). Si la clause de constitution est ambiguë, elle s'interprète en faveur de la paraphernalité (3).

116. La constitution en dot des biens à venir frappe seulement les biens qui adviennent à la femme à titre de propre, et ne s'étend pas à sa part éventuelle dans les biens de la société d'acquêts (4), ni aux biens dont elle devient propriétaire après la dissolution du mariage (5).

117. La dot ne peut être constituée ni même augmentée pendant le mariage (*C. N.*, *1543*) ; on ne doit donc pas considérer comme dotal l'immeuble que la femme acquiert à titre de licitation, lorsqu'elle ne s'est constitué en dot que sa part indivise dans l'objet (6) ; ni la portion indivise acquise sans remploi par la femme dotale, lorsqu'elle s'est constitué en dot tous ses biens présents et à venir, si l'acquisition ne fait pas (7) cesser l'indivision (8) ; ni l'immeuble donné à la femme sous la condition qu'il sera dotal et comme tel inaliénable (9), si le contrat de mariage ne stipule pas cette dotalité (10).

118. La dot ne peut non plus être modifiée pendant le mariage ; ainsi, la femme dont les biens sont en partie dotaux et en partie paraphernaux, ne peut, en vendant un immeuble dotal, le remplacer sur un de ses immeubles paraphernaux (11).

119. L'accroissement de valeur de l'immeuble dotal a aussi le caractère de dotalité, si la plus-value provient d'un fait étranger aux époux, comme l'établissement d'une route, d'un chemin de fer ; mais non si elle résulte de constructions faites par les époux, et la portion de prix qui s'y applique peut être touchée sans emploi (12).

120. Ceux qui constituent une dot à la future épouse, comme la future épouse elle-même lorsqu'elle se constitue la dot, sont tenus à la garantie des objets constitués, *infra* n° *209* (*C. N.*, *1547*).

2° *Biens présents.*

La future épouse se constitue en dot tous les biens et droits mobiliers et immobiliers dont elle est actuellement propriétaire ; en conséquence ils seront seuls dotaux, et les biens et droits mobiliers et immobiliers dont la future épouse deviendra propriétaire par la suite seront paraphernaux.

3° *Biens à venir.*

La future épouse se constitue en dot tous les biens et droits mobiliers et immobiliers dont elle deviendra personnellement propriétaire pendant le mariage, par succession,

---

(1) On considère comme bien échu postérieurement au mariage. l'action en retrait successoral, ouverte au moment du contrat de mariage, mais exercée depuis : Montpellier, 29 avril 1857 ; Cass., 31 mai 1859.

(2) Voir Troplong, n° 3045 ; Massé et Vergé, § 607, note 4 ; Limoges, 24 juill. 1857; Cass., 9 août 1838.

(3) Tessier, I, p. 95 ; Roll., *Rég. dotal*, n° 42.

(4) Si la séparation de biens est prononcée, les biens formant la part de la femme dans la société d'acquêts peuvent être aliénés sans formalités judiciaires et sans remploi : Rouen, 25 juin 1844 ; Cass., 29 juin 1847 ; Jur. N., 8122.

(5) Duranton, XV. 316 ; Rodière et Pont, II, 391 ; Demolombe, *Revue de lég.*, II, p. 282; Massé et Vergé, § 607, note 4 ; Caen, 26 juin 1833 ; Cass., 7 déc. 1842 ; Rouen, 29 juin 1843 ; J. N., 9000, 11540, 11786; CONTRA, Cass., 9 juill. 1840 ; J. N., 10875.

(6) Cette part seule reste dotale : Tessier, I, p. 276 ; Rodière et Pont, II, 393 ; Troplong, n°s 3050 3482; Marcadé, *15 43*, 1 ; Dalloz, n° 3230 ; Massé et Vergé, § 607, note 2 ; Limoges, 22 juill. 1835, 9 mars 1843; Cass., 10 juill. 1830.

(7) Lorsque l'acquisition fait cesser l'indivision, l'immeuble est dotal pour le tout, sauf récompense au mari. Si l'acquisition a été faite par le mari seul, la femme a le droit d'option résultant de l'art. 1408 : Troplong, n° 3482; Roll., *Rég. dotal*, n° 215 ; Limoges,

12 mars 1828 ; Riom, 20 mai 1839 ; CONTRA, Tessier, I, p. 281; Odier, III, 1308.

(8) Et la portion indivise acquise peut être vendue sans remploi. Voir Rouen, 16 juillet 1850, 11 mars 1859; Cass., 21 mars 1860 ; J. N., 14148, 16843.

(9) Mais lorsque la femme s'est constitué en dot ses biens à venir, une donation peut lui être faite avec la condition que l'objet donné ne sera pas dotal : Proudhon, *Usuf.*, n°s 283, 286; Toullier, XII, 142 ; Duranton, XV, 400; Tessier. 1, p. 48 ; Bellot, I. p. 40 ; Zach., Massé et Vergé, § 607, note 4 et 670, note 69 ; Troplong, n°s 68,3055; Marcadé, *15 43*, 3; Dict. not.' *l: q dotal.*, n° 55; Paris, 27 janv. 1833, 5 mars 1846; Toulouse, 20 août 1840; Rouen, 7 fév. 1844 ; Riom, 23 mai 1844 ; Aix, 16 juill. 1846; Nîmes, 10 déc. 1886; Cass., 9 mai 1842, 16 mars 1846 ; CONTRA, Benoit, n° 28 ; Odier, III, 1102; Rodière et Pont, II, 411 ; Taulier, V, p. 232 ; Roll., *Rég. dotal*, n° 35; Nîmes, 18 janv. 1850.

(10) Tessier, I, p. 47 ; Toullier, XIV, 62, 63; Benoit. I. 29 ; Rodière et Pont, II, 410; Troplong, n°s 3058 à 3064; Marcadé, *15 43*, 2 ; Zach., Massé et Vergé, § 607 note 4 ; Dict. not., *Rég. dotal.* n° 54; CONTRA, Duranton, XV, 369 ; Odier, III, 1100.

(11) Bordeaux, 26 août 1857; Jur. N., 11378.

(12) Rodière et Pont, II, 413; Paris, 23 mai 1863; R. N., 837 ; CONTRA, Cass., 11 fév. 1844, 29 août 1860; Rouen, 2 mai 1861 ; J. N., 11503. Selon lesquels le tout est dotal, sauf la récompense due au mari.

SECTION II. — DES DROITS DU MARI SUR LES BIENS DOTAUX ET DE L'INALIÉNABILITÉ DU FONDS DOTAL.

121. Le mari seul a l'administration des biens dotaux pendant le mariage. Il a seul le droit d'en poursuivre les débiteurs et détenteurs, d'en percevoir les fruits et les intérêts, et de recevoir le remboursement des capitaux (C. N., 1549), à moins de clause contraire (1) [FORM. 36]. Le mari perçoit les fruits à son profit (2), même ceux pendants par branches ou par racines au jour du mariage (3), sauf le remboursement à la femme des frais de culture (4). Relativement aux droits du mari sur le fonds dotal, il a été décidé spécialement qu'il peut : 1° intenter les actions concernant les meubles et les immeubles, même celles pétitoires (5) ; 2° défendre à celles intentées (6) ; 3° répondre à une demande en partage (7), mais non la former (8) ; 4° louer et affermer les biens dotaux en se conformant aux art. 1429 et 1430 ; 5° transiger relativement aux actes d'administration qui n'entraînent point aliénation (9) ; 6° toucher les capitaux dotaux, en donner quittance avec mainlevée des inscriptions (10) ; 7° compenser les créances dotales avec ses propres dettes (11) ; 8° convertir en titres au porteur les valeurs nominatives dotales (12) ;

---

donation, legs ou autrement ; en conséquence elle se réserve comme biens paraphernaux tous les biens et droits mobiliers et immobiliers dont elle est actuellement propriétaire.

4° *Objet individuel.*

La future épouse se contitue en dot le domaine de..., situé commune de..., désigné, sous le n°... de ses apports constatés sous l'art... ci-après; en conséquence ce domaine seul sera dotal, et les autres biens et droits actuels de la future épouse, ainsi que tous ceux dont elle deviendra personnellement propriétaire par la suite, seront paraphernaux.

5° *Biens présents et fraction des immeubles à venir.*

La future épouse se constitue en dot tous ses biens meubles et immeubles actuels, et la moitié seulement des biens immeubles dont elle deviendra propriétaire pendant le mariage, par succession, donation, legs ou autrement ; quant à tous ses biens meubles à venir et à l'autre moitié de ses immeubles à venir, ils seront paraphernaux.

En conséquence, les immeubles dont la future deviendra propriétaire pendant le mariage, seront divisés en deux lots égaux, dont l'un comprendra les immeubles frappés de dotalité, et l'autre les immeubles paraphernaux.

Cette division résultera de la simple déclaration faite par la future épouse autorisée de son mari, soit dans l'acte même qui lui attribuera ces immeubles, soit dans un acte authentique spécial.

6° *Autre stipulation.*

La future épouse se constitue en dot tous ses biens et droits mobiliers et immobiliers, présents et à venir ; en conséquence ils seront dotaux et comme tels soumis à l'emploi ou au remploi, stipulés sous l'article...

Toutefois les objets ci-après sont affranchis de cette obligation, savoir :

1° Les effets, linge et bijoux que la future épouse s'est personnellement constitués en dot ;

---

(1) Voir Rouen, 29 fév. 1856 ; J. N., 16280.

(2) Toulouse, 26 fév. 1861 ; J. N., 17780.

(3) Proudhon, *Usuf.*, n° 2769 ; Toullier, XIV, 300 ; Tessier, II, 179 ; Troplong. 3129.

(4) Tessier, II, p. 459 ; Troplong, n° 3129.

(5) Tessier, I, p. 136 ; Bellot, p. 63 ; Troplong, n° 3105 ; Zach., Massé et Vergé, § 668, note 6 ; Marcadé, *1549*, 2 ; Aix, 9 janv. 1810 ; CONTRA, Proudhon, *Usuf.*, n° 1231 ; Toullier, XII, 362 ; Pigeau, I, p. 83.

(6) Tessier, I, p. 139 ; Troplong, n° 3107 ; Zach., Massé et Vergé, 668, note 7 ; Dict. not., *Rég. dotal*, n° 89 ; Marcadé, *1519*, 2 ; CONTRA, Bordeaux, 16 mars 1827 ; Riom, 28 janv. 1814 ; J. N., 7105.

(7) Marcadé, *1549*, 3 ; Troplong, n° 3111 ; Cass., 21 janv. 1816.

(8) Toullier, XIV, 136 ; Duranton, XV. 395 ; Bellot, IV, p. 442 ; Odier, III, 1844 ; Marcadé, *1549*, 3 ; Agen, 14 fév. 1809 ; Nîmes, 12 mai 1835 ;

Bordeaux, 11 fév. 1826 ; Pau, 26 mars 1836 ; Rouen, 4 déc. 1838 ; 23 juin 1843 ; Caen, 9 mars 1839 ; Paris, 14 juill. 1815 ; Cass., 21 janv. 1846 ; CONTRA, Duranton, XV, 506 ; Tessier, I, p. 412 ; Troplong, n° 3112 ; Zach., Massé et Vergé, § 668, note 9.

(9) Troplong, n° 3117 ; Marcadé, *1549*, 4 ; Limoges, 3 juill. 1813, 19 mars 1836 ; Caen, 24 août 1822 ; Cass., 10 janv. 1826 ; CONTRA Toullier, XIV, 556.

(10) Bellot, p. 186 ; Troplong, n° 3117 ; Zach., § 668, note 8 ; Roll. *Rég. dotal*, n° 94 ; Lyon, 25 janv. 1831 ; Cass., 28 nov. 1833, 23 août 1851 ; J. N., 15987.

(11) Troplong n° 3242 ; Rouen, 10 mai 1841 ; Limoges, 19 fév 1862 ; J. N., 12158, 17778.

(12) Trib. Seine, 10 juill. 1860 ; J. N., 16920.

9° consentir l'amortissement d'une rente viagère dotale (1) ; 10° transporter les créances dotales (2). Si la séparation de biens entre les époux vient à être prononcée, le mari perd son droit d'administration qui revient à la femme (3`, et elle peut exiger le payement de ses créances dotales sans que les débiteurs soient fondés à exiger qu'elle fasse emploi (4`, à moins de stipulation contraire dans le contrat de mariage (5).

122. Le mari n'est pas tenu de faire emploi des deniers dotaux (6). Mais il peut être stipulé que le mari en les touchant seul, ou le mari et la femme en les touchant conjointement, seront tenus d'en faire un emploi déterminé ; dans ce cas, les débiteurs et détenteurs des deniers dotaux ou de valeurs au porteur (7) peuvent l'exiger en se libérant (8), ou s'ils ne l'ont pas exigé, le faire effectuer ensuite (9) ; sinon la femme peut (10) recourir contre eux (11), toutefois après discussion des biens de son mari (12), qui est débiteur de la somme non employée, et de plus responsable du préjudice que le défaut d'emploi a pu occasionner à la femme, en la privant, par exemple, de la plus-value qui serait survenue à l'objet acquis (13).

2° Le trousseau et la somme d'argent composant le numéro premier des objets constitués en dot à la future épouse par ses père et mère ;

3° Les meubles meublants, argenterie, linge, bijoux, tableaux, et objets de ménage auxquels la future épouse aura droit pendant le mariage, par succession, donation, legs ou autrement, soit seule, soit indivisément avec tous autres, sauf cependant pour la partie qui pourrait en être vendue ;

4° Et les valeurs étrangères qui seraient attribuées à la future épouse dans les successions qu'elle se trouvera appelée à recueillir pendant le mariage, avec stipulation que si, par l'effet des partages qui en auraient lieu, la future épouse n'en recevait pas sa quotepart héréditaire en nature, une quotité égale, s'il est possible, des valeurs françaises comprises dans les mêmes abandonnements sera dispensée de remploi, ainsi que l'auraient été les valeurs étrangères elles-mêmes :

En conséquence les futurs époux auront la libre disposition desdits objets ; ils pourront les recouvrer et aliéner et en disposer comme bon leur semblera, sans aucune restriction ni réserve.

FORMULE 36. — **Administration des biens dotaux.** (N°ˢ 121 et suiv.)

1° *Non emploi des deniers dotaux.*

Le futur époux aura l'administration des biens dotaux ; il en percevra les fruits et revenus (*si la femme se réserve de percevoir une partie de ses revenus ; l'on ajoute :* sauf toutefois l'effet de la réserve qui sera faite sous l'art. . . ci-après ; en conséquence il recevra seul (*ou avec le concours de la future épouse*) le remboursement des capitaux, sans être astreint avec les tiers à aucune justification d'emploi ni de remploi, et il exercera d'ailleurs tous les droits attachés par la loi à cette administration.

[1] Cass., 6 déc. 1839 ; Jur. N., 11549.

[2] Troplong, n°ˢ 3172, 3227 ; Marcadé, *1553*, 2 ; Agen, 30 oct. 1843 ; Nîmes, 19 juin 1844 ; Grenoble, 13 juill. 1848 ; Cass., 12 août 1846,19 août 1848 ; CONTRA, Tessier, I, note 54.

[3] Mais la femme dotale séparée ne peut aliéner sa dot mobilière : Montpellier, 22 juin 1819, Grenoble, 24 mars 1821 ; Toulouse 7 mai 1824 ; Rouen, 26 juin 1824 ; Caen, 2 juill. 1859 ; Cass., 23 déc. 1839, 31 janv. 1842, 7 fév. 1843, 14 nov. 1846, 13 nov. 1860 ; J. N., 10609,12917, 17014 ; CONTRA, Marcadé,*1554*, 3.

[4] Odier, III, 1372 ; Sériziat, n° 129 ; Massé et Vergé, § 649, note 33 ; Rodière et Pont, II, 886 ; Troplong, 1425 ; Marcadé, *1554*, 3 ; Roll.,*Remploi*, n° 96 ; Montpellier, 26 nov. 1806 ; Riom, 5 fév. 1821 ; Caen, 4 juill. 1821, 18 juill. 1848 ; Grenoble, 29 mars 1828 ; Riom, 10 fév. 1830 ; Nîmes, 29 juin 1840 ; Paris, 25 fév. 1843, 14 janv. 1856 ; Limoges,16 déc. 1848 ; Cass., 25 janv. 1826 , 23 déc. 1834,11 avril 1842 ; J. N., 10610, 11644, 13028, 13721 ; CONTRA, Montpellier,22 juin 1819, 24 mai 1823 ; Grenoble, 21 mars 1821 ; Limoges, 14 juill. 1847 ; J. N., 13133 ; Agen, 9 fév. 1849 ; Jur. N. , 8927.

[5] Roll., *Remploi*, n° 98 ; Cass., 23 déc. 1839 ; Paris, 25 fév. 1843 ; Limoges, 16 déc. 1848 ; Jur. N., 8927.

[6] Troplong, n° 3127 ; Benech. n° 479 ; Cass., 27 juin 1825, 25 janv. 1826, 23 déc. 1839 ; Paris, 21 mai 1853 ; J. N., 13006.

[7] Paris, 31 déc. 1858 ; J. N., 16483.

[8] Benoit, n° 110 ; Benech, n°ˢ 55 à 58 ; Troplong, n° 3120 ; Roll., *Remploi*, n° 101 ; Paris, 23 mars 1841 ; Cass., 23 déc. 1839, 9 juin 1841, 14 nov. 1846 ; J. N., 10609, 11018, 12947 ; CONTRA, Paris, 4 juin 1831

[9] Cass., 23 janv. 1826.

[10] Surtout si le contrat de mariage les oblige à surveiller l'emploi : Paris, 27 janv. et 30 mai 1854 ; Cass., 7 nov. 1854 ; J. N., 13172, 15371.

[11] Tessier, note 828 ; Benech., n° 21 ; Toullier, XII, 153 ; Rodière et Pont, I, 430 ; Marcadé, *1553*, 3 ; Toulouse, 26 mars 1841 ; Cass., 9 juin 1841 ; Paris, 23 mars 1841 ; Jur. N., 10859.

[12] Benoit, n° 112 ; Toullier, XIV, 154 ; Troplong, n° 3122 ; Marcadé, *1553*, 3 ; CONTRA, Benech., n° 63.

[13] Caen, 5 mars 1860 ; Cass., 27 mai 1861 ; M. T. 1861, p. 671.

123. Il peut être convenu, par le contrat de mariage, que la femme touchera annuellement, sur ses seules quittances, une partie de ses revenus pour son entretien et ses besoins personnels (*C. N., 1549 et supra n° 97*) [FORM. 37]. Les revenus ainsi réservés à la femme conservent leur nature de biens dotaux et ne peuvent être saisis par ses créanciers (1).

124. Le mari n'est pas tenu de fournir caution pour la réception de la dot, s'il n'y a pas été assujetti par le contrat de mariage (*C. N., 1550*).

125. Si la dot ou partie de la dot consiste en objets mobiliers mis à prix par le contrat, sans déclaration que l'estimation n'en fait pas vente [FORM. 38], le mari en devient propriétaire, et n'est débiteur que du prix donné au mobilier (*C. N., 1551*); mais la femme a un privilége sur ce mobilier, s'il se retrouve en nature dans la succession du mari (2).

126. Si, au contraire, la dot consiste en objets mobiliers non estimés, ou estimés, mais avec la déclaration que l'estimation n'en fait pas vente [FORM. 38], la femme en reste propriétaire, sans excepter les rentes, valeurs, actions et autres obligations, dont l'augmentation ou la diminution de valeur profite à la femme ou lui préjudicie (3) ; toutefois, quant aux choses fongibles, comme l'argent

---

2° Emploi des deniers dotaux.

Le futur époux aura, conformément à la loi, l'administration des biens dotaux et le droit d'en percevoir seul les revenus ;

Néanmoins les deniers dotaux de la future épouse, avant comme après leur exigibilité, ne pourront être reçus que sur la quittance collective des époux, et il en sera fait emploi de la manière prescrite sous l'art. . . ci-après.

FORMULE 37. — Perception de revenu par la future. (N° 123.)

Nonobstant ce qui est dit en l'article précédent, la future épouse touchera annuellement pour ses dépenses personnelles, sur ses simples quittances, etc. (*Le surplus comme en la formule 533, 3°.*)

FORMULE 38. — Apport en mariage d'objets mobiliers sans (*ou avec*) réserve de propriété. (N°ˢ 125 et 126)

La future épouse apporte en mariage et se constitue personnellement en dot les objets mobiliers dont la description suit :

1° Vingt-quatre paires de draps de toile de lin, estimées à. . . . . .   »   »
2° etc. . . . .

Montant de l'estimation, ci. . . . .   »

L'estimation donnée à ces objets en rendra le futur époux propriétaire ; en conséquence, la restitution à en faire à la future épouse ou à ses héritiers, lorsqu'il y aura lieu, sera du prix qui leur a été ci-dessus donné.

Ou bien : Mais l'estimation donnée à ces objets n'en vaudra pas vente au futur époux. (*Si une société d'acquêts a été stipulée, on ajoute* : ni à la société d'acquêts.)

FORMULE 39. — Déclaration que l'estimation donnée à un immeuble de la future en vaut vente au futur. (N° 128.)

L'estimation donnée à la maison située à. . ., désignée sous le n°. . . des apports de la future compris en l'art. . . ci-dessus, a pour objet de rendre le futur époux propriétaire de

---

(1) Troplong, n° 3130; Riom, 26 mai 1858; Cass., 23 août 1859.
(2) Montpellier, 26 juin 1848 ; J. N., 12588.

(3) Troplong, n° 3164; Marcadé, *1553, 2*; Roll., *Rég. dotal*, n° 100 CONTRA, Odier, III, 1227.

comptant, les denrées, etc., le mari en devient dans tous les cas propriétaire, à la charge d'en payer la valeur s'il y a estimation, sinon d'en rendre de pareils (1). Un fonds de commerce non estimé resterait la propriété de la femme, sauf les marchandises, choses fongibles par destination et qui seraient à la disposition du mari (2).

127. Si le mari, en vertu de son droit d'administration, *supra n° 121*, aliène les objets mobiliers personnels à la femme, elle a le choix, lors de la dissolution du mariage, de se faire restituer ou le prix de la vente ou la valeur de l'objet au jour de la dissolution (3).

128. L'estimation donnée à l'immeuble constitué en dot n'en transporte point la propriété au mari, s'il n'y en a déclaration expresse (*C. N.*, *1552*) [Form. 39].

129. N'ont pas la nature de biens dotaux, si la condition de l'emploi, *supra n° 122*, n'a pas été stipulée par le contrat de mariage (4) : 1° l'immeuble acquis des deniers dotaux ; 2° l'immeuble donné en payement de la dot constituée en argent (*C. N.*, *1555*) ; 3° l'immeuble que la femme acquiert de son père en compensation des deniers dotaux qu'il lui doit (5). Dans ces divers cas, l'immeuble acquis est la propriété du mari, même lorsqu'il a déclaré acquérir au nom de sa femme (6), à moins que le contrat 'acquisition ne contienne la déclaration de l'emploi et l'acceptation de la femme (7).

---

cette maison ; en conséquence la restitution, lorsqu'il y aura lieu, sera du montant de l'estimation, qui est de...

FORMULE 40. — **Réserve par la future de disposer de ses biens dotaux en faveur de ses enfants d'un premier lit.** (N° 435.)

La future épouse se réserve de disposer quand bon lui semblera, pour l'établissement des enfants issus de son premier mariage, sans avoir besoin de l'autorisation de son mari ni de justice, jusqu'à concurrence d'une somme principale de..., à prendre sur ses biens dotaux.

FORMULE 41. — **Faculté d'aliéner les biens dotaux.** (N°s 431 à 467.)

1° Aliénation sans condition.

Nonobstant la stipulation de dotalité contenue en l'article... ci-dessus, la future épouse se réserve le droit, avec la seule autorisation de son mari et sans aucune formalité judiciaire, de vendre, échanger, donner. hypothéquer, ou aliéner de toute autre manière ses biens dotaux mobiliers et immobiliers, et d'en disposer de la manière la plus absolue, sans être tenue envers les tiers à aucune justification d'emploi ni de remploi.

2 Aliénation sous condition de remploi en acquisition d'autres immeubles de même nature.

Nonobstant la stipulation de dotalité contenue en l'article... ci-dessus, la future épouse se réserve le droit, avec la seule autorisation de son mari et sans aucune formalité judiciaire, de vendre ses biens immeubles, mais à la condition de remploi en acquisition d'autres immeubles de pareille valeur et de même nature ; en conséquence, les immeubles en fonds de terre ne pourront être remplacés que par d'autres immeubles aussi en fonds de terre et non par des maisons ni des usines, ni, à plus forte raison, par des actions im-

---

(1) Troplong, n° 3517 ; Marcadé, *1553*, 1.
(2) Voir Proudhon, *Usuf.*, n° 1010 ; Tessier, II, p. 221 ; Rouen, 5 juill. 1824 ; Paris, 27 mars 1814 ; *contra*, Troplong, n° 3160 à 3163 ; Odier, III, 1226 ; Marcadé, *1553*, 1.
(3) Tessier, II, note 970 ; Troplong, n° 3157. Voir cependant Duranton. XV, 410.
(4) L'immeuble acquis est dotal si cette condition a été stipulée ; Benech, n° 50 ; Troplong, n°s 3123, 3198 ; Zach., Massé et Vergé.

§ 669, note 8 ; Marcadé, *1553*, 3 ; Caen, 18 déc. 1837. Voir cependant Cass., 8 janv. 1844 ; Grenoble, 4 mars 1848.
(5) Caen, 10 mars 1854 ; J. N., 15402.
(6) Troplong, n° 3081 ; Marcadé, *1553*, 3 ; Grenoble, 13 juin 1862 ; Sirey, 1863, II, p. 10.
(7) Toullier, XIV, 456 ; Duranton, XV, 423, Tessier, I, p. 218 ; Odier, III, 1187*bis* ; Troplong, n° 3196 ; Roll., *Remploi*, n° 119 ; Cass., 23 avril 1833. Voir cependant Grenoble, 13 juin 1862 précité.

130. N'est pas non plus dotal l'immeuble que la femme judiciairement séparée de biens a acquis avec les deniers dotaux que son mari lui a restitués, ni celui que son mari lui a cédé en payement de ses reprises (1) ; elle peut donc, avec l'autorisation de son mari ou de justice, hypothéquer ou aliéner ces immeubles sans être tenue à remploi (2).

131. Les immeubles constitués en dot ne peuvent être aliénés (3) ou hypothéqués pendant le mariage, ni par le mari, ni par la femme, même séparée de biens (4), ni par les deux conjointement, sauf les exceptions rapportées *infra* n°s 140 et suiv. (C. N., 1554).

132. Les revenus des biens dotaux étant affectés aux charges du mariage, la portion qui est nécessaire à cet effet ne peut être aliénée ni par le mari, ni par la femme, même séparée de biens (5). Quant au superflu des revenus (6), il est aliénable par le mari pendant le mariage, et par la femme après la séparation de biens prononcée ; il peut donc être saisi, pendant le mariage, par les créanciers

---

mobilisées de la banque de France, ou par des rentes sur l'Etat ou autres valeurs représentatives de choses immobilières, les parties entendant déroger à l'art. 46 de la loi du 2 juillet 1862 et à toutes lois ultérieures qui établiraient des modes de remploi contraires à celui qui vient d'être prévu. (*Ou bien* : à la condition de remploi en acquisition d'immeubles de pareille valeur et de même nature, c'est-à-dire en fonds de terre, maisons, ou autres choses immeubles par nature ; mais non en immeubles fictifs, comme des actions de la banque de France, ni en rentes sur l'Etat, les parties entendant déroger, etc. . .)

3° *Aliénation sous condition de remploi en acquisition d'immeubles, actions de banque, rentes sur l'Etat.*

Nonobstant la stipulation de dotalité contenue en l'art. . . ci-dessus, la future épouse se réserve le droit. avec la seule autorisation de son mari et sans être tenue de remplir aucune formalité judiciaire, de :

1° Vendre et échanger ses immeubles ; procéder à l'amiable à tous partages ainsi qu'à toutes licitations, même en faveur d'étrangers, sous la condition que les prix de vente ou de licitation et les soultes d'échange ou de partage. seront employés, lors de leur réception, à acquérir en remplacement, au nom et au profit de la future épouse, soit d'autres immeubles, soit des actions immobilisées de la banque de France, soit des rentes trois pour cent sur l'Etat français.

2° Vendre et transférer les immeubles, actions de banque et rentes acquis par la future à titre de remplacement, sous la même condition du remploi, et ainsi successivement.

3° Vendre et transférer ses immeubles dotaux, actions de banque et rentes sur l'Etat, soit pour acquitter les dettes et charges des successions ou legs qui lui écherront ou dont elle sera tenue comme donataire ainsi que les droits de mutation et frais d'acte à sa charge ; soit pour faire exonérer du service militaire les enfants à naître du mariage en projet. Ou bien emprunter sur hypothèque les sommes nécessaires à cet effet ;

4° Toucher sans remplacement le prix des aliénations qu'elle consentirait pour cause d'utilité publique ou les indemnités qui lui seraient allouées par le jury d'expropriation, chaque fois que ces prix ou indemnités n'excéderont pas une somme de. . .

---

(1) Tessier, I, p. 246; Duranton. XV, 436 ; Troplong, n° 3483; Dalloz, n° 3053; Zach., § 609, note 7 ; Marcadé, 1553. 4; Roll., Rég. dotal, n°s 56, 324; Bordeaux, 25 fév. 1829; Aix, 21 mars 1839 ; Poitiers, 5 juill., 1839; Riom, 8 août 1844 ; Montpellier, 21 fév. 1851 ; 18 fév. 1853; Bordeaux, 14 mai 1857 ; Cass., 25 fév 1817, 31 janv. 1842, 20 fév. 1849; contra, Rouen, 26 juin 1821, 10 fév. 1846; Toulouse. 19 déc. 1820; Montpellier, 17 nov 1830; Nimes. 31 déc. 1832; Aix, 21 mars 1839; Grenoble, 1er juill. 1846. Voir aussi Riom, 26 mai 1858; Cass., 23 août 1859; Jur. N., 7917. 11801.

(2) Troplong, n°s 3189 à 3493; Marcadé, 1553. 4; Bordeaux, 5 fév. 1829; Riom, 8 août 1813 ; Grenoble, 11 juill. 1846; Montpellier, 21 fév. 1851; Jur. N., 10707 ; contra. Tessier, I, note 410; Aix. 25 juil. 1840; Montpellier, 18 fév. 1853; Cass., 23 fév. 1817, 11 janv. 1842, J. N., 11222; Jur. N., 10787.

(3) Il ne pourrait donc être conféré un droit de servitude sur un fonds dotal. Voir Pardessus, Serv., n° 249; Duranton, XV, 335 ; Odier, II, 4247; Rodière et Pont, II, 487 ; Troplong, n° 3277 ; Zach., Massé et Vergé, § 670; note 4; Marcadé, 1254, 4 ; Cass., 7 mai 1820, 20 janv. 1817.

(4) Grenier, Hyp., I, 34 ; Duranton, XV, 520; Tessier, I, p. 304; Benoit, I, 349; Zach., Massé et Vergé, § 670, note 1 ; Duvergier sur Toullier, XIV, 253 ; Rodière et Pont, II, 885 ; Troplong, n° 3298; Marcadé, 1554, 5; Aix, 18 fév. 1813 ; Rouen, 25 juin 1818; Montpellier, 17 nov. 1830; Cass., 19 août 1819, 9 avril 1823, 9 nov. 1826, 28 mars 1827, 18 mai et 8 juill. 1830; contra. Toullier, XIV, 253; Nimes, 23 avril 1812.

(5) Caen, 22 déc. 1845; Paris, 28 août 1846; J. N., 12830.

(6) Qui doit être appréciée par les tribunaux : Dalloz, n° 3321; Cass., 6 janv. 1840.

du mari (1), et après la séparation de biens par les créanciers de la femme (2) postérieurs au jugement de séparation, mais non par ceux antérieurs au jugement, quand même la femme aurait reconnu la dette après la séparation (3).

133. L'inaliénabilité des biens dotaux n'a pas pour effet de rendre la femme incapable de s'obliger ; seulement ses obligations ne peuvent être exécutées sur ces biens (4), même après la dissolution du mariage (5); mais elles peuvent l'être sur ses biens paraphernaux pendant le mariage comme après sa dissolution (6), et sur les biens qui lui échoient depuis.

134. La dot mobilière est également inaliénable, mais en ce sens seulement que la femme ne peut, 1° consentir elle-même à l'aliénation ; 2° renoncer à son hypothèque légale contre son mari (7); le mari administrateur conserve le droit d'aliéner les valeurs mobilières dotales (8), *supra n° 121.*

135. La femme, même ayant des biens paraphernaux (9) peut, avec l'autorisation de son mari,

---

5° Faire donation entre-vifs à titre de partage anticipé de ses biens dotaux, en faveur des enfants qui naîtront du mariage projeté.

Les acquisitions en remploi devront être acceptées par la future épouse. Une fois cette acceptation donnée, les acquéreurs, échangistes, colicitants et copartageants seront à l'abri de tout recours, pourvu, en cas d'acquisition d'immeubles, qu'ils aient été purgés de toute espèce d'hypothèque.

Ces acquisitions pourront être faites en vue d'aliénations projetées.

Les immeubles de la société d'acquêts pourront être cédés par le futur époux à la future épouse, en remploi de ses immeubles et de ses autres valeurs dotales.

Les immeubles acquis par anticipation à titre de remploi, et les immeubles de la société d'acquêts qui seraient cédés en remploi par le futur époux, passeront entre les mains de la future épouse, affranchis de plein droit de son hypothèque légale, et sans qu'il soit besoin de remplir à cet effet aucune formalité pour les purger de cette hypothèque.

Si les remplois n'avaient pas été effectués pendant le mariage, les aliénations seraient néanmoins valables, mais sous la condition que les tiers détenteurs des biens dotaux non remplacés en versent le prix entre les mains de la future épouse ou de ses héritiers.

Si les héritiers de la future épouse étaient encore mineurs, l'emploi du prix des aliénations devrait être fait en leur nom, conformément à ce qui est prescrit ci-dessus.

---

(1) Tessier, I, p. 362 ; Dalloz, n° 3438 ; Massé et Vergé, § 670, note 31 ; Marcadé, *1554,* 4 ; Montpellier, 11 juill. 1826, 1er fév. 1828 ; Riom. 26 avril 1827 ; Paris, 14 fév. 1830 ; Bordeaux, 21 août 1835, 10 avril 1845 ; Caen, 18 déc. 1837 ; Poitiers, 20 fév. 1840 ; Cass , 9 avril 1823, 28 fév. 1834. 1er déc. 1834, 21 août 1836, 3 juin 1839, 6 janv. 1840 ; Trib. Seine, 27 août 1858 ; Nîmes 26 fév. 1851 ; Jur. N., 9375. Voir aussi Troplong, n°s 3288 à 3292 ; Rodière et Pont, II, 488.

(2) Tessier, I, p. 262 ; Marcadé, *1554,* 4 ; Rodière et Pont, II, 488 ; Troplong, 3228 ; Dalloz, 3523 ; Massé et Vergé, § 670, note 31 ; Cass., 26 fév. 1834, 3 juin 1839, 6 janv. 1840, 10 fév. et 24 nov. 1846 ; Paris. 29 avril 1830 ; J. N., 10462, 10568, 16563. Voir cependant Caen, 26 août et 22 déc. 1845. 26 mars 1846 ; Rouen, 29 avril 1845 ; Cass., 4 nov. 1846, 12 août 1847.

(3) Serizial, p. 463 ; Rodière et Pont. II, 488 ; Dalloz, n°s 3518, 3530 ; Dutruc., *Sépar. de biens,* n° 416 ; Caen, 26 mars et 22 déc. 1845, 19 nov. 1847 ; Rouen, 29 avril 1845 ; Lyon, 17 fév. 1846 ; Paris. 28 août 1846, 3 mars 1849, 5 août 1859 ; Cass., 26 août 1828, 24 août 1836, 11 fév. et 4 nov. 1846, 12 août 1847, 13 janv. 1851, 23 juin 1859, 8 juin, 1864 ; J. N., 12837. 12839, 12996, 14208, 16067, 16041 ; contra, Marcadé, *1554,*4; Troplong, n° 3303. Massé et Vergé, § 678. note 34 ; Paris 7 mars 1851. 15 juill. 1856 ; Montpellier, 10 juill. 1860. J. N., 16067.

(4) Troplong, n° 3264 ; Grenoble, 16 janv. 1828 ;*Rouen, 14 nov. 1828 : Cass., 29 juin 1842 ; J. N. 11395.

(5) Bellot, IV, p. 94 ; Duranton, XV, 531 ; Odier, III, 1248 ; Rodière et Pont, II, 490 ; Massé et Vergé, § 670, note 32 ; Marcadé *1554,* 7 ; Roll.. *Reg. dotal,* n° 194 ; Riom, 26 avril 1827 ; Caen, 8 déc. 1828 ; 24 déc. 1839 ; 9 nov. 1847 ; Bordeaux, 2 mars 1833 ; Paris, 12 juin 1833 ; 28 août 1836, 7 mars 1851 ; Rouen, 29 avril 1845. Trib. Seine, 21 fév. 1850 ; Douai, 27 juill. 1858 ; Aix, 27 juin 1859 ; Cass.. 26 août

1828, 11 janv. 1831, 8 mars 1832. 16 déc. 1846, 30 août 1847 ; J. N., 6731. 12959, 14049, 16788 ; contra, Toullier, XIV. 334 ; Troplong, n° 3264 ; Paris, 13 mars. 1821 ; Toulouse, 27 nov. 1834 ; Caen, 26 juin 1835 ; Agen, 5 déc. 1848 ; Jur. N., 8169 ; Montpellier, 17 mars 1839 ; J. N., 10890.

(6) Troplong, n° 3314 ; Massé et Vergé, § 670, note 32 ; Marcadé, *1554,* 8 ; Dict. not., *Rég. dotal,* n° 126 ; Caen, 26 juin 1835 ; Cass., 7 déc. 1842 ; Rouen, 29 juin 1843 ; J. N., 9007, 11540, 14780. Voir aussi Aix, 9 juill. 1849 ; Cass., 4 juin 1851 ; J. N., 14386.

(7) Toullier, XIV, 476 ; Duranton, XV, 542 ; Odier, III, 1239 ; Zach., Massé et Vergé, § 670, note 79 ; Serizial, n° 128 ; Troplong, n°s 3210, 3225 ; Marcadé. *1554.* 3 ; Paris, 28 mars 1829, 18 déc. 1849 ; Agen, 30 nov. 1813, Nîmes, 19 juin 1844 ; Caen, 12 juill. 1848 ; Grenoble. 13 juill. 1848 ; Bordeaux, 26 mai 1849, 18 fév. 1850 ; Cass., 12 août 1846, 29 août 1848, 18 fév., 26 août et 1er déc. 1851, 6 déc. 1859 ; J. N. 12488, 12822, 13491, 13861, 14515, 16750 ; contra, Grenier, *Hyp.,* n° 34, Tessier, I. p. 289 ; Rodière et Pont, II, 494 ; Roll., *Reg. dotal,* n° 443 ; Montpellier, 22 juin 1819 ; Paris, 26 août 1829 ; Limoges. 26 juill. 1842 ; Cass., 1er fév. 1849, 14 nov. 1846, 13 nov. 1860 ; J. N., 11878, 12947, 17014. Voir Cass., 28 mars 1855 ; J. N., 15593.

(8) Marcadé. *1554.* 3 ; Roll.. *Rég. dotal,* n° 444 ; Paris, 10 août 1834, 18 déc. 1849 ; Agen. 15 janv. 1834 ; Poitiers, 15 déc. 1836 ; Bordeaux, 26 mai 1849, 18 fév. 1850 ; Cass., 1er fév. 1849, 26 mai 1836, 2 janv. 1837, 12 août 1846, 23 août 1854, 11 mai et 6 déc. 1859, 29 juill. 1862 ; J. N., 12822, 13861, 13497. 15379, 16593. 16750, 17513 ; Lyon ; 22 nov. 1860 ; Jur. N., 17768. Voir Troplong, n° 3219 ; Pont, *Priv.,* n° 451 ; Montpellier. 7 mars 1850 ; Jur. N., 9367.

(9) Voir Cass., 18 fév. 1852 ; J. N., 14654 ; Bordeaux, 27 janv. 1853, Jur. N., 10811

ou, sur son refus, avec permission de justice, donner ses biens dotaux pour l'établissement (1) des enfants ou petits-enfants (2) qu'elle aurait d'un mariage antérieur ; mais, si elle n'est autorisée que par justice, elle doit réserver la jouissance à son mari (*C. N. 1555*).

136. Elle peut aussi, avec l'autorisation de son mari, qui ne peut être suppléée par la justice (3), donner ses biens dotaux pour l'établissement de leurs enfants communs (*C. N. 1556*).

137. La loi ne limitant pas cette faculté de disposer, l'acquéreur doit verser son prix entre les mains de l'enfant donataire, sans pouvoir exiger de lui une hypothèque ou une caution pour la garantie du rapport qu'il aurait à faire à la succession de sa mère (4).

138. La faculté de donner les biens dotaux emporte, pour la femme, celle de les aliéner, de s'obliger sur ces biens, par conséquent de les hypothéquer et de subroger dans l'effet de son hypothèque légale (5) ; mais si la femme, conjointement avec son mari, pour l'établissement de leur enfant, donne une somme d'argent payable à terme ou emprunte sans affectation de ses immeubles dotaux, l'exécution de la donation ou de l'engagement ne peut être poursuivie sur ses biens dotaux (6).

139. Le mot établissement s'applique non-seulement au mariage de l'enfant, mais aussi à tout ce qui est destiné à lui donner une position (7) ; par exemple : l'achat d'un fonds de commerce, son entretien dans une école normale (8) ou dans une administration pour y faire un surnumérariat (9), son exonération ou remplacement du service militaire (10), le cautionnement de la restitution de la dot de sa belle-fille (11). Les tribunaux apprécient souverainement la question de savoir s'il y a établissement ; en cas de négative, la disposition est frappée (12) de nullité (13). Si la donation faite à l'enfant est simulée à l'effet de soustraire les biens au régime dotal, elle est aussi annulable ; toutefois la nullité ne peut être opposée aux tiers de bonne foi (14). La donation peut être faite avec la réserve,

---

Les frais des actes qui seront faits pour arriver au remploi et de ceux qui le constateront, seront supportés en entier par la société d'acquêts, de manière que la fortune dotale de la future épouse ne subisse aucune diminution (*ou seront pris sur le montant des sommes à remplacer*).

Les biens meubles de la future épouse seront aliénables par la future épouse autorisée de son mari ; en conséquence elle pourra renoncer à son hypothèque légale en faveur de tous tiers acquéreurs de son mari ou de la société d'acquêts, et consentir en faveur de tous tiers prêteurs ou autres, toutes subrogations ou antériorités sur cette hypothèque (*si l'on veut restreindre cette clause* : mais en tout cas, seulement en ce que son hypothèque légale conservera sa dot mobilière).

---

(1) Voir Bordeaux, 23 avril 1860 ; Jur. N., 11615.

(2) Tessier, I, p. 376 ; Sériziat, n° 154 ; Rodière et Pont, II, 509 ; Toullier, XIV, 195 ; Troplong, 3349 ; Roll., *Rég. dotal*, n° 172 ; contra, Benoît, 1, 225.

(3) Bellot, IV, p. 110 ; Benoît, I, 64 ; Zach., Massé et Vergé, § 670, note 46 ; Rodière et Pont, II, 507 ; Odier, III ; 1277 ; Troplong, n° 3347 ; Marcadé, *1556*, 3 ; Dict. not., *Reg. dotal*, n° 283 ; Roll., *ibid.*, n° 464 ; Limoges, 2 sept. 1835 ; contra, Toullier, XIV, 191 ; Duranton, XV, 497 ; Rouen, 26 déc. 1844 ; J. N., 11260.

(4) Caen, 26 nov. 1835, 18 juin 1860 ; Grenoble, 1er fév. 1849 ; Rouen, 17 janv. 1852 ; Jur. N., 8843, 10811, 11730 ; J. N., 14678.

(5) Sériziat, n° 152 ; Grenier, *Hyp.*, I, 34 ; Duranton, XV, 492 ; Rodière et Pont, II, 514 ; Dalloz, n° 3607 ; Troplong, n° 3332 ; Marcadé, *1556*, 4 ; Zach., Massé et Vergé, § 670, note 47 ; Dict. not., *Rég. dotal*, n° 284 ; Roll., *ibid.*, n° 463 ; Nîmes, 7 juin 1825, 10 avril 1837 ; Bordeaux, 1er août 1834 ; Grenoble, 21 janv. 1835 ; Rouen, 23 juin 1835 ; 23 fév. et 12 juin 1844 ; Caen, 7 mars 1845 ; Nîmes, 24 mars 1851 ; Cass., 1er déc. 1840, 24 août 1842, 1er avril 1815, 7 déc. 1850 ; J. N., 11924, 12063, 12302 ; contra, Bordeaux, 11 août 1836 ; Poitiers, 17 juill., 1838 ; Amiens, 1er août 1842 ; Caen, 23 avril 1847 ; J. N., 11481, 12362.

(6) Rouen, 4 janv. et 29 fév. 1860 ; Cass., 1er juill. 1861 ; J. N., 17180 ; contra, Toulouse, 13 mai 1853 ; Jur. N., 10841 ; Bordeaux, 21 juill. 1862 ; J. N., 17567.

(7) Sériziat, n° 146 ; Rodière et Pont, II, 510 ; Troplong, n° 3350 ; Marcadé, *1556*, 3 ; Massé et Vergé, § 670, note 47 ; Dict. not., *Reg. dotal*, n° 284 ; Roll., *ibid.*, n° 165 ; Cass., 19 avril 1838 ; Paris,

25 août 1845 ; Jur. N., 7629 ; Bordeaux, 23 avril 1860 ; J. N., 16951. Voir cependant Bordeaux, 29 août 1849 ; Jur. N., 8888.

(8) Bordeaux, 22 juill. 1841 ; J. N. 11201,

(9) Caen, 26 juill. 1852 ; Jur. N., 11820.

(10) Duranton, XV, 495 ; Rodière et Pont, II, 510 ; Zach., Massé et Vergé, § 670, note 47 ; Troplong, n° 3856 ; Sériziat, n° 147 ; Marcadé, *1556*, 3 ; Dict. not., *Reg. dotal*, n° 286 ; Roll., *ibid.*, n° 467 ; Rouen, 21 fév. 1828, 29 mai 1846 ; Grenoble, 21 janv. 1835 ; Agen, 26 mai 1837 ; Nîmes, 10 août 1837 ; Caen, 24 juin 1844, 9 mai 1845 ; Nîmes, 24 mars 1851 ; Bordeaux, 27 juill. 1852 ; Riom, 3 janv. 1861 ; Jur. N., 7259, 7455, 9449, 11874. Voir cependant Tessier, I, p. 449 ; Grenoble, 4 août 1832 ; Limoges, 31 mai 1838 ; Rouen, 29 mai 1846 ; Caen, 9 mai 1845.

(11) Duranton, XV, 496 ; Odier, n° 1283 ; Troplong, n° 3351 ; Marcadé, *1556*, 3 ; Dalloz, n° 3377 ; Dict. not., *Rég. dotal*, n° 296 ; Roll., *ibid.*, n° 471 ; Montpellier, 7 juin 1825 ; Nîmes, 30 avril 1845, 7 juin 1860 ; Bordeaux, 1er mai 1850 ; Limoges, 3 mars 1854 ; Cass., 31 janv. 1855 ; J. N., 13218, 15490 ; Riom, 27 mai 1862 ; M. T., 1862, p. 37 ; contra, Limoges, 6 janv. 1841 ; J. N., 12092.

(12) À moins de ratification ou exécution volontaire faite avec connaissance du vice, par la femme donatrice, après la dissolution du mariage : Limoges, 7 mai 1838., Cass., 11 juill. 1839.

(13) Cass., 27 juin 1859 ; J. N., 10437 ; Bordeaux, 8 fév. 1861 ; Jur. N., 11815,

(14) Troplong, n° 3359 ; Cass., 7 juill. 1830, 15 fév. 1847 ; J. N., 12969.

en cas de vente par l'enfant, de tout ce qui, dans le prix, excéderait une somme déterminée, pourvu que la donatrice fasse emploi de cet excédant conformément à l'art. 1558 (1).

140. L'immeuble dotal (2), si la femme ne possède pas de biens paraphernaux (3), peut (4) être aliéné avec permission de justice et aux enchères, après l'accomplissement des formalités tracées par la loi (*C. N. 1558*, pr. *995*), dans chacun des cas suivants :

141. *Premier cas. Emprisonnement.* Pour tirer de prison le mari ou la femme (*C. N., 1558, 1º*), que l'emprisonnement ait eu lieu par suite d'un délit ou pour une dette purement civile (5), et lors même que le mari pourrait faire cession de biens (6), si, d'ailleurs, l'emprisonnement n'a pas été combiné dans le but de rendre aliénable une partie des biens dotaux (7). Il faut que l'un des époux soit en prison ; il ne suffirait pas de la crainte d'un emprisonnement imminent (8). Si la dette est celle du mari, la femme devient sa créancière du prix de l'aliénation de son bien dotal (9).

142 *Deuxième cas. Aliments.* Pour fournir des aliments à la famille dans les cas prévus par les art. 203, 205, 206, voir notre *traité-form.*, *nᵒˢ 1054 et suiv.* (*C. N. 1558* 2º), ainsi qu'aux époux eux-mêmes (10) ; et, comme conséquence, pour : 1º donner aux enfants l'éducation qui leur est nécessaire (11) ; 2º acquitter des dettes alimentaires (12) ; 3º pourvoir aux frais d'un voyage nécessaire au rétablissement de la santé de l'un des époux (13), etc.... Il appartient aux tribunaux de déterminer l'emploi au mieux de l'intérêt de la femme ; ils peuvent donc ordonner que le prix sera employé : à établir une auberge dans une maison dotale ; à exploiter un hôtel garni (14), *infra nᵒ 144* ; à faire un placement à rente viagère (15), etc... La femme dont les biens dotaux sont ainsi employés aux besoins de la famille, lorsque le mari est sans ressources, acquitte une dette personnelle et n'a point de recours contre son mari pour l'aliénation de son bien dotal (16), sauf le cas de fraude, comme si, par exemple, le mari a dissimulé ses ressources pour demander la vente (17).

4º Condition de remplacer les capitaux et les immeubles (1).

Nonobstant la stipulation de dotalité contenue en l'art... ci-dessus, tous les biens mobiliers et immobiliers présents et à venir de la future épouse (*ou* tous les biens mobiliers et immobiliers qui sont stipulés dotaux), pourront être aliénés par la future épouse sous l'autorisation de son mari, sans aucune des conditions ni des formalités prescrites par la loi, soit par vente, cession, transport, ou échange ; elle pourra de même recevoir et transporter les capitaux ; mais les sommes touchées et les prix des ventes, cessions et transports des valeurs dotales (*si des valeurs sont dispensées d'emploi on ajoute entre deux parenthèses* : à l'exception de ceux des objets dont la disposition est réservée libre par l'art... ci-dessus), ou les soultes des échanges d'immeubles dotaux, devront être employés au profit de la future épouse, soit en rentes sur le grand-livre de la dette publique de France, soit en actions de la banque de France ou autres valeurs garanties par

(1) Cette formule est assez généralement usitée dans les contrats de mariage passés à Paris.

---

(1) Massé et Vergé, § 670, note 47 ; Cass., 8 janv. 1855 ; J. N., 542*.

(2) Et à plus forte raison la dot mobilière : Troplong, nº 3145; Dict. not., *Rég. dotal*, nº 302 ; Bordeaux, 23 nov. 1832.

(3) Marcadé, *1558*, 4 ; Rouen, 12 mai 1842, 17 mai 1844.

(4) Voir Marcadé, *1558*, 1 ; Caen, 6 janv. 1849.

(5) Duranton, XV, 507 ; Benoît, I, 228 ; Rodière et Pont, II, 513. Troplong, nº 3438 ; Marcadé, *1558*, 1 ; Zach..Massé et Vergé, § 670. note 50 ; Dict. not., *Rég. dotal*, nº 303.

(6) Tessier, I, 663 ; Duranton, XV, 508 ; Odier, III, 1287 ; Troplong, nº 3443.

(7) Voir Marcadé, *1558*, 1 ; Roll., *Rég. dotal*, nº 180; Cass., 25 juill. 1842 ; J. N., 11472.

(8) Toullier, XIV, 199 ; Tessier, I, 73 ; Duranton, XV, 509 ; Troplong, nº 3444 ; Marcadé, *1558*, 1 ; Zach., Massé et Vergé, § 670, note 50 ; Dict. not., *Rég. dotal*, nº 305 ; Caen, 4 juill. 1826 ; Lyon, 2 mai 1833 ; Rouen, 21 janv. 1838 ; Cass.. 26 avril 1812, 30 déc. 1850 ; J. N., 11529). Voir Rodière et Pont, II. 513.

(9) Troplong, nº 3447 ; Marcadé, *1558*, 1.

(10) Duranton, XV, 510 ; Tessier, I, p. 418 ; Rodière et Pont, II, 513 ;

Marcadé, *1558*, 2 ; Zach., Massé et Vergé, § 670, note 51 ; Rouen, 21 août 1820 ; Paris, 27 mars 1817 ; Jur. N., 7641. Voir Bordeaux, 21 juill. 1862 ; Sirey, 1863, 2, p. 41.

(11) Marcadé, *1558*, 2 ; Troplong, nº 3449 ; Rouen 26 mai 1840. Caen, 27 janv. 1313. 7 mars 1845 ; Cass., 3 mai 1842 ; Agen, 13 juill. 1849 ; Nîmes, 26 juill. 1853 ; Jur. N., 9115. Voir cependant Riom, 7 fév. 1849 ; Jur. N., 9197.

(12) Troplong, nº 3450 ; Rodière et Pont, II, 513 ; Dalloz, nº 3646. Cass., 3 mai 1842 ; Caen, 27 janv. 1843, 7 mars 1845 ; Agen, 13 juill. 1849 ; Paris, 4 juill. 1848 et 17 juill. 1849.

(13) Trib. Seine, 7 mars 1853.

(14) Voir Cass., 5 nov. 1855 ; J. N., 15662 ; Rouen, 15 avril 1842, 15 mars 1858 ; Grenoble, 14 et 21 mars 1859 ; Jur. N., 11237, 11308.

(15) Trib. Seine, 10 juill. et 31 déc. 1852, 28 fév. 1853.

(16) Bellot, p. 376 ; Troplong, nº 3455 ; Odier, III, 1290 ; Dalloz, nº 3636 ; Roll., *Rég. dotal*, nº 184 ; Nîmes, 24 août 1842 ; Bordeaux, 44 juill. 1843 ; Jur. N., 10798. Voir cependant Marcadé, *1558*, 2.

(17) Marcadé, *1558*, 2 ; Troplong, nº 3456 ; Nîmes, 24 août 1842 ; Grenoble, 22 juin 1860 ; Jur. N., 10117, 11646.

143. *Troisième cas. Dettes.* Pour payer les dettes de la femme ou de ceux qui ont constitué la dot (1), lorsque ces dettes ont une date certaine antérieure (2) au contrat de mariage (3) (C. N. *1558, 5°*) ; comme aussi, pour payer : 1° les dettes grevant les successions qui lui échoient durant le mariage (4), et les droits de mutation si les valeurs mobilières sont insuffisantes (5) ; 2° les avances faites par le mari pour l'acquit de droits de mutation ou le payement des dettes, sans qu'il so nécessaire d'attendre la dissolution du mariage ou de la société d'acquêts (6) ; 3° les frais d'adjudication d'un immeuble du mari acquis par la femme pour se remplir de ses créances et reprises contre lu liquidées par suite de séparation de biens (7) ; 4° une dot qu'elle a constituée à son enfant pa contrat de mariage (8) ; 5° la réparation des délits ou quasi-délits de la femme (9), et même le obligations résultant de quasi-contrats prenant leur source dans des faits dolosifs et frauduleux d la femme (10) ; 6° les dépens dont la femme est tenue dans les contestations qu'elle a personnellemer soutenues relativement à sa dot (11), comme les frais de séparation de biens si le mari est inso vable (12) ; 7° la contribution foncière (13).

144. *Quatrième cas. Grosses réparations.* Pour faire de grosses réparations indispensables pou la conservation de l'immeuble dotal (C. N., *1558, 4°*) ; des travaux d'entretien ou même d'appro priation pour les besoins d'une entreprise ou d'un commerce seraient insuffisants (14) pour motive l'aliénation. Voir cependant *supra n° 142.*

145. *Cinquième cas. Licitation.* Lorsque l'immeuble dotal se trouve indivis avec des tiers e qu'il est reconnu impartageable (C. N., *1558, 5°*).

146. *Sixième cas. Expropriation pour cause d'utilité publique.* Les époux peuvent, aprè

l'État ou la ville de Paris, soit en actions ou obligations du crédit foncier de France ou des principales lignes de chemins de fer français, soit en placements sur particuliers, pa privilége ou hypothèque sur des immeubles situés en France, et même sur des propriété propres au futur ou dépendant de la société d'acquêts, à l'effet de payer avec subroga tion les priviléges qui pourraient les grever, soit enfin en acquisitions d'immeubles égale ment situés en France, qui pourront être faites en vue d'aliénations projetées ; ou même en acquisitions d'immeubles du mari ou de la société d'acquêts, qui pourront être cédé en remploi à la future épouse.

Les immeubles acquis par anticipation à titre de remploi et ceux de la société d'acquêts qui seraient cédés en remploi par le futur époux, passeront entre les mains de la future épouse affranchis de plein droit de son hypothèque légale, et sans qu'il soit besoin de remplir à cet effet aucune formalité pour la purge de cette hypothèque.

Les biens immeubles ou valeurs provenant des emplois ou remplois et ceux reçus en échange, pourront être aliénés de la même manière que les biens primitifs et sous les mêmes

---

(1) Même quand la donataire n'en ayant pas été chargée et ne pou-vant y être contrainte, désire les acquitter dans le but de ne pas voir déshonorer la mémoire de son bienfaiteur : Marcadé, *1558*, 3.

(2) Voir Cass., 6 juin 1849 ; Bordeaux, 20 août 1855 ; J. N., 13789 13723.

(3) Et non pas à l'acte de célébration du mariage : Tessier, note 638 ; Duranton, XV, 514 ; Rodière et Pont, II, 517 ; Massé et Vergé, § 670, note 53 ; Troplong. n° 3468 ; Marcadé, *1558*, 3 ; Montpellier, 7 janv. 1830 ; CONTRA, Bellot, p. 410, Toullier, XIV, 311 ; Roll., *Rég. dotal*, n° 490.

(4) Dalloz, n° 3363 ; Paris, 17 déc. 1849 ; Trib. Seine, 7 août 1852 : Jur. N., 40842.

(5) Caen, 22 août 1854 ; Jur. N., 10852.

(6) Caen, 24 août 1858 ; Jur. N., 11315. Voir cependant Rouen, 1er juill. 1846 ; Jur. N., 7923.

(7) Nîmes, 1er mai 1862 ; J. N., 17585.

(8) Caen, 23 avril 1847 ; J. N., 13173.

(9) On ne peut, pour cette cause, poursuivre le payement que sur la nue propriété des biens de la femme ; l'usufruit reste au mari, à moins qu'il ne soit son complice : Benoit, II, 234 ; Roll., *Rég. dotal*, n° 497 ; Marcadé. *1556*, 2.

(10) Bellot, IV, p. 98 ; Toullier, XIV, 347 ; Duranton, XV, 533 ; Rodière et Pont, II, 538 ; Zach., Massé et Vergé, § 670, note 30 ; Troplong, n° 3224 ; Marcadé, *1556*, 2 ; Dict. not., *Rég. dotal*, n° 427 ; Roll., *ibid.*, n°s 189 et 195 ; Nîmes, 28 août 1827 Caen, 18 fév. 1830, 11 mai et

17 août 1839, 11 fév. 1843, 4 mars 1852 ; Limoges, 17 juin 1855 ; Riom, 10 fév. 1845. 30 avril 1860 ; Rouen, 7 août 1846, 21 mai 1853 ; Pau 3 mars 1853 ; Montpellier, 2 mai 1854 ; Cass., 13 déc. 1837, 4 mars, 1845, 7 déc. 1846, 27 déc. 1847, 23 juill. 1851, 23 nov. 1852, 5 déc. 1854, 24 avril 1861 ; J. N., 8417, 9261, 12332, 13003, 11470, 13709, 14839, 15401 ; CONTRA, Montpellier, 16 fév. 1842 ; J. N., 43003. Voir Nancy, 24 fév. 1862 ; Cass., 11 fév. 1863 ; J. N., 17570, 17714.

(11) Duranton, XV, 533, 531 ; Proudhon, *Usuf.*, n° 4779 ; Troplong, n° 3331 ; Dalloz, n° 3750 ; Rodière et Pont, II, 541 ; Massé et Vergé, § 670, note 30 ; Marcadé, *1556*, 2 ; Roll.. *Rég. dotal*, n° 198 ; Toulouse, 20 mars 1833 et 13 août 1851 ; Caen, 11 août 1837, 6 juill. 1842, 7 mars 1845, 11 déc. 1851 ; Nîmes, 5 avril 1838, 18 avril 1860 ; Riom, 9 avril, 1845 ; Montpellier, 18 mai 1843, 9 nov. 1858 ; Grenoble, 31 juill. 1846, 40 mai 1852, 14 mars 1860 ; Cass.. 21 juill. 1851, 8 avril 1863 ; J. N., 11470 ; Jur. N., 10760 ; CONTRA, Tessier, I, 446 ; Agen, 26 janv. 1833 ; Rouen, 12 mars 1839 ; Agen, 6 déc. 1847 ; Cass., 28 fév. 1834 et 19 mars 1849 ; Jur. N., 8763 ; J. N., 43803.

(12) Mais non des dépenses résultant d'un quasi-contrat, comme la condamnation à fin de payement de la différence résultant d'une revente faite à la folle enchère : Troplong. n° 3332 ; Rodière et Pont, II, 539 ; Cass.. 26 fév. 1834, 21 août 1848, 15 juin 1861 ; J. N., 4319u, 18009.

(13) Limoges, 28 mai 1863 ; Trib. Avignon, 21 juin 1864. R. P., 1931.

(14) Troplong, n° 3174 ; Rodière et Pont, II, 520 ; Rouen, 12 mai 1842, 17 mai 1841 ; Aix, 5 août 1850 ; Cass., 7 juill. 1851 ; Jur. N., 9923 ; Bordeaux, 21 juill. 1862 ; Sirey, 1863, II, p. 11.

autorisation du tribunal donnée (1) sur simple requète en la chambre du conseil, le ministère public entendu, consentir amiablement à l'aliénation des biens dotaux compris dans une expropriation pour cause d'utilité publique ; le tribunal ordonne les mesures de conservation ou de remploi qu'il juge nécessaires (*Loi, 3 mai 1841, art. 13*).

147. Dans les quatre premiers cas, l'excédant du prix de la vente au-dessus des besoins reconnus, et dans les cinquième et sixième cas, le prix de la licitation (2) et le montant de l'indemnité restent dotaux et il en est fait emploi au profit de la femme (*C. N., 1558*). Toutefois, en cas d'expropriation pour cause d'utilité publique, le tribunal peut dispenser la femme dotale du remploi s'il est impossible ou trop onéreux, en raison du peu d'importance de l'indemnité (3).

148. L'emploi doit être fait en acquisition d'immeubles, d'actions de la banque de France, ou de rentes trois pour cent sur l'Etat (*Loi 2 juill. 1862, art. 16*), mais non en placements hypothécaires (4). A défaut de quoi la vente serait nulle ; l'acquéreur, pour éviter l'éviction (5), doit donc exiger que l'emploi soit immédiatement effectué ou sinon se refuser au payement (6).

149. Si le tribunal permettait la vente en dehors des cas ci-dessus énumérés, par suite même d'une erreur de droit, comme s'il l'autorisait avant l'emprisonnement, et afin de l'éviter, *supra n° 141*, ou pour effectuer des réparations d'entretien ou des constructions nouvelles, la vente, quoique faite en vertu du jugement d'autorisation et avec l'accomplissement des formalités voulues par la loi, serait nulle (7) ; cependant si elle a été ordonnée sur des faits faussement présentés par les époux, elle doit être maintenue à l'égard de l'acquéreur de bonne foi (8).

150. Lorsque la femme, dans les quatre premiers cas énumérés *supra n°s 141 à 144*, a été

conditions de remploi ; il en sera ainsi des nouveaux biens et valeurs, et successivement.

Pour la validité de ces emplois et remplois, ils devront être acceptés par la future épouse, et il sera fait mention expresse de l'obligation de remploi dans les contrats d'acquisitions d'immeubles, sur les titres de rente, actions et autres valeurs indiquées plus haut, et dans les actes de placements hypothécaires.

Les tiers débiteurs ne seront tenus que de veiller à ce que les emplois ou remplois soient effectués, mais ils ne seront en aucun cas garants de l'utilité, de la validité et de la suffisance de ces emplois et remplois, et leur libération sera difinitive par le seul fait du versement des fonds soit entre les mains des agents de change chargés de l'achat des valeurs, soit en celles des emprunteurs ou des vendeurs des immeubles acquis en remploi.

En ce qui concerne les rentes ou autres valeurs sur l'Etat, actions de la banque de France, actions ou obligations du crédit foncier, de chemins de fer et autres, le trésor, la banque et les compagnies ne seront *pas garants* desdits emplois ou remplois, l'agent de de change seul choisi pour opérer les transferts, sera responsable desdits emplois ou remplois, mais sans aucune garantie de leur utilité, validité et suffisance.

Les partages dans lesquels la future épouse serait intéressée, ainsi que tous traités, compromis et transactions au sujet des biens dotaux, pourront être faits à l'amiable, sans aucune formalité de justice ; mais les soultes et les capitaux qui en proviendront devront être employés comme il a été ci-dessus prescrit et sous les mêmes conditions.

Si, lors d'un remboursement, les époux ne sont pas en mesure d'opérer l'emploi, les fonds pourront être provisoirement déposés à la caisse des consignations, et les tiers débiteurs et détenteurs seront libérés par le récépissé de la caisse.

(1) Les actes de la procédure, le jugement et les contrats d'acquisition en remploi sont visés pour timbre et enregistrés gratis (*Loi, 3 mai 1841, art. 58*).

(2) Tessier, note 483 ; Troplong, n° 3485; Marcadé, *1558*, 6 ; Roll., *Remploi*, n° 92 ; Rouen, 24 avril 1828; Paris, 9 juill. 1828; Cass., 23 août 1830, 1er mars 1832.

(3) Bertin, *Chamb. du Conseil*, II, p. 334 ; Trib. Seine, 7 mai et 6 août 1853 ; Caen, 24 oct. 1857 ; Jur. N., 11168. Voir Lefebvre, *De l'emploi et du remploi*, n° 7.

(4) Caen, 30 août 1848 ; J. N., 13725.

(5) Marcadé, *1558*, 6 ; Aix, 10 fév. 1832.

(6) Paris, 4 juin 1831, 26 fév. 1833 ; Aix, 10 fév. 1832. Cass., 10 mars 1836.

(7) Duranton, XV, 509 ; Troplong, n°s 3493 à 3199; Marcadé, *1558*, 6 ; Zach., Aubé et Vergé, § 670, note 60; Toulouse, 26 avril 1842; Caen, 12 juin 1842 ; Cass., 26 avril 1842, 7 juill. 1851; Jur. N., 79.4. 7922, 9924; Limoges, 7 avril 1859; J. N., 16606.

(8) Caen, 16 janv. 1834; Rouen, 29 mai 1847 ; Montpellier, 22 déc. 1852 ; Cass., 17 mars 1847, 14 fév. 1848, 30 déc. 1850 ; Jur. N., 7922, 8106, 9388, 9924, Cass., 22 août 1855, 7 juill. 1857 ; J. N., 15613, 16134.

autorisée à aliéner l'immeuble dotal, elle peut se borner à l'hypothéquer (1) ; et le tribunal, dans les mêmes cas, au lieu de permettre l'aliénation, peut n'autoriser qu'un emprunt avec hypothèque sur l'immeuble dotal (2) et subrogation dans l'effet de son hypothèque légale contre son mari (3). Lorsque la femme a été autorisée à emprunter avec hypothèque pour tirer son mari de prison, ou pour l'établissement de ses enfants, elle peut, au lieu d'emprunter, cautionner avec hypothèque la dette de son mari ou celle de ses enfants (4).

151. Le tiers qui prête à une femme dotale n'est pas obligé de vérifier l'exactitude des faits qui ont déterminé la justice à autoriser la femme à emprunter (5) ; mais si l'hypothèque a été ostensiblement conférée en dehors des cas prévus par la loi ou sans l'accomplissement des formes prescrites, elle est nulle (6).

152. *Échange de l'immeuble dotal.* L'immeuble dotal peut être échangé, mais avec le concours de la femme, contre un autre immeuble de même valeur (7), pour les quatre cinquièmes au moins, en justifiant de l'utilité de l'échange, en obtenant l'autorisation en justice, et d'après une estimation d'experts nommés d'office par le tribunal. Dans ce cas, l'immeuble reçu en échange est dotal (8) ; l'excédant du prix, s'il y en a, l'est aussi, et il en est fait emploi comme tel, *supra n° 147*, au profit de la femme (*C. N., 1559*) ; si, au contraire, le mari a payé une soulte, il a droit à une indemnité contre sa femme (9).

153. La réserve de la faculté de vendre l'immeuble dotal, sans condition, ou même avec la condition de le remplacer en acquisition d'immeubles, *infra n° 157*, ne comprend pas celle d'échanger, l'échange étant moins favorable que la vente, en ce que la rescision n'y est pas admise (10) ; mais la réserve de la faculté d'aliéner l'immeuble dotal et d'en disposer comme bon semblera à la femme emporte celle d'échanger (11).

154. *Aliénabilité de l'immeuble dotal.* L'immeuble dotal peut être aliéné lorsque l'aliénation en a été permise par le contrat de mariage (*C. N., 1557*) [Form. 41]. Cette faculté peut être stipulée par la future épouse mineure (12) ; mais si l'aliénation en est faite pendant la minorité de la femme, ce doit être avec les formes judiciaires (13), même lorsque le contrat de mariage stipulerait la faculté de vendre sans formalité (14) ; cependant si, par le contrat de mariage, la femme mineure a donné à son mari le pouvoir de vendre et partager seul ses biens dotaux, il le peut même pendant la

---

Si les remplois n'avaient pas été effectués pendant le mariage, les aliénations seraient néanmoins valables, mais sous la condition que les tiers détenteurs des biens dotaux non remplacés en verseront le prix entre les mains de la future épouse ou de ses héritiers.

Il est bien entendu que les primes et lots qui pourraient être attachés aux actions ou obligations, seront considérés comme capitaux dotaux et soumis par conséquent aux conditions ci-dessus indiquées.

Les frais des actes qui seront faits pour arriver aux emplois et remplois et de ceux qui les constateront, seront prélevés sur les sommes à employer ou à remployer.

(1) Cass., 30 déc. 1850; Jur. N., 9389
(2) Odier, III, 315; Seriziat, n° 168; Duranton, XV, 507; Tessier, I, p. 438; Troplong, n°s 3352, 3375; Rodière et Pont, II, 522; Zach., § 670, note 59; Marcadé, *1558*, 6; Dict. not., *Rég. dotal*, n° 316; Roll., *ibid.*, n° 221; Bordeaux, 1er août 1834, 21 déc. 1838; Rouen, 17 janv. 1837, 11 janv. et 10 mars 1838, 15 avril 1842; Grenoble, 9 nov. 1839, 10 déc. 1840, 19 juill. 1861 ; Lyon, 4 juin 1841; Paris, 30 mai 1848; Caen, 7 mars 1845, 26 juill. 1852, 11 déc. 1854; Cass., 1er déc. 1840, 23 août 1842; J. N., 10832, 11204, 11438, 15583.
(3) Grenoble, 14 mars 1849; Jur. N., 11308.
(4) Caen, 26 juill. 1852; Jur. N., 11820; Cass., 7 juill. 1857; J. N., 16134.
(5) Troplong, n° 3493; Marcadé, *1559*, 6; Rouen, 15 mars 1858; Caen, 6 juill. 1858; Jur. N., 11227, 14297; Cass., 17 mars 1847, 22 août 1855, 7 juill. 1857; J. N., 15643, 16134.
(6) Voir Cass., 19 nov. 1862; J. N., 17044.
(7) La portion d'un immeuble dotal, accrue de valeur, par suite de construction, ne pourrait être échangée contre l'autre portion du même immeuble dotal. Voir Cass., 29 août 1860; J. N., 16991 Rouen, 2 mai 1861; M. T., 1861, p. 703.
(8) Voir Limoges, 9 juill. 1843; J. N., 12556.

(9) Bellot, p. 447; Roll., *Rég. dotal*, n° 249.
(10) Taulier, V, p. 302; Odier, III, 1267; Marcadé, *1552*, 2; Zach., Massé et Vergé, § 670, note 38; Lyon 9 juill. 1861 ; R. N., 143. Voir cependant Dalloz, Dict. not., *Rég. dotal*, n° 263; Toulouse, 31 déc. 1822; Agen, 4 déc. 1854; J. N., 15191. Voir aussi Tessier, I, p. 389; Rodière et Pont, II, 502 ; Troplong, n° 3395.
(11) Troplong, n° 3100; Tessier, I, p. 389; Duranton, XV, 481; Taulier, V. p. 291; Zach., Massé et Vergé, § 670, note 33; Rodière et Pont, II, 502; Marcadé, *1552*, 2; Dalloz, 3726; Cass.. 25 avril 1832; Agen, 4 déc. 1854; J. N., 15191. Voir cependant Toulouse, 7 fév. 1832. Jur. N., 10767.
(12) Tessier, I, note 382; Rodière et Pont, I, 39; Marcadé, *1398*, 1; Duranton, XV, 476 ; Bellot, I, p. 171; Troplong, n°s 273, 3401 ; Zach., Massé et Vergé, § 670, note 34; Dict. not., *Contr. de mar.*, n° 139 ; Roll., *ibid.*, n° 18; Cass., 7 mai 1826, 12 janv. 1847; Toulouse, 29 fév. 1820; Agen, 25 avril 1831; Nîmes, 26 janv. 1835 ; Riom, 13 nov. 1840; J. N., 7597, 12951 ; contra, Agen, 15 janv. 1824; Cass., 7 juill. 1830.
(13) Rodière et Pont, I, 39; Troplong, n° 277 ; Battur, n° 43.
(14) Troplong, n° 280; Dict. not., *Contr. de mar.*, n° 142 ; Riom, 13 nov. 1840.

minorité de sa femme et sans formalités judiciaires (1), à moins que la faculté n'ait été donnée au mari pour ne l'exercer que du consentement de sa femme (2).

155. La réserve de la faculté pour la femme d'aliéner ses immeubles dotaux et d'en disposer comme bon lui semblera, sans qu'elle soit tenue de faire emploi du prix (3), emporte celle de les hypothéquer (4), les donner en payement, les vendre à réméré (5), à rente viagère (6), compromettre (7), etc., et celle d'aliéner la dot mobilière (8).

156. La simple réserve d'aliéner les immeubles dotaux s'interprète restrictivement ; dès lors, elle ne comprend pas celle d'aliéner le prix de vente en le déléguant à un créancier (9), ni celle d'hypothéquer (10) ; mais la réserve du droit d'hypothéquer peut être stipulée par le contrat de mariage (11), alors même que le contrat n'accorde la faculté de vendre qu'à charge de remploi (12). La faculté d'aliéner et d'hypothéquer les biens dotaux emporte pour la femme la faculté de subroger un tiers dans son hypothèque légale (13) ; mais elle n'autorise pas ses créanciers purement chirographaires à poursuivre sur ses biens dotaux le payement de leurs créances (14).

157. Si le contrat de mariage permet l'aliénation sous certaines conditions, elles doivent être rigoureusement observées. La condition habituellement imposée est de faire emploi du prix de vente ; le remploi exigé en fonds de terre ne peut avoir lieu en maisons ni en actions immobilières de la banque de France ou rentes. Celui exigé en biens immeubles de pareille nature et de même valeur, peut être fait en toute espèce de biens immeubles par nature, mais non en actions immobilisées de la banque de France, ni en rentes (15). Celui prescrit en biens de France ne peut avoir lieu en biens situés à l'étranger (16). Si le remploi est simplement ordonné en immeubles, ou sans aucune indication, il peut avoir lieu soit en fonds de terres ou maisons, soit en actions immobilisées de la banque de France (17), voir notre *traité-form.*, n° 1402, soit en rentes trois pour cent de la dette française, à moins de clause contraire (*Loi 2 juill. 1862, art. 46*) ; mais non en d'autres valeurs, ni en affectation hypothécaire sur les biens du mari (18), ni en un placement par privilége ou hypothèque (19). Enfin le remploi prescrit en immeubles, actions de la banque immobilisées, rentes sur l'Etat, actions et obligations de chemins de fer, du crédit foncier ou autres valeurs, ou en une affectation hypothécaire sur les biens du mari, ne peut être fait que par l'un ou l'autre de ces modes. (Voir au surplus au titre *de la rente*, le paragraphe traitant *de l'emploi et du remploi*.)

La future épouse pourra également et malgré le régime dotal :

1° Concourir, même solidairement avec le futur époux, à tous engagements qu'il contracterait sur des immeubles appartenant au futur époux, ou sur ceux de la société d'acquêts, et consentir au profit des tiers prêteurs ou autres, toutes subrogations dans l'effet de son hypothèque légale, ou toute antériorié sur cette hypothèque ; mais ce concours de la femme n'aura qu'un effet hypothécaire, sans qu'il puisse, en aucun cas, en

(1) Troplong, n° 276; Zach., Massé et Vergé, § 635. note 6, et 670, note 4 ; Rodière et Pont, I, 39 ; Tessier, I, p. 384; Dict. not., *Contr. de mar.*, n° 442; Nimes, 1er juill. 1844 ; Cass., 12 janv. 1847; J. N., 12954; contra, Fréminville, *Minor.*, 11, 956; Bordeaux. 25 janv. 1826; Riom. 13 nov. 1840 ; Grenoble, 31 août 1849 ; J. N., 13898.
(2) Grenoble, 16 déc. 1848 : Jur. N., 8764.
(3) Troplong, n° 3432 ; Rouen, 24 mars 1829 ; Paris, 4 juin 1831, Cass. 25 janv. 1826, 28 déc. 1839.
(4) Marcadé, *1557*, 4 ; Cass , 45 déc. 1853 ; Jur. N., 10707.
(5) Rouen 6 fév. 1860; Cass.. 19 mars 1861. Voir cependant Cass., 31 janv. 1837 ; Caen, 21 déc. 1837.
(6) Troplong, n° 3399 ; Dalloz, n° 3570 ; contra, Berlin, II, p. 113.
(7) Pigeau, I, p. 236 ; Tessier, I, note 596; Troplong, n° 3398; Massé et Vergé, § 670, note 37 ; Marcadé, *1557*, 2 ; Grenoble, 12 fév. 1846, Bordeaux, 5 juill. 1849 ; Nimes,9 nov. 1849 ; contra, Duranton, XV, 481 ; Zach., § 670, note 37 ; Nimes.26 fév. 1842 ; Lyon, 20 août 1828.
(8) Sérizlat, n° 444 ; Lyon, 2 août 1845 ; Cass., 9 juin 1847; Jur. N., 8004 ; Caen, 48 nov. 1854 ; Cass.. 1er juin 1853 ; J. N., 14455, 15249, contra, Massé et Vergé, § 670, note 39 ; Cass.. 2 juill., 1847 ; Rennes, 49 déc. 1853 ; Lyon, 24 nov. 1860.
(9) Cass., 16 août 1837, 14 fév. 1843 ; J. N., 10707.
(10) Tessier, I, p. 394; Duranton, XV, 479; Benoit, I, 210; Zach., Massé et Vergé, § 670, note 38 ; Taulier, V, p. 296 ; Rodière et Pont, 501, 502 ; Marcadé, *1557*, 4 ; Lyon, 44 juill. 1837 ; Caen, 21 déc. 1837, 44 mai 1850 ; Poitiers, 47 juill 1838 ; Amiens, 1er août 1850; Lyon,

(19) fév. 1858 ; Cass., 25 janv. 1860. 22 juin 1860, 31 janv. 1837, 20 mai 1839, 14 fév. 1843, 13 déc. 1853 ; J. N., 9964, 10443, 10707 ; contra. Odier, III, 4268; Troplong, n° 3363; Limoges, 6 déc. 1844 ; Jur. N., 7069.
(11) Troplong, n° 3375 ; Marcadé, *1557*, 4 ; Rodière et Pont, II, 500 ; Pont, *Priv.* n° 332 : Dict. not., *Rég. dotal*, n° 261; Besançon, 1er mars 1838; Rouen, 19 mars 1838 ; Lyon, 8 juin 1838; Limoges, 6 déc. 1844; Caen, 2 juin 1860 ; Cass., 7 juill. 1840, 20 juin 1861; J. N., 9964, 10720, 17490.
(12) Cass., 26 juin 1861, 18 nov. 1862 ; J. N., 17190, 17027.
(13) Caen, 18 nov. 1854 ; Cass., 1er juin 1853 ; J. N., 14555, 15249.
(14) Rodière et Pont. II, 502 ; Caen, 23 mai 1848; Cass., 3 avril, 1849 ; J. N., 13693, 17721.
(15) Rodière et Pont, II, 554 ; Cass., 22 fév. 1859 ; J. N., 16545.
(16) Paris, 23 mai 1844.
(17) Benoch, p. 499; Rodière et Pont, II, 501 ; Massé et Vergé § 670, note 44 ; Troplong, n° 3422 ; Marcadé, *1557*, 3; Lefebvre, *De l'emploi et du remploi*, n° 44; Caen, 8 mai 1838, 13 nov. 1847, 27 mai 1851 ; Rouen, 7 mai 1853 ; Bordeaux, 20 nov. 1854 ; Paris, 15 janv. 1855; 18 mars 1856; Riom, 10 janv. 1856 ; Cass., 23 juin 1857 ; J. N., 14442, 15432, 15769, 16016, 16128.
(18) Paris. 26 fév. 1833; Toulouse, 7 août 1833 ; Caen, 30 avril 1849 ; Jur. N., 8764.
(19) Caen. 30 août 1848.

158. Si hors les cas d'exception expliqués *supra n° 131 et suiv.*, la femme ou le mari, ou tous les deux conjointement, aliènent le fonds dotal, la femme ou ses héritiers (1) pourront faire révoquer l'aliénation après la dissolution du mariage (2). sans qu'on puisse leur opposer (3) aucune prescription pendant sa durée; la femme a le même droit après la séparation de biens (*C. N. 1560*), et elle peut dès lors faire révoquer l'aliénation (4); néanmoins la prescription ne court pas contre elle tant que le mariage n'est pas dissous (5).

159. La prescription de l'action en révocation qui appartient à la femme ou à ses héritiers, court du jour de la dissolution du mariage; elle est de dix ans en vertu de l'art. 1304 lorsque la vente a été faite par le mari et la femme (6), et de trente ans, comme vente de la chose d'autrui, si elle a été faite par le mari seul (7). La femme dotale devenue veuve peut ratifier la vente (8), et même pendant le mariage, comme elle peut disposer par testament de ses biens dotaux, elle ratifie implicitement la vente de l'immeuble dotal lorsqu'elle en lègue le prix par son testament (9).

160. Le mari lui-même peut faire révoquer l'aliénation, mais pendant le mariage seulement, et tant que la séparation de biens n'a pas été prononcée; néanmoins (10), il demeure sujet aux dommages et intérêts de l'acheteur, s'il n'a pas déclaré dans le contrat que le bien vendu était dotal (*C. N., 1560*), ou si, ayant averti de la dotalité, il a faussement déclaré que le contrat de mariage permettait la vente (11). Il doit donc rembourser à l'acquéreur le montant de toutes les condamnations, et l'indemniser de toutes les impenses et améliorations faites sur l'immeuble (12).

161. L'acquéreur, qu'il soit évincé par la femme ou ses héritiers, ou par le mari, a l'action en restitution du prix de vente contre le mari ou ses héritiers (13), et même contre la femme ou ses héritiers pour ce qu'elle en a profité, soit par l'emploi à son profit, soit parce que le prix est entré dans la société d'acquêts acceptée par elle (14). En dehors de tout profit, la femme ne peut être recherchée, même sur ses biens paraphernaux, ni sur ceux dont elle deviendra propriétaire après la dissolution du mariage (15).

---

résulter pour elle aucun engagement pouvant s'exercer sur les biens dotaux, même après la dissolution du mariage ;

2° Vendre et transférer ses immeubles dotaux, actions de banque et autres valeurs dotales, soit pour acquitter les dettes et charges des successions ou legs qui lui écherront ou dont elle sera tenue comme donataire, ainsi que les droits de mutation et frais d'actes

---

(1) Mais non leurs créanciers agissant en vertu de l'art. 1166; Tessier, II, p. 80 ; Seriziat, n° 496; Marcadé, *1560*, 5 ; Troplong, n° 3519 ; Zach., Massé et Vergé, § 670, note 14 ; Dict. not., *Rég. dotal*, n° 185 ; Nîmes, 2 avril 1832 ; Montpellier, 17 juill. 1846 ; J. N., 12862; Paris, 12 janv. 1858 ; Cass., 18 janv. 1859 ; contra, Odier, III, 1336 ; Rodière et Pont, II, 585. Voir Cass., 27 mai 1851 ; Jur. N., 9639 ; Toulouse, 26 fév. 1855.

(2) Et non auparavant, car pendant le mariage les actions dotales appartiennent au mari ; Tessier, note 784 ; Benoit, I, p. 356; Troplong, n° 3451 ; Marcadé, *1560*, 2. Massé et Vergé, § 670, note 15.

(3) Si l'immeuble dotal est vendu sur saisie immobilière, sans que la femme en ait demandé la distraction dans les délais de l'art. 728 C. pr., elle n'est pas recevable après l'adjudication à revendiquer cet immeuble contre l'adjudicataire ; mais elle a seule droit au prix et elle est tenue d'en faire emploi : Amiens, 6 mars 1847 ; Caen, 14 mai 1849, 9 déc. 1850; Douai, 18 août 1850 ; Lyon, 30 août 1850 ; Riom, 19 août 1851,14 déc. 1852, 7 déc. 1859 ; Toulouse, 14 août 1852, 12 juin 1860 ; Limoges, 27 juin 1853 ; Grenoble, 3 janv. 1854, 11 août 1862 ; Metz, 20 juin 1859 ; Riom, 22 déc. 1859 ; Montpellier, 28 nov. 1860 ; Agen, 27 nov. 1861 ; Cass., 5 mai 1846, 30 avril 1850, 29 août 1855, 20 août 1861, 16 janv. 1862 ; J. N., 13770, 14440, 14279, 17343. Voir cependant Carré et Chauveau, n° 2492; Dalloz, *Vente publ.*, n° *1290*; Pau, 6 juin 1849 ; Aix, 17 mars 1857 ; Agen, 13 déc. 1851, 8 fév. 1861.

(4) Tessier, II, p. 20; Troplong, n° 3528 ; Massé et Vergé, § 670, note 21 ; Odier, III, 1329; Marcadé, *1560*, 4.

(5) Duranton, XV, 549, Massé et Vergé, § 670, note 27 ; Rodière et Pon II, 603 ; Tessier, II, note 727; Troplong, n° 3565 ; Marcadé, *1560*,

(2) ; Roll.. *Remploi*, n° 71 ; Cass., 18 mai 1832, 31 mars 1841, 4 juill. 1849; Caen, 27 janv. 1851 ; contra, Toullier, XIV, 233; Dict. not., *Rég. dotal*, n° 217 ; Grenoble, 2 juill. 1842.

(6) Tessier, II, p. 213 ; Troplong, n° 3584 ; Dict. not., *Rég. dotal*, n° 474 ; Roll., *ibid.*, n° 234; Cass., 31 mars 1841, 1er mai 1847 ; J. N., 16975, 12086.

(7) Tessier, XIV, 232 ; Tessier, II, p. 410, 413 ; Duranton, XV, 321 ; Zach., § 670, note 19 ; Troplong, n° 3583; Odier, III. 1340; Rodière et Pont. II, 605; Grenoble, 2 juill. 1842 ; contra, Marcadé, *1560*, 5 ; Massé et Vergé, § 670, note 19.

(8) Tessier, II, p. 240 ; Rodière et Pont, II, 591; Troplong, n° 3363 ; Marcadé, *1560*, 1; Roll., *Rég. dotal*, n° 237.

(9) Tessier, II, p. 25 ; Rodière et Pont, II, 591 ; Zach., § 670, note 11 ; Bordeaux, 20 déc. 1833 ; Riom, 2 avril 1857 ; Jur. N., 11112.

(10) Même lorsqu'il n'a concouru à la vente que pour autoriser sa femme : Massé et Vergé, § 670, note 24 ; Marcadé, *1560*, 3; contra, Troplong, n° 3535.

(11) Benoit, n° 268; Roll., *Rég. dotal*, n° 228 ; Grenoble, 13 fév. 1824.

(12) Aix, 5 mai 1860 ; Jur. N., 11620.

(13) Tessier, II, p. 89 ; Odier, III, 1351 ; Troplong, n° 3533 ; Marcadé, *1560*, 3; Massé et Vergé, § 670, note 23; Riom, 16 août 1824.

(14) Tessier, II, note 763; Troplong, n° 3516 ; Toullier, XIV, 234, Cass., 1er mars 1847 ; Jur. N., 7689.

(15) Bellot, IV, p. 207, 208 ; Troplong, n° 3544; Marcadé, *1560*, 4 Massé et Vergé, § 670, note 19 ; Roll., *Rég. dotal*, n° 239 ; Rouen 15 déc. 1840; Toulouse, 19 août 1843 ; Limoges, 10 fév. 1844 ; Riom

L'acquéreur évincé n'a pas le droit de retenir l'immeuble jusqu'à ce qu'il ait été remboursé du prix et de ses impenses (1).

162. L'acquéreur ne peut faire annuler la vente qui lui a été faite de l'immeuble dotal, même lorsqu'elle lui a été consentie par le mari seul, en sa qualité de mari dotal (2) ; mais il peut refuser de lui payer le prix, s'il ne lui donne caution pour le garantir contre l'éviction (3).

163. Le droit de faire révoquer l'aliénation faite par le mari conjointement avec sa femme, ne peut plus être exercé par les héritiers de celle-ci, lorsqu'ils ont aussi succédé au mari, et qu'ils ont confondu les deux successions en les acceptant purement et simplement : tenus à la garantie de la vente comme héritiers du mari, ils ne peuvent évincer du chef de la femme (4) : il en serait autrement si succession du mari n'avait été acceptée que sous bénéfice d'inventaire (5), car, dans ce cas, ils agiraient valablement du chef de la femme, alors même qu'ils auraient accepté purement et simplement sa succession (6). La femme, qui a succédé purement et simplement à son mari, soit à défaut de successible, soit comme donataire ou légataire, ne peut pas non plus exercer l'action en révocation (7). Quant au mari, lorsqu'il succède à sa femme, il ne peut jamais évincer.

164. Au lieu de demander la révocation, la femme ou ses héritiers ont la faculté de réclamer le prix de vente, soit au mari ou à ses héritiers, soit à l'acquéreur (8) : si la réclamation est faite au mari ou à ses héritiers, elle est garantie par l'hypothèque légale de la femme (9). La femme ou ses héritiers qui optent pour la restitution du prix, approuvent tacitement la vente et se rendent non recevables à en demander la révocation (10), pourvu que l'option ait été faite après la dissolution du mariage ; car l'option de la femme, après la séparation de biens, ne la rend pas non recevable (11). Cependant les époux peuvent par leur contrat de mariage, en stipulant la condition du remploi des biens dotaux, déclarer qu'en cas d'inaccomplissement de cette condition ou d'insuffisance du remploi, la femme n'aura pas de recours contre les tiers, et qu'elle n'aura d'action que contre son mari (12).

à sa charge, soit pour faire exonérer du service militaire les enfants à naître du mariage en projet, ou bien emprunter sur hypothèque les sommes nécessaires à cet effet ;

3° Faire donation entre-vifs à titre de partage anticipé, de ses biens dotaux en faveur des enfants qui naîtront du mariage projeté.

4° Toucher sans remplacement le prix des aliénations qu'elle consentirait pour cause d'utilité publique ou les indemnités qui lui seraient allouées par le jury d'expropriation, chaque fois que ces prix ou indemnités n'excéderaient par une somme de . . . .

---

12 août 1844 ; Agen, 17 juill. 1848 ; Caen, 20 juin 1849 ; Jur. N., 8122, 8892 ; Cass., 23 juin 1846 ; J. N., 12761 ; contra, Tessier, II, p. 76 ; Duranton, XV, 530 ; Taulier, V. p. 335 ; Odier, III, 4346 ; Rodière et Pont, II, 592 ; Grenoble, 16 janv. 1828 ; Aix, 9 juill. 1849 ; Cass., 4 juin 1851, 20 juin 1853 ; Jur. N., 9370, 10836.

(1) Tessier, II, p. 89 ; Odier, III, 1351 ; Rodière et Pont, II, 583 ; Troplong, n° 3554 ; Massé et Vergé, § 670, note 18 ; Dict. not., Rég. dotal, n° 63 ; Agen, 10 juill. 1833 ; Bordeaux, 18 août 1833 ; Toulouse, 22 déc. 1844 ; Rouen, 5 déc. 1840 ; Nîmes, 16 nov. 1844 ; Limoges, 10 fév. 1844 ; Cass., 12 mai 1840, 5 août 1845.

(2) Bellot, p. 192 ; Toullier, XIV, 236 ; Troplong, n° 3522, Marcadé, 1560,1 ; Massé et Vergé, § 676, note 14 ; Roll., Rég. dotal, n° 241 ; Cass., 1er déc. 1815, 25 juin 1822 ; Toulouse, 24 janv. 1825 ; Grenoble, 26 déc. 1828 ; Paris, 26 fév. 1833 ; contra, Tessier, II, note 694 ; Duranton, XV, 322 ; Benoît, I, 269 ; Odier, III, 358 ; Rodière et Pont, II, 595 ; Riom, 30 nov. 1843.

(3) Roll., Rég. dotal, n° 242 ; Troplong, n° 3523 ; Paris, 26 fév. 1833.

(4) Tessier, notes 706 et 751 ; Rodière et Pont, II, 584 ; Troplong, n°s 3520, 3553 ; Cass., 2 janv. 1838 ; Rouen, 26 nov. 1859 ; Jur. N., 11077. Voir cependant Bordeaux, 10 fév. 1838 ; Jur. N., 11110.

(5) Troplong, n° 3551 ; Bordeaux, 10 fév. 1838 ; Jur. N., 11110.

(6) Cass., 30 août 1847 ; J. N., 13170.

(7) Tessier, II, p. 39 ; Cass, 5 août 1818 ; J. N., 13672. Voir cependant Bellot, IV, p. 160 ; Dict. not., Rég. dotal, n° 159.

(8) Bellot, n° 161 ; Troplong, n° 1079 ; Dict. Not., Rég. dotal, n° 257 ; Roll., Rég. dotal, n° 232 ; Montpellier, 13 mai 1821 ; Toulouse, 21 août 1833 ; Agen, 28 mars 1832 ; Cass., 12 déc. 1833.

(9) Benech, n° 61 ; Rodière et Pont, II, 431, 432 ; Roll., Rég. dotal, n° 233 ; Cass., 24 fév. 1821, 27 juill. 1826, 28 nov. 1838 ; Riom, 23 fév. 1859 ; Jur. N., 11382 ; contra, Bellot, IV, p. 461 ; Grenier I, p. 569 ; Benoît, n° 260 ; Troplong, n° 2142.

(10) Caen, 29 nov. 1858 ; Jur. N., 11322.

(11) Tessier, II, p. 62 ; Odier, III, 1321 ; Rodière et Pont, II, 586, Troplong, n° 3550 ; Massé et Vergé, § 670, note 17 ; Bordeaux, 8 janv. 1851 ; Cass., 28 nov. 1838, 23 mai 1855 ; contra, Grenier, Hyp. I, 260 ; Bellot, IV, p. 164 ; Grenoble, 31 août 1827, 7 avril 1840.

(12) Paris, 15 juill. 1831 ; Cass., 2 août 1853 ; Jur. N., 10855.

165. La femme qui n'a payé qu'une partie du prix de l'immeuble par elle acquis en remploi et qui s'en trouve expropriée à défaut de payement du surplus, n'a point le droit de réclamer sur le prix, par préférence à son vendeur, la restitution de l'à-compte qu'elle a payé, ni de faire déclarer son vendeur responsable de l'insuffisance du remploi (1).

166. Les immeubles (2) dotaux, non déclarés aliénables par le contrat de mariage, sont imprescriptibles pendant le mariage, à moins que la prescription n'ait commencé auparavant. Ils deviennent néanmoins prescriptibles après la séparation de biens, quelle que soit l'époque à laquelle la possession a commencé (C. N., 1561), à moins que l'action de la femme ne réfléchisse contre le mari (3) (Arg. 2256 C. N.).

167. Le mari est tenu, à l'égard des biens dotaux, de toutes les obligations de l'usufruitier. Il est responsable de toutes prescriptions acquises et détériorations survenues par sa négligence (C. N., 1562). Le mari doit faire aux immeubles dotaux les réparations d'entretien et même les grosses réparations, sauf à se faire rembourser lors de la dissolution du mariage les sommes déboursées pour grosses réparations, et, si les réparations sont seulement utiles, la plus-value qu'elles ont procurée à l'immeuble (4), voir notre *Traité-form.*, n° 3879.

SECTION III. — DE LA RESTITUTION DE LA DOT.

168. Si la dot consiste en immeubles, ou en meubles non estimés par le contrat de mariage, ou bien mis à prix avec déclaration que l'estimation n'en ôte pas la propriété à la femme, le mari ou ses héritiers peuvent être contraints de la restituer sans délai, après la dissolution du mariage (C. N., 1564) ou la séparation de biens [FORM. 42].

169. Si elle consiste en une somme d'argent, ou en meubles mis à prix par le contrat, sans déclaration que l'estimation n'en rend pas le mari propriétaire, ou en choses fongibles, ou en créances quelconques de la femme contre son mari (5), la restitution n'en peut être exigée qu'un an après la dissolution (C. N., 1565).

170. Lorsque le mari n'a pas fait procéder à un inventaire du mobilier dotal apporté en mariage ou échu à la femme pendant le mariage, la femme peut être admise à prouver sa valeur, par titres, par témoins, ou par commune renommée (6), voir notre *Traité-form.*, n° 3794.

171. Si les meubles dont la propriété reste à la femme ont dépéri par l'usage et sans la faute du mari, il n'est tenu de rendre que ceux qui restent, et dans l'état où ils se trouvent. Et néanmoins, la femme peut, dans tous les cas, retirer les linges et hardes à son usage actuel, sauf à précompter leur valeur, lorsque ces linges et hardes ont été primitivement constitués avec estimation (7) (C. N., 1566).

172. Si la dot comprend des obligations ou constitutions de rente, qui ont péri, ou souffert des retranchements qu'on ne puisse imputer à la négligence du mari, il n'en est point tenu, et il en est quitte en restituant les contrats (C. N., 1567).

173. Si un usufruit a été constitué en dot, le mari ou ses héritiers ne sont obligés, à la dissolution

---

FORMULE 42. — **Restitution de la dot.** (N⁰ˢ 168 à 180.)

Le futur époux ou ses héritiers, lorsqu'il y aura lieu, restitueront à la future épouse ou à ses héritiers les biens meubles et immeubles dont elle a fait l'apport en mariage, et ceux dont elle deviendra propriétaire pendant le mariage, par succession, donation, legs ou autrement, ou les biens et valeurs qui auront été acquis en remploi.

---

(1) Bordeaux, 24 fév. 1862; J. N., 17408.
(2) Mais non les meubles : Tessier, II, p. 149 ; Troplong, n° 3570, Marcadé, *1561,* 1 ; Grenoble, 7 janv. 1845.
(3) Bellot, p. 225 ; Roll., *R g. dotal*, n° 269 ; Cass., 24 juin 1847.
(4 Toullier, XIV, 324; Duranton, XV, 463; Troplong, n° 3594; Massé et Vergé, § 668, note 19 ; Marcadé, *art. 1562*; Caen, 5 déc. 1826 ; Pau, 20 déc. 1860 ; 19 avril 1861 ; M. T., 1861, p. 443.

(5) Marcadé, *art. 1565.*
(6) Benoît, n° 169 ; Troplong, n° 3838 ; Dict. not., *Reg. dotal*, n° 365 ; Roll., *ibid.*, n° 293 ; Grenoble, 8 mai 1810 ; Riom, 2 fév. 1820 ; CONTRA Bellot, p. 18 et 459.
(7) Voir Troplong, n° 3845 ; Marcadé, *art. 1566* ; Dict not., *Rég. dotal,* n° 380; Cass., 4er juill.1835.

du mariage, que de restituer le droit d'usufruit, et non les fruits échus durant le mariage (*C. N.*, *1568*).

174. Si le mariage a duré dix ans depuis l'échéance des termes pris pour le payement de la dot (1), la femme ou ses héritiers peuvent la répéter contre le mari après la dissolution du mariage, sans être tenus de prouver qu'il l'a reçue, à moins qu'il ne justifie de diligences (2) inutilement par lui faites pour s'en procurer le payement (*C. N.*, *1569*). La femme ou ses héritiers peuvent seuls invoquer la présomption de payement ; quant au constituant, il est toujours débiteur et il ne pourrait invoquer que la prescription de trente ans (3) ; et si c'est la femme qui s'est constitué personnellement la dot, elle ne peut en exiger la restitution qu'en justifiant de son payement au mari (4).

175. Si le mariage est dissous par la mort de la femme, l'intérêt et les fruits de la dot à restituer courent de plein droit au profit de ses héritiers depuis le jour de la dissolution (*C. N.*, *1570*) ; en cas de séparation de corps ou de biens, les intérêts courent au profit de la femme, depuis le jour du jugement (5).

176. Si c'est par la mort du mari, la femme a le choix d'exiger les intérêts de sa dot pendant l'an de deuil, ou de se faire fournir des aliments pendant ledit temps aux dépens de la succession du mari ; mais, dans les deux cas, l'habitation durant cette année, et les habits de deuil doivent lui être fournis sur la succession, et sans imputation sur les intérêts à elle dus (*C. N.*, *1570*). La femme a droit aux aliments pendant l'an de deuil, même lorsqu'elle n'a aucune dot à réclamer (6).

177. A la dissolution du mariage, les fruits, civils et naturels, des immeubles dotaux se partagent entre le mari et la femme ou leurs héritiers, à proportion du temps qu'il a duré, pendant la dernière année ; il en est de même après la séparation de corps ou de biens (7). L'année commence à partir du jour où le mariage a été célébré (*C. N.*, *1571*).

178. Ce partage comprend les fruits de toute espèce de biens, même des bois ; si la coupe de bois se fait tous les neuf ans et que le mariage ait duré six ans, le mari a droit aux deux tiers de la coupe et la femme à un tiers (8). Si ce sont des bois de hautes futaies non mis en coupe réglée, voir notre *Traité-form. n° 1485*, le mari doit restituer le prix entier de la coupe, sans en rien retenir (9).

179. Tout ce qui est dit sous la présente section reçoit son application lorsque les époux ont adopté le régime dotal pur. Si, au contraire, ils l'ont modifié par une société d'acquêts, *infra n° 189*, les règles de la communauté d'acquêts sont applicables, et par suite : 1° la femme a l'action en reprises contre la société d'acquêts, ou, en cas de renonciation, contre son mari ; 2° la dot lui est restituable sans délai ; 3° les fruits des biens dotaux, étant entrés dans la société d'acquêts, c'est d'après les principes de la communauté d'acquêts, *supra n° 37*, que sont réglés les droits de la femme aux fruits de ses propres non encore recueillis au jour de la dissolution de la société d'acquêts, qu'elle l'accepte ou qu'elle y renonce, et elle doit compte à la société d'acquêts des frais de labours, engrais et semences (10).

180. La femme et ses héritiers n'ont point de privilége pour la répétition de la dot sur les créanciers antérieurs à elle en hypothèque (*C. N.*, *1572*).

En cas de prédécès de la future épouse sans enfant, le futur époux aura, pour se libérer de toutes les sommes dont il sera comptable ou débiteur envers sa succession, terme et délai de deux années, à partir du jour du décès, sans être tenu de fournir caution ni de payer aucun intérêt pendant ce temps ; mais à défaut de payement à l'ex-

---

(1) Ce qui s'applique au régime dotal seul, et non au régime de la communauté : Bellot, IV, p. 263 ; Rodière et Pont, II, 90 ; Troplong, n° 1968 ; Dict. not., *Dot*, n° 82 ; Roll., *Dot*, n° 93.

(2) Par diligence, la loi n'entend pas exclusivement des poursuites, mais aussi des démarches nécessaires pour obtenir le payement. Voir Tessier II, p. 253 ; Troplong, n° 3663 ; Marcadé, *1569*, 4 ; Roll., *Rég. dotal*, n° 305.

(3) Bellot, p. 251 ; Benoit, n° 422 ; Marcadé, *1569*,4 ; Roll., *Rég. dotal*, n° 302 ; Colmar. 9 janv. 1802.

(4) Toullier, XIV, 277 ; Bellot, 257 ; Tessier, I, p. 456 ; Odier, III, 1420 ; Marcadé, *1569*, 2 ; Roll., *Rég. dotal*, n° 308 ; contra, Duranton, XV, 556 ; Troplong, n° 3658.

(5) Tessier, II, p. 267 ; Troplong, n° 3672.

(6) Benoit, II, 444 ; Dalloz, n° 2125 ; Taulier, V, p. 364 ; Scriziat, n° 290 ; Caen, 30 avril 1828 ; contra, Rodière et Pont, II,659 ; Toulouse, 29 août 1845.

(7) Proudhon, *Usufr.*, n° 2696 ; Rodière et Pont, II, 860 ; Troplong, n° 3678.

(8) Toullier. XIV, 314 ; Bellot, p. 274 ; Benoit, n° 447 ; Tessier, II, p. 472 ; Proudhon, *Usufr.*, n° 2735 ; Duranton, XV, 458 ; Scriziat. n° 303 ; Marcadé,*1571*,2 ; Dict. not., *Rég. dotal*, n° 437 ; Roll., *ibid.*, n° 371.

(9) Lyon, 3 mars 1845 ; J. N., 12307.

(10) Tessier, *Soc. d'acq.*, n° 84 ; Duranton, XV, 44, Rodière et Pont, II, 29 et 30 ; Odier, n° 1515 ; Troplong, n°s 1862, 1867 ; Marcadé, *art. 1581* ; Rouen, 3 mars 1853 ; Jur. N., 10797.

SECTION IV. — DES BIENS PARAPHERNAUX.

181. Tous les biens de la femme qui n'ont pas été constitués en dot sont paraphernaux, *supra* n° 114 (C. N., 1574).

182. Si tous les biens de la femme sont paraphernaux, et s'il n'y a pas de convention dans le contrat pour lui faire supporter une portion des charges du mariage [Form. 32, 2°], la femme y contribue jusqu'à concurrence du tiers de ses revenus (C. N., 1575), ou pour une plus forte part et même pour la totalité, si le mari est hors d'état d'y contribuer (1), *supra* n° 106. Si la femme a des biens dotaux et des biens paraphernaux, et que les revenus des biens dotaux joints à ceux de son mari soient suffisants pour les charges du mariage, les revenus des biens paraphernaux en sont affranchis (2).

183. La femme a l'administration et la jouissance de ses biens paraphernaux, *supra* n° 100 (C. N., 1576) [Form. 44], et la libre disposition de ses revenus (3), même lorsqu'une société d'acquêts a été stipulée (4) ; mais dans ce cas elle doit compte à son mari des économies qu'elle a pu faire sur les fruits et revenus de ses biens paraphernaux (5).

184. Cependant la femme ne peut aliéner ses biens paraphernaux ni paraître en jugement à raison desdits biens, sans l'autorisation du mari, ou, à son refus, sans la permission de la justice (C. N., 1576). Les biens paraphernaux ne peuvent être stipulés inaliénables par le contrat de mariage (6), *supra* n° 111.

185. Si la femme a donné sa procuration au mari pour administrer ses biens paraphernaux, avec charge de lui rendre compte des fruits, il est tenu vis-à-vis d'elle, comme tout mandataire (C. N., 1577).

186. Si le mari a joui des biens paraphernaux de la femme, sans mandat, et néanmoins sans opposition de sa part, il n'est tenu, à la dissolution du mariage, ou à la première demande de la femme, qu'à la représentation des fruits existants, et il n'est point comptable de ceux qui ont été consommés jusqu'alors (C. N., 1578), ni tenu, bien entendu, de les compenser avec les créances qu'il peut avoir contre sa femme (7).

---

piration des deux années, il devra de plein droit des intérêts sur le pied de cinq pour cent par an.

Ce délai sera révoqué de plein droit si le futur époux vient à contracter un second mariage et les sommes dues deviendront exigibles à partir du jour de la célébration civile.

FORMULE 43. — Stipulation de paraphernalité. — Administration des biens paraphernaux. (N°ˢ 181 à 188.)

Tous les biens meubles et immeubles présents et à venir de la future épouse seront paraphernaux ;

En conséquence, elle aura l'entière administration de ses biens meubles et immeubles, avec le droit de disposer de son mobilier et l'aliéner, et la jouissance libre de ses revenus.

Par suite elle pourra, sans avoir besoin de l'autorisation de son mari, etc. (*le surplus comme à la formule 32 1°*).

FORMULE 44. — Société d'acquêts. (N° 189.)

Il y aura entre les futurs époux une société d'acquêts composée des bénéfices et économies qu'ils pourront faire pendant le mariage, tant en meubles qu'en immeubles, conformément aux dispositions des art. 1498, 1499 et 1581 du Code Napoléon.

---

(1) Troplong, 3699; Cass., 2 juill. 1851 ; Jur. N., 9650.
(2) Benoit, n° 57 ; Troplong, n° 3699 ; Roll., *Paraphern.* n° 45.
(3) Voir Bellot, p. 301 ; Roll., *Paraphern.*, n°ˢ 38, 39.
(4) Cass., 15 juill. 1846. 14 nov. 1864 ; J. N., 12783, 18458.
(5) Tessier, n° 89 Bellot, p. 320 ; Odier, n° 1516 ; Rodière et Pont,

11. 276 ; Marcadé, *art.* 1581 ; Troplong, n° 1900 ; Dict. Not., *Rég. dotal*, n° 457 ; Limoges, 22 déc. 1840; J. N., 13992.
(6) Troplong, n°ˢ 1086, 1462 ; Limoges, 24 juill. 1857 ; Cass., 7 juin 1836; 13 fév. 1850, 9 août 1858 . J. N., 15197, 18381. Voir cependant Bordeaux, 28 juin 1860 ; J. N., 16000.
(7) Toulouse, 30 mai 1839 ; J. N., 11040.

187. Si le mari a joui des biens paraphernaux malgré l'opposition constatée de la femme, il est comptable envers elle de tous les fruits tant existants que consommés (*C. N.*, *1579*). L'opposition de la femme est suffisamment constatée par toute preuve écrite témoignant sa résistance ; un acte extrajudiciaire n'est pas exigé (1).

188. Le mari qui jouit des biens paraphernaux est tenu de toutes les obligations de l'usufruitier. voir notre *Traité-form.*, n^os *1497 et suiv.* (*C. N.*, *1580*). S'il a fait des améliorations sur ces biens avec ses deniers personnels, il a droit d'en répéter la valeur contre la femme ou ses héritiers (2), mais avec les distinctions admises en pareil cas, *ibid.* n_o *5879*.

SECTION V. — DE LA SOCIÉTÉ D'ACQUÊTS.

189. En se soumettant au régime dotal, les époux peuvent néanmoins stipuler une société d'acquêts [Form. 44] ; et les effets de cette société sont réglés comme il est dit aux art. 1498 et 1499, *supra* n^os *56 et suic.* (*C. N.*, *1581*). Cette société d'acquêts n'est considérée que comme stipulation accessoire du régime dotal qui conserve d'ailleurs toute sa force quant au principe de l'inaliénabilité des biens dotaux (3).

CHAPITRE VI.

DES APPORTS EN MARIAGE.

§ 1. — DES APPORTS DES ÉPOUX.

190. Les biens possédés par les époux au jour du contrat de mariage constituent leurs apports personnels [Form. 45 et 46]. Il est toujours utile, et sous certains régimes, nécessaire, d'en établir la consistance dans le contrat : en ce qui concerne les immeubles, il suffit d'une désignation succincte pour en prouver la propriété (*C. N.*, *1402*), et en permettre le prélèvement en nature à la dissolution du mariage, ou, s'il y a lieu, la reprise en deniers.

En conséquence, les futurs époux se réservent propres et excluent de la société d'acquêts, tant leurs biens actuels que ceux qui pourront leur advenir et échoir pendant le mariage, par succession, donation, legs ou autrement.

Les futurs époux ne seront pas tenus des dettes et hypothèques l'un de l'autre, antérieures à la célébration du mariage, non plus que de celles dont pourraient être grevés les biens et droits qui leur adviendraient par la suite ; ces dettes, s'il en existe ou survient, seront supportées exclusivement par celui des époux qui les aura contractées ou du chef duquel elles proviendront, sans que l'autre époux, ses biens, ni ceux de la société d'acquêts en puissent être tenus ni chargés.

Si le partage de la société d'acquêts est inégal ou si les acquêts sont attribués à l'un des époux. voir Formules **27**, **28** et **29**.

§ 2. — APPORTS EN MARIAGE.

FORMULE 45. — Apports en mariage du futur époux. (N°s 190 à 196.)

Le futur époux apporte en mariage et se constitue personnellement en dot : ·

I. *Vêtements, linge, bijoux.* Les vêtements, linge et bijoux à son usage personnel estimés . . . .

---

(1) Troplong, n° 3714 ; Cass., 13 nov. 1861; R. N., 233; contra Toullier, XIV, 364; Rodière et Pont, II, 691; Dalloz, n° 3204; Toulouse, 21 mai 1856.

(2) Lyon, 22 nov. 1860; Jur. N., 11768.
(3) Voir Benoît, n° 187; Seriziat, n° 73; Roll., *Paraph.*, n° 61 · Toulouse, 24 janv. 1855 ; Nîmes, 24 mai 1849 ; Jur. N., 8645.

191. La consistance du mobilier s'établit par une description détaillée si la reprise doit en être opérée en nature, ou par une simple estimation dans le cas contraire. Dans certains pays, en Normandie notamment, on réserve à la future épouse ou à ses héritiers la faculté de reprendre le trousseau en nature ou en argent, ce qui en nécessite la description dans le contrat.

192. Lorsque les époux adoptent la communauté d'acquêts ou réalisent tout leur mobilier, les meubles fongibles tels que l'argent comptant, les denrées, les grains, fourrages, récoltes, etc., destinés à être consommés, entrent dans la communauté qui doit en restituer ou la valeur ou de semblables à

II. *Objets mobiliers.* Divers meubles meublants, linge de ménage, argenterie et autres objets mobiliers, le tout estimé . . . .

III. *Autre.* Les vêtements, linge et objets à son usage personnel, sa bibliothèque, ses meubles meublants et autres objets mobiliers, le tout représentant une valeur de . . . .

IV. *Fortune mobilière estimée à forfait.* La somme de . . . ., à laquelle s'élève, deduction faite de toutes dettes, d'après compte arrêté entre les parties et à forfait, l'importance de la fortune du futur époux, qui est purement mobilière, et consiste en . . . . . *(indication succincte et sans détail).*

V. *Numéraire.* La somme de . . . . . en numéraire (*ou* en un compte courant chez M . . . ., banquier à . . . .)

VI. *Créance hypothécaire.* Une créance de . . . ., en principal, contre M . . . . ., résultant d'une obligation pour prêt reçue par Mᵉ . . . , notaire à . . ., le . . . ., exigible le . . .; et productive d'intérêts à cinq pour cent par an, payables chaque année, par semestre, les . . . . . Elle est assurée hypothécairement sur . . . . . ., par une inscription prise au bureau des hypothèques de . . . ., le . . ., vol. . . . nᵒ . . . .

Plus le prorata des intérêts de cette créance, couru depuis le . . . .

VII. *Valeurs diverses.* 1º Cinquante actions de la compagnie du chemin de fer du Nord, dont les dividendes sont payables les . . . . de chaque année, inscrites au nom du futur époux sur les registres de la compagnie, sous les nᵒˢ . . . ., représentées par un certificat nominatif, délivré le . . . . et portant le nº . . . .

Ces actions sont timbrées par abonnement; elles représentent au cours actuel . . . . par actions, soit ensemble . . . . . . ci . . . . »   »

2º Quinze actions au porteur de la compagnie des chemins de fer de l'Ouest, portant les nᵒˢ . . dont les dividendes sont payables les . . . de chaque année, et qui ont été déposées à la banque de France, le . . . . Lesdites actions, timbrées par abonnement, représentent au cours actuel, une somme de . . . par action, soit ensemble . . . . ci . . . . »   »

3º Trente obligations de la compagnie du chemin de fer de Paris à Lyon et à la Méditerranée, au capital nominal de cinq cents francs chacune, produisant quinze francs d'intérêts, payables les . . . . de chaque année ; inscrites au nom du futur époux sur les registres de la compagnie sous les nᶜˢ . . . . et faisant l'objet d'un certificat nominatif délivré le . . . . portant le nº . . .

Lesdites obligations, timbrées par abonnement, représentent au cours actuel, une somme de . . . par action, soit ensemble . . . . ci . . . . »   »

4º Trois cents francs de rente trois pour cent sur l'État français, inscrits au nom du futur époux au grand-livre de la dette publique, sous le nº . . . de la . . . série ; ladite rente portant jouissance du . . .

Elle représente à raison de . . . par trois francs de rente, au cours de ce jour, une valeur de . . . . . . ci . . . . »   »

Ensemble, une valeur de . . . . ci . . . . »   »

l'époux (*C. N.*, 587) qui en a fait l'apport ; et si. comme il arrivera le plus souvent, on préfère la restitution de leur valeur, il y aura lieu d'en faire l'estimation, mais sans détail ; quant aux meubles non fongibles et aux créances, rentes, valeurs publiques, fonds de commerce et autres meubles incorporels, ils restent la propriété de celui des époux du chef duquel ils sont provenus, *supra n° 40* , à moins d'une volonté contraire formellement exprimée, et dans ce cas il y aurait à les estimer. Si la propriété de quelques-uns de ces biens peut sans inconvénient être conservée à l'époux qui en a fait l'apport, comme les créances, rentes sur particuliers ou sur l'Etat, actions de la banque de

Par convention expresse, l'estimation donnée ci-dessus aux valeurs apportées par le futur en vaudra vente à la communauté ; et, en conséquence, la reprise que le futur époux ou ses héritiers auront à exercer contre la communauté, relativement à ces valeurs, sera de la somme de . . . . , quel que soit leur sort par la suite.

Si chacun des deux époux fait des apports de ce genre, on insère l'article suivant :

Par convention expresse, l'estimation donnée aux rentes sur l'Etat et autres valeurs apportées en mariage par chacun des futurs époux, en vaudra vente à la communauté ; et, en conséquence, la reprise que chacun d'eux ou ses héritiers auront à exercer contre la communauté, relativement à ces valeurs, sera du montant de l'estimation qui leur a été ci-dessus donnée, quel que soit leur sort par la suite.

VIII. *Mobilier de ferme.* Les meubles meublants, objets mobiliers, voitures, instruments aratoires, chevaux, bestiaux, grains, fourrages et autres, garnissant la ferme de . . . . exploitée par le futur époux ; le tout d'une valeur de . . . .

IX. *Fonds de commerce.* 1° Le fonds de commerce de . . . , que le futur époux exploite à . . . . . . , composé de l'achalandage et du droit au bail des lieux où il s'exploite ; lequel bail a été fait pour . . . . années qui ont commencé le . . . . , moyennant un loyer annuel de . . . . , payable les . . . . , et dont six mois ont été payés par avance ainsi que le constate un acte reçu le . . . , par Mᵉ . . . . , notaire à . . . ; ce fonds de commerce est estimé à . . .

2° La somme de . . . , à laquelle s'élève, d'après l'inventaire commercial que les parties ont récemment dressé, l'estimation du matériel et des marchandises, des créances d'un recouvrement certain, y compris les deniers comptants, les effets en portefeuille et bordereaux sur les banquiers, les six mois de loyer payés par avance, le tout déduction faite des dettes et charges relatives au commerce.

Ou bien :

1° Le fonds de commerce de . . . , que le futur époux exploite à . . . , consistant dans l'achalandage et le droit à la location verbale, suivant les usage locaux, des lieux servant à son exploitation, le tout d'une valeur de . . . . . ci. . . . . » »

2° Les marchandises fabriquées et non fabriquées dépendant dudit établissement, les outils et objets mobiliers industriels servant à son exploitation, d'une valeur de. . . . . . ci. . . . . » »

3° Les deniers comptants et créances à recouvrer, s'élevant, déduction faite de tout passif, à . . . . . . ci. . . . . » »

Ensemble . . . . . . ci. . . . . » »

Si la reprise du fonds de commerce doit avoir lieu en argent : Par convention expresse, l'estimation donnée au fonds de commerce du futur époux en vaudra vente à la communauté pour le montant de cette estimation ; et, en conséquence, la reprise que le futur époux ou ses héritiers auront à exercer pour cet objet, sera de la somme de . . . quel que soit par la suite le sort de ce fonds de commerce.

France, il n'en est pas de même de certains autres, comme un fonds de commerce, un droit dans une société commerciale, des valeurs au porteur ou des valeurs étrangères qui sont susceptibles de se modifier ou dont la reprise serait difficile à fixer, et il est préférable d'en rendre la communauté propriétaire pour le montant de leur estimation.

193. Lorsque le futur époux apporte en mariage l'office ministériel dont il est ou va devenir titulaire, il est d'usage de lui en conserver la propriété, sauf à lui à indemniser la communauté des sommes qu'elle aura déboursées pour le prix de l'office et pour le cautionnement.

Si au contraire la reprise doit avoir lieu en nature : Lors de la dissolution de la communauté, si le fonds de commerce apporté par le futur époux est encore exploité par les époux, le futur époux ou ses représentants le reprendront dans l'état où il existera à cette époque : si au contraire il a été cédé, la reprise sera du prix de la cession.

X. *Autre clause d'apport d'un fonds de commerce réservé propre.* 1° L'établissement de commissionnaire en bijouterie que le futur époux exploite à . . . et auquel on ne donne point d'estimation, les parties entendent en réserver expréssément la propriété au futur époux ; en conséquence, lors de la dissolution de la communauté, le futur époux ou ses représentants en feront la reprise dans l'état et pour la valeur qu'il présentera s'il se retrouve en nature ; et dans le cas où cet établissement aurait été vendu, ils feront la reprise du prix de vente à quelque somme qu'il ait pu s'élever ;

2° Le mobilier industriel et les marchandises dépendant dudit établissement de commerce, et représentant une valeur de . . . . , sur quoi le futur époux déclare être débiteur de . . . .

XI. *Droit dans une société.* Les droits du futur époux dans la société en nom collectif ayant son siège à . . . . , formée entre lui et M. . . . pour . . *(tel commerce),* suivant acte . . . . . , sous la raison sociale . . . . , pour une durée de . . . . , qui a commencé le . . . . et expirera le . . .

Les droits du futur époux, dans cette société, sont évalués à . . ., déduction faite de tout passif.

Il est expliqué et convenu entre les parties :

Que la communauté sera substituée activement et passivement aux droits du futur époux dans sa société avec M. . . . , et que la reprise à exercer à cet égard par le futur époux contre la communauté, sera de la somme de . . ., montant de l'évaluation ci-dessus faite desdits droits ;

Que, toutefois, dans le cas de décès de la future épouse avant la dissolution de la société, le futur époux reprendra en nature son intérêt social, à la charge de tenir compte à la masse de la communauté, soit en imputation sur ses droits, soit autrement, de l'importance dudit intérêt, tel qu'il aura été constaté par le dernier inventaire social qui aura été fait avant le décès de la future épouse, sans qu'il y ait rien à ajouter ni retrancher pour les opérations qui auront suivi, et sans que les héritiers ou représentants de la future épouse puissent exiger aucun autre inventaire ou constatation de la situation sociale

XII. *Office dont le futur est titulaire.* 1° L'office de notaire à la résidence de . . . . dont le futur époux a été investi par décret impérial du . . ., en remplacement de M . . qui lui en a fait la cession suivant acte reçu le . . . . par M° . . . , notaire à . . . , moyennant un prix de . . ., dont le quart stipulé exigible un mois après la prestation de serment a été payé le . . ., et dont les trois quarts de surplus encore dus ont été stipulés payables en trois fractions, la première de . . . , le . . . . ; la seconde de . . . , le . . . . , et la troisième de . . . . , le . . . . Le tout avec intérêt sur le pied de cinq pour cent par an à partir du jour de la prestation de serment, payable de six mois en six mois ;

194. En établissant les apports en mariage de chacun des époux, il est aussi nécessaire d'indiquer les dettes et charges dont ils sont grevés. S'il n'y en a pas, il faut énoncer que les apports sont francs et quittes de toutes dettes et charges.

195. Lorsque les apports et dots doivent être fournis immédiatement, on énonce dans le contrat : pour le futur époux, qu'il en a donné connaissance à la future ; et pour la future épouse, que le futur consent à en demeurer chargé par le fait seul de la célébration du mariage, ce qui

2° La somme de . . . ., montant du cautionnement que le futur époux a versé au trésor public, le . . . , sous le n° . . . . ;

3° Celle de . . . ., formant l'importance des recouvrements qu'il a à opérer sur ses clients ;

4° Et une somme de . . . . en numéraire.

Le futur époux déclare qu'il ne doit rien autre chose que les fractions non encore exigibles du prix de son office, avec les intérêts courus depuis le . . .

L'office apporté en mariage par le futur époux, ou tout autre qu'il pourrait obtenir ou acquérir pendant le mariage, lui restera propre ; en conséquence, si, à l'époque de la dissolution de la communauté, le futur époux en est encore titulaire, lui ou ses représentants le reprendront avec le cautionnement y attaché et les recouvrements qui seront à faire à cette époque, mais à la charge d'indemniser la communauté des sommes principales qui auraient été payées pendant le mariage pour l'office et le cautionnement, comme aussi de la valeur des recouvrements à opérer.

Le futur époux ou ses représentants, en reprenant l'office en nature, auront seuls droit au bail des lieux occupés par le futur époux pour son étude et son habitation, à la charge d'en payer les loyers et d'en exécuter toutes les conditions, de manière que la future épouse ou ses représentants ne soient aucunement inquiétés ni recherchés.

Si les lieux occupés pour l'étude et l'habitation dépendent de la communauté, ou appartiennent à la future épouse, il en sera fait bail à dire d'experts, au profit du futur époux ou de ses représentants, pour un temps qui ne pourra excéder neuf années.

Si le futur époux a cédé son office pendant le cours de la communauté, lui ou ses représentants effectueront la reprise du prix de la cession et du cautionnement, sous la déduction toutefois des sommes qui auraient été payées par la communauté pour l'office ou le cautionnement.

XIII. *Apport d'office lorsque le futur n'est pas encore nommé.* L'office de notaire à la résidence de . . . dont la cession lui a été faite par M . . . ., suivant acte . . . ., moyennant un prix de . . . , stipulé payable : un cinquième le jour de la prestation de serment, sans intérêt, et les quatre cinquièmes de surplus, en quatre fractions de chacune . . . . ., les . . . , avec intérêts à cinq pour cent par an, à partir du jour de la prestation de serment, payables de six mois en six mois. Étant fait observer que lors de la signature de cet acte de cession, M. . . . . a remis au futur époux, sa démission, et la déclaration de présentation du futur époux conformément à l'art. 91 de la loi du vingt-huit avril mil huit cent seize, et que depuis les pièces nécessaires pour obtenir la nomination ont été adressées au ministère de la justice.

L'office apporté en mariage par le futur époux, etc. (*Le surplus comme en la formule précédente.*)

XIV. *Immeubles loués.* 1° Une maison située à . . ., rue . . ., n° . . ., comprenant un rez-de-chaussée et trois étages avec cour et jardin, le tout d'une superficie de . . .

Appartenant au futur époux, au moyen de l'acquisition qu'il en a faite, etc. (*Établir succinctement l'origine de propriété.*)

Cette maison est louée à divers, par baux verbaux, moyennant des loyers s'élevant

5

établit suffisamment qu'il a reçu (1) (C. N., 1502); cette preuve résulte aussi de la quittance postérieure au mariage, même sous seing privé (2) ; elle peut même être établie par témoins (3).

ensemble à . . . , payables aux époques ordinaires des locations faites sans écrit. Le prorata de ces loyers est dû depuis le . . . .

2° Une ferme appelée la ferme de . . . ., située commune de . . . . ., consistant en corps de ferme, terres de labour, vergers et prairies, le tout de la contenance de . . . . .

Appartenant au futur époux, comme l'ayant recueillie dans la succession de. . ., etc.

Cette ferme est affermée suivant bail passé devant M°. . ., notaire à. . ., le. . ., à M. . . . pour neuf années qui ont commencé à courir le. . ., et expireront le. . ., moyennant, outre les impôts, un fermage annuel de. . ., payable chaque année, par semestre, les. . . . . Le prorata de ce fermage est dû depuis le. . . . .

XV. *Immeubles cultivés par le futur époux.* 1° Une ferme appelée la ferme de. . ., située commune de. . ., consistant en corps de ferme, vergers, terres labourables, prés et bois, le tout d'une contenance de. . . . .

Appartenant au futur époux, etc.

2° Les labours, engrais et ensemencements en blé, avoine, orge et autres, faits sur ladite ferme, estimés entre les parties à une somme de. . .

XVI. *Droit à un bail.* 1° La jouissance, à titre de fermier, d'une ferme appelée la ferme de. . ., située commune de. . . . ., consistant en : corps de ferme, vergers, terres labourables, vignes, prés et bois, le tout de la contenance de. . .; ladite ferme affermée au futur époux par M. . ., suivant bail passé le. . ., devant M°. . ., notaire à. . ., pour neuf années qui ont commencé à courir le. . ., et expireront le. . ., moyennant, outre la charge des impôts, un fermage annuel de. . ., payable chaque année par semestre, les. . . .

2° Les récoltes en blé, avoine, orge et autres à faire prochainement sur les terres de cette ferme, et que les parties conviennent d'estimer à une somme de. . . . .

Le futur époux déclare qu'il doit à son propriétaire, le semestre de fermage échu le. . , et le prorata du semestre courant.

Ou bien : 2° Les labours, engrais et ensemencements en blé, avoine, orge et autres, faits sur ladite ferme, et que les parties conviennent d'évaluer à une somme de. . . . .

Le futur époux déclare : que les fermages représentatifs de la précédente récolte sont payés, et que les fermages représentatifs de la récolte de la présente année qui seront payables les. . ., seront à la charge de la communauté, les récoltes devant lui profiter.

XVII. *Droits indivis dans une communauté.* Le futur époux, préalablement à l'indication de ses apports en mariage, explique ce qui suit :

Mme . . ., sa première épouse, est décédée à. . ., le. ., laissant pour héritiers chacun pour moitié, ses deux enfants mineurs : 1°. . .; 2°. . ., et pour donataire de moitié en usufruit, le futur époux, son mari survivant, aux termes de leur contrat de mariage reçu par M°. . ., notaire à. . ., le. . .

L'inventaire après le décès de ladite dame a été dressé par M°. . ., notaire à. . ., le. . .

Le futur époux, comme mari survivant et en qualité de tuteur de ses enfants, est resté en possession de tous les meubles, effets mobiliers, argenterie, bijoux, argent comptant, titres et papiers compris en l'inventaire.

Il fait observer :

Que la prisée du mobilier s'est élévée à. . .;

(1) Marcadé, *1503*, 2 ; Esnault, *Faill.*, n° 386 *bis* ; Bédarride, *ibid.*, n° 1037 ; Massé, *Droit commerc.*, n° 394 ; Cass., 19 juin 1836; Caen, 3 mai 1845 ; Colmar, 28 déc. 1853 ; Orléans, 29 mars 1855; Trib. Lyon, 6 janv. 1859; J. N., 15603, 16566; Dijon, 7 mai 1862; Sirey, 1863, II, p. 84.

(2) Rodière et Pont, II, 627. 628; Roll., *Quitt. de dot*, n° 4 ; Cass., 2 sept 1806.

(3) Toullier, XIV, 275; Taulier, V, p. 353; Rodière et Pont, I, 627; Roll., *Quitt. de dot*, n° 13. Voir Metz, 18 déc. 1851 ; M. T. 1862, p. 52, CONTRA Benoit, *Dot*, II, 132; Odier, I, 1146

196. Le mari, sauf le cas de dol ou de fraude (1) ne peut, en alléguant une simulation qui serait son propre fait, demander à établir qu'il a donné quittance de la dot sans la recevoir,

Que les deniers comptants trouvés dans le cours de l'inventaire se sont montés à...;
Que, suivant les titres et papiers inventoriés, les biens et valeurs dépendant de la communauté ayant existé entre lui et sa défunte épouse, se composaient de :
1°..., etc.
Le tout grevé :
1° Des reprises des époux, consistant savoir :
Celle du futur époux, en.....
Celle de la succession de sa défunte épouse, en....
2° Et de diverses dettes, décrites en l'inventaire, se montant à.....
Que, lors de la clôture de l'inventaire, le futur époux, en vertu de la faculté contenue en son contrat de mariage ci-dessus énoncé, a opté pour la conservation du fonds de commerce, en sorte qu'il en est devenu seul propriétaire ;
Qu'en conséquence tous les biens qu'il possède aujourd'hui, consistent en :
1° Tous les meubles et objets mobiliers décrits en l'inventaire après le décès de sa défunte épouse, d'une valeur de....;
2° Le fonds de commerce de..., qu'il exploite à..., rue..., n°..., ensemble les ustensiles servant à son exploitation, les marchandises en dépendant, et l'achalandage y attaché, le tout d'une valeur de....;
3° Ses recouvrements et deniers comptants, le tout se montant à.....;
4° Ses immeubles personnels, consistant en.....;
5° Sa moitié dans les immeubles de la communauté, consistant en.....;
6° Enfin l'usufruit de moitié comme donataire de sa défunte épouse dans les biens meubles et immeubles dépendant de la succession de cette dernière.
Le tout grevé des droits des enfants mineurs du futur époux, dont l'importance sera constatée par les comptes de tutelle qu'il leur rendra.
XVIII. *Droits indivis dans une succession.* Ses droits étant d'un tiers dans la succession de M..., son père, décédé à..., le..., constatés en l'inventaire après le décès de ce dernier, dressé par Mᵉ.... notaire à... le..., et ceux pouvant résulter en sa faveur du compte de tutelle que Mᵐᵉ sa mère aura à lui rendre.
Le futur époux fait observer que, par la clôture de cet inventaire, tous les objets mobiliers, argent comptant, titres et papiers sont restés en la garde et possession de Mᵐᵉ..., sa mère ;
Et que, d'après dépouillement dudit inventaire, cette succession se compose de :
1°.....
XIX. *Reconnaissance de l'apport.* Duquel apport, franc et quitte de toutes dettes et charges, et provenant au futur époux de ses gains et épargnes (ou tant de ses gains et épargnes, que des successions de ses père et mère), le futur époux a donné connaissance à la future épouse.
(*Voir les autres apports indiqués en la formule suivante.*)

FORMULE 46. — **Apports de la future épouse.** (Nᵒˢ 190 à 196.)

La future épouse apporte en mariage et se constitue personnellement en dot :
I. *Trousseau décrit.* Un trousseau se composant des vêtements, linge, bijoux, châles, dentelles et autres objets à l'usage corporel de la future épouse, linges de ménage, meubles

(1) Troplong, n° 3632 ; Montpellier, 7 août 1850; Cass., 2 mars 1853; Jur. N., 10573.

s'il a agi dans une intention libérale (1) ; mais il peut être admis à prouver qu'il n'a donné la quittance que dans l'espérance de recevoir la dot. D'ailleurs la preuve du non-payement de la dot quittancée est permise par tous les moyens légaux aux héritiers réservataires (2) et aux créanciers du conjoint dont les titres sont antérieurs au contrat de mariage ou à la quittance de la dot (3).

meublants, argenterie. Le tout décrit et estimé à. . ., en un état dresssé entre les parties à la date de ce jour ; lequel non encore enregistré, mais devant l'être avant ou avec ces présentes, est demeuré ci-annexé après avoir été certifié véritable et signé par les parties, et que dessus les notaires soussignés ont apposé une mention de l'annexe.

Par convention expresse, la future épouse ou ses héritiers et représentants, exerceront la reprise du trousseau apporté en mariage par la future, soit en nature, soit en argent, ou partie en nature et partie en argent, à leur choix.

II. *Trousseau non décrit*. Un trousseau se composant de vêtements, linge, bijoux, dentelles et autre objets à l'usage corporel de la future épouse, linge de ménage, meubles meublants, argenterie ; le tout représentant une valeur de. . . .

III. *Trousseau non décrit ni estimé*. Un trousseau se composant de vêtements, linge, bijoux, dentelles et autres objets à l'usage corporel de la future épouse, non décrits ni estimés, parce que la future épouse ou ses représentants, lors de la dissolution de la communauté, reprendront ses objets de même nature, dans l'état, nombre et qualité où ils se trouveront, comme étant la représentation de ceux par elle apportés en mariage.

IV. *Reliquat d'un compte de tutelle*. La somme de. . . . . formant le reliquat du compte de tutelle présenté à la future épouse par M. . ., son père. comme ayant été son tuteur légal depuis le. . . jusqu'à l'époque de sa majorité arrivée le. . ., ainsi que le constate un acte de présentation et de compte de tutelle, reçu le. . ., par Me. . ., notaire à. . . . .

V. *Reliquat d'un compte de tutelle non encore rendu*. La somme à laquelle s'élèvera le compte qui sera rendu à la future épouse par M. . ., son père, de la gestion et de l'administration qu'il a eues de ses biens, en qualité de tuteur légal, depuis le. . ., date du décès de Mme sa mère.

VI. *Droits indivis et constitution d'une somme*. Préalablement à l'indication de l'apport en mariage de la future épouse, elle et Mme sa mère expliquent ce qui suit :

M. . ., père de la future épouse, est décédé à. . ., le. . ., laissant :

1ent Mme. . ., sa veuve, avec laquelle il était commun en biens, et sa donataire pour. . .;

2ent Et pour ses seuls héritiers ses trois enfants : 1o. . ; 2o. . .; 3o. . .

Ainsi qu'il est constaté en l'intitulé de l'inventaire après son décès, dressé. . ., etc.

Il n'a pas encore été procédé aux opérations de compte, liquidation et partage des biens dépendant de la communauté d'entre M. . . et Mme. . . et de la succession de M. . . . .

On fait ressortir ici à titre de renseignement :

Que l'actif de ces communauté et succession se composait de : 1o. . .; 2o. . .

Que ces mêmes communauté et succession étaient grevées de : 1o. . .; 2o. .

Les biens et valeurs desdites communauté et succession sont restés depuis le décès de M. . . sous l'administration de Mme veuve. . . . ., tant en son nom que comme tutrice légale de ses enfants mineurs.

Ceci expliqué, l'apport de Mlle. . . est établi de la manière suivante :

Elle apporte en mariage et se constitue personnellement en dot :

1ent Les vêtements, linge. effets et bijoux à son usage personnel, d'une valeur de. . .;

2ent Ses droits dans la succession de M. . ., son père, dont elle est héritière pour un

(1) Tessier. II, p. 243; Troplong, nos 1966 et 3632; Cass., 29 mai 1827; Toulouse, 27 avril 1826; Grenoble, 2 juill. 1831; Riom, 9 août 1843; Orléans, 29 mars 1853; Jur. N., 16574.
(2) Roll., *Quitt. de dot*, no 8; Grenoble, 2 juill. 1830; Cass.,

30 nov. 1831; Rennes, 15 fév. 1840; Bordeaux, 9 avril 1845; Jur. N., 7633.
(3) Roll., *Quitt. de dot*, no 11; Greuier, *Hyp.*, no 234; Paris 7 juin 1861; J. N., 17173.

§ 2. — DES DOTS CONSTITUÉES AUX FUTURS ÉPOUX.

197. Les constitutions de dot par les père, mère et autres parents ou par les étrangers, aux futurs époux ou à l'un d'eux, sont soumises aux règles générales des donations, si ce n'est qu'elles

tiers, et ceux qui pourront résulter du compte de tutelle que Mme..., sa mère a à lui rendre ; lesdits droits encore indéterminés.

Mme veuve..... remettra au futur époux le jour même du mariage, et avant sa célébration qui en vaudra décharge, la somme de .., en espèces de monnaie ayant cours, provenant des valeurs de la communauté d'entre cette dame et son mari, et de la succession de ce dernier.

Cette somme de... comprendra d'abord le reliquat dont Mme veuve... pourra être débitrice envers la future épouse, à raison de l'excédant des recettes sur les dépenses de son compte de tutelle, et le surplus ou la totalité, s'il y a lieu, sera imputable sur les droits revenant, libres de tout passif, à la future épouse, dans la succession de M..., son père.

Le futur époux consent à demeurer chargé.....

Il reconnaît que communication lui a été donnée de l'inventaire susénoncé.

ARTICLE..... Mme veuve....., prévoyant le cas où les droits de la future épouse tels qu'ils résulteront de son compte de tutelle et de la liquidation à faire tant de la communauté ayant existé entre M. et Mme... que de la succession de M..., ne s'élèveraient pas à une somme de...... en dehors de tout passif,

Déclare faire donation en avancement d'hoirie à Mlle sa fille, future épouse, qui accepte :

De la somme qui formerait la différence entre le montant des droits disponibles de la future épouse, définitivement fixés par son compte de tutelle et la liquidation à établir, et ladite somme de..., qu'elle doit remettre au futur époux avant la célébration du mariage ainsi qu'il est expliqué dans l'article précédent.

Cette donation est ainsi faite par Mme... à la future épouse pour assurer à cette dernière, comme apport en mariage, l'intégralité de ladite somme de...

Et Mme... explique que la future épouse n'aura aucun rapport à faire à sa succession pour intérêt jusqu'au jour de son décès, sur la somme entière remise au futur époux.

Pour faciliter la perception du droit d'enregistrement seulement, et sans tirer à aucune autre conséquence, les parties déclarent évaluer à la somme de... l'importance de la donation qui précède.

VII. *Reconnaissance de l'apport.* Duquel apport, franc et quitte de toutes dettes et charges, le futur époux consent à demeurer chargé par le fait seul de la célébration du mariage.

(Voir les autres apports indiqués en la formule précédente.)

§ 6. DONATIONS AUX FUTURS ÉPOUX.

FORMULE 47. — **Donations aux futurs époux.** (N°s 197 à 212.)

I. *Dot constituée par père et mère conjointement.* En considération du mariage, M. et Mme.... donnent et constituent en dot conjointement, par avancement d'hoirie sur leurs successions futures, et pour moitié sur chaque succession.

A M...., futur époux, leur fils, qui accepte :

1° Une somme de ..., etc.;

2° Une pièce de terre ..., etc.

(Voir notre Traité-formulaire, formules 357 *et* 429.)

II. *Dot imputable sur la succession du premier mourant.* En considération du mariage, M. et Mme .... donnent et constituent en dot, par imputation d'abord sur la succession

ne peuvent être attaquées pour défaut d'acceptation, et qu'elles ne sont pas révocables pour cause d'ingratitude, [FORM. 47].

198. L'obligation d'acquitter la dot frappe personnellement sur chacun des époux qui l'ont constituée (1) ; si le père et la mère (2) ont doté conjointement l'enfant commun, sans exprimer la portion pour laquelle ils entendaient y contribuer, ils sont censés avoir doté chacun pour moitié, soit que la dot ait été fournie ou promise en effets de la communauté, soit qu'elle l'ait été en biens personnels à l'un des époux ((C. N., 1438), et la femme ne peut s'en exonérer en renonçant à la communauté ; malgré sa renonciation, elle doit donc, si la dot a été payée, indemnité à son mari de la moitié dont elle était tenue, et si elle n'a pas été payée, elle reste débitrice de la moitié (3), à moins de stipulation contraire, par exemple si elle a déclaré qu'elle n'entendait doter que sur les biens de la communauté (4).

199. Les époux donateurs peuvent convenir que l'un des époux contribuera dans le payement

du premier mourant d'entre eux, et subsidiairement, s'il y a lieu, sur celle du survivant, A M. . . . ., etc.

III. *Dot constituée par portions inégales.* En considération du mariage, M. et Mme . . . . donnent et constituent en dot, le mari pour deux tiers et la femme pour un tiers, et par avancement d'hoirie dans ces proportions sur leurs successions futures, A M. . . ., etc.

IV. *Dot constituée par le mari seul à l'enfant commun, en effets de la communauté.* En considération du mariage, M. . . . donne et constitue en dot,

A M. . . . .

Les objets dont la désignation suit, dépendant de la communauté existant entre le donateur et Mme . . . ., son épouse, aux termes de leur contrat de mariage passé le . . . ., devant M^e . . . ., notaire à . . . .

1° . . . . . etc.

V. *Trousseau.* Une somme de . . . ., valeur d'un trousseau se composant de vêtements, linge, bijoux, dentelles à l'usage corporel de la future épouse, un piano et autres objets mobiliers, qui seront fournis au futur époux le jour du mariage, dont la célébration en vaudra décharge aux donateurs.

VI. *Somme d'argent.* Une somme de cent mille francs, que les donateurs s'obligent solidairement à payer aux futurs époux, savoir :

Quarante mille francs le jour du mariage, dont la célébration devant l'officier de l'état civil en vaudra quittance aux donateurs ;

Et les soixante mille francs de surplus dans le délai de deux ans du jour de la célébration du mariage, avec intérêts sur le pied de cinq pour cent par an, à compter du même jour, payables chaque année en deux termes égaux, de six mois en six mois.

Ces payements auront lieu en la demeure des donateurs, en bonnes espèces au cours actuel et non autrement.

VII. *Créances.* 1° Une créance de . . . . en principal, contre M. . . . . et Mme . . . ., résultant d'une obligation pour prêt, reçue le . . . . par M^e . . . ., notaire à . . . ., exigible le . . . ., et productive d'intérêts à cinq pour cent par an, payables chaque année par semestre, les . . . . Elle est assurée hypothécairement sur . . . . par une inscription prise au bureau des hypothèques de . . . ., le . . . ., vol . . . ., n° . . .

---

(1) Toullier, XII, 316 ; Duranton, XIV, 204 ; Rodière et Pont, I, 88 ; Troplong. n° 1248 ; Marcadé, *1438*, 1 ; Zach., § 642.
(2) Même mariés sous le régime dotal : Duranton, XV, 365 ; Tessier, I. p. 438 ; Troplong, n° 3078. Trib. Toulouse, 13 avril 1864 ; Journ. du Not., 1864, p. 494.
(3) Toullier, XII, 331 ; Duranton, XIV, 356 ; Tessier, I. p. 442 ; Ro-

dière et Pont, I, 93 ; Troplong. n° 1220 ; Marcadé, *1438*, 2 ; Zach. Massé et Vergé, § 642, note 56 ; Cass., 6 juill. 1813 ; Bourges, 29 juill. 1831 ; CONTRA Bordeaux, 17 janv. 1854 ; J. N., 15486.
(4) Toullier, XII, 334 ; Duranton, XIV, 285 ; Troplong, n° 1225 ; Roll., *Dot*, n° 37.

de la dot pour une part plus forte que moitié, ou même pour la totalité, et, à plus forte raison, stipuler que la dot sera, pour le tout, imputable sur la succession du premier mourant (1) ; ce qui n'empêche pas que pendant leur mariage ils ne soient tenus chacun pour moitié au payement de la dot (2), même après la séparation de biens prononcée (3). Si la dot imputable sur la succession du premier mourant excède les droits héréditaires de l'enfant dans cette succession, l'enfant subit une diminution de sa dot, et s'il l'a reçue en entier, il doit restituer cet excédant (4) ; à moins qu'il ne soit stipulé que la dot sera imputée d'abord sur la succession du premier mourant, et subsidiairement, s'il y a lieu, sur celle du survivant (5) [Form. 47, 2°].

200. Lorsque la dot a été fournie en biens personnels à l'un des époux, mais néanmoins constituée par les deux époux, l'époux propriétaire des biens donnés a, sur les biens de l'autre et non sur la communauté (6), une action en indemnité, soit pour moitié de la dot, si la constitution a eu lieu conjointement ou par moitié, soit pour telle autre portion dont celui-ci s'est chargé, soit même pour la

---

2° La somme de . . . , à prendre par préférence et priorité aux donateurs, dans celle de . . . , due par M. . . . , pour le prix moyennant lequel, suivant contrat reçu le . . . . par Mᵉ . . . ., notaire à . . , M. et Mᵐᵉ . . . . donateurs, ont vendu à M. . . . , une maison sise à . . . ; ledit prix stipulé exigible le . . . . et productif d'intérêts à cinq pour cent par an, payables par semestres les . . . , est conservé pour une inscription prise d'office au bureau des hypothèques de . . . , le . . . , vol . . . , n° . . .

Aux intérêts desquelles créances le futur époux aura droit à partir du jour de la célébration du mariage.

Et par le fait seul de ce mariage, le futur époux demeurera subrogé dans l'effet de tous droits, actions, privilèges et hypothèques, résultant des titres susénoncés ; et notamment dans l'effet, jusqu'à due concurrence, des inscriptions conventionnelles et d'office, qui conservent les créances données.

Les donateurs s'obligent à remettre au futur époux dès la célébration du mariage, les titres de la créance contre M. et Mᵐᵉ . . . . ; quant à ceux de la créance contre M. . . ., ils les conserveront, mais à la charge d'en aider le futur époux toutes les fois que besoin sera.

VIII. *Valeurs diverses.* 1° Trente obligations cinq pour cent au porteur, du crédit foncier de France, produisant vingt-cinq francs d'intérêt par année, payables par semestres aux époques des 1ᵉʳ mai et 1ᵉʳ novembre : lesdites obligations, timbrées par abonnement, portant les nᵒˢ . . .

Elles représentent actuellement, avec jouissance du . . . , , à raison de . . , par obligation, cours convenu entre les parties, une somme de . . . ci. . . .   » .

2° Quarante obligations trois pour cent, de la compagnie des chemins de fer de . . . . au capital nominal de cinq cents francs chacune, produisant quinze francs d'intérêts par année, payables par semestres aux époques des 1ᵉʳ janvier et 1ᵉʳ juillet, portant les nᵒˢ . . . . et faisant l'objet d'un certificat délivré au donateur le . . . . , sous le n° . . . ;

Ces obligations, timbrées par abonnement, représentent actuellement, avec jouissance du . . . . , au jour présumé du mariage, une valeur totale de. . . .;
ainsi convenue entre les parties, ci. . . . .   »   »

3° Trois cents francs de rente trois pour cent sur l'État français, inscrits au nom de M. . . . donateur, au grand-livre de la dette publique, sous le n° . . . . de la . . . série ; ladite rente, portant jouissance du . . . . ;

---

(1) Demolombe, XVI, 274 ; Cass., 11 juill. 1814 ; Jur. N., 7806.
(2) Rodière et Pont, 1, 1199 ; Orléans, 24 mai 1848 ; Paris, 6 nov. 1834.
(3) Bordeaux, 22 mars 1839 ; J N., 16627.
(4) Toullier, XII, 340 ; Bellot, I, p. 568 ; Tessier, I, 33 ; Marcadé, *1439*, 3 ; Zach., Massé et Vergé, § 642, note 55 ; Dict. Not., Dot, n° 55 ; Roll., Dot, n° 44 ; Cass., 14 juill. 1814 ; Arg. Bordeaux, 22 mars 1839 ;

J. N., 16627 ; contra Rodière et Pont. I, 99, selon lesquels le survivant est tenu de subir le complément si la dot a été payée. Voir Paris, 12 août 1852, 14 janv. 1853 ; J. N., 14828, 14980.
(5) Voir Paris, 16 mars 1850, Rouen, 9 janv. 1861 ; Journ. du Not. 1864, p. 89.
(6) Toullier, XII 33 Roll., Dot, n° 35 ; Paris, 6 juill. 1843.

totalité, si par suite de la clause d'imputation sur la succession du prémourant il est censé avoir seul doté. L'indemnité se fixe eu égard à la valeur des biens donnés au temps de la donation C. N., 1438).

201. La dot constituée par le mari seul à l'enfant commun, en biens de la communauté (1), ou en une somme d'argent même stipulée payable à terme (2), est à la charge de la communauté ; et, dans le cas où la communauté est acceptée par la femme (3), celle-ci doit supporter la moitié de la dot, à moins que le mari n'ait déclaré expressément qu'il s'en chargeait pour le tout ou pour une portion plus forte que la moitié (C. N., 1439) ; ou qu'il n'ait constitué la dot en avancement d'hoirie sur sa propre succession (4).

202. Lorsque la femme, autorisée de son mari, constitue en dot une somme d'argent ou un effet de la communauté, la communauté en est tenue, sauf l'action en indemnité contre la femme pour la somme déboursée ou la valeur de l'effet (5) ; mais si la femme autorisée par justice, en cas d'absence ou d'interdiction du mari, donne une somme d'argent ou un effet de la communauté, elle est réputée agir comme remplaçant et représentant son mari, et la communauté en est tenue sans recours contre elle ; enfin si la femme autorisée de son mari dote en biens à elle personnels, elle en est seule tenue (6).

Elle représente, à raison de . . ., par trois francs de rente, cours convenu entre les parties, une valeur de . . ci. » »

Ensemble . . . . ci. . . . . » »

M. . . s'oblige à remettre au futur époux les obligations du crédit foncier de France, le certificat de dépôt des obligations du chemin de fer de . . . et le titre de rente, la veille de la célébration du mariage qui en vaudra décharge au donateur.

Et Mᵉ . . . ., l'un des notaires soussignés, est requis de délivrer tous certificats de propriété, et extraits nécessaires pour faire immatriculer au nom du futur époux, après la célébration du mariage, les obligations et rentes qui viennent de lui être constituées en dot.

Quant au rapport qui pourrait être à faire ultérieurement à la succession du donateur, à raison de la donation qui précède, et à la reprise qui sera opérée par le futur ou ses représentants contre la communauté, ils auront lieu et s'exerceront de convention expresse, pour une somme de . . . ., montant de l'évaluation ci-dessus, dès à présent convenue entre les parties, quand bien même les valeurs qui en font l'objet se retrouveraient en nature, ou quels que soient les prix moyennant lesquels elles pourraient avoir été vendues ou recouvrées.

IX. *Rente ou pension viagère.* En considération du mariage, M. et Mᵐᵉ . . . ., conjointement et solidairement entre eux, donnent et constituent en dot,

A Mˡˡᵉ . . . leur fille, future épouse, qui accepte,

Une rente ou pension viagère de . . . ., par année, que les donateurs s'obligent, sous la solidarité susexprimée, à payer en quatre fractions égales de . . . . chacune, de trois en trois mois, à compter du jour du mariage et dont ils ne pourront se libérer par un versement de capital, sans le consentement formel des futurs époux.

Cette rente sera servie au domicile des futurs époux.

(1) S'il donne des biens à lui personnels, la femme n'en est aucunement tenue, même lorsqu'elle renonce à la communauté : Toullier, XII, 316; Roll., *Dot*, n° 18; Marcadé, *1439*, 2; Douai, 6 juill. 1853.
(2) Marcadé. *1439*, 2.
(3) Si elle renonce, elle n'y est tenue pour aucune part : Bellot, I, p. 554 ; Grenier. *Don*., n° 625 ; Duranton, XIV, 291; Roll., *Dot*, n° 25; CONTRA, Toullier, XIII, 322.

(4) Toullier, XII, 320 ; Marcadé, *1439*, 2; Roll., *Dot*, n° 22 ; Dict. Not., *Dot*, n° 19 ; Douai, 6 juill. 1853; Jur. N., 10022.
(5) Toullier, XII, 329 ; Roll., *Dot*, n° 27 ; Troplong, n° 1229 ; Marcadé, *1429*, 2; Massé et Vergé, § 642, note 53.
(6) Toullier, XII, 329; Bellot, I, 557; Roll., *Dot*, n° 25; Marcadé, *1439*, 2.

203. Lorsque la dot est constituée par l'un des époux à son enfant d'un précédent mariage, elle est pour le tout à sa charge, qu'elle ait été constituée en biens à lui propres ou en effets de la communauté (1).

204. La dot constituée par un père à son enfant n'est pas un acte de libéralité pure, mais elle a, sous certains rapports, le caractère d'un contrat à titre onéreux ; aussi, lorsque les futurs époux ont été de bonne foi, la révocation ne peut en être demandée par les créanciers du donateur, comme ayant été faite en fraude de leurs droits (2).

205. Si une dot a été constituée à un enfant sous la condition qu'il ne pourra pas exiger son compte de tutelle ou qu'il sera tenu de laisser au survivant de ses père et mère la jouissance de tout ou partie des biens du prémourant, la condition est réputée non écrite en vertu de l'art. 900, comme étant contraire à la loi (3) ; mais si l'on a stipulé qu'en cas de demande de compte de tutelle ou de partage la somme donnée sera imputable, dans le premier cas, sur le reliquat du compte du tutelle, et, dans le second cas, sur les droits du futur époux dans la succession du prémourant, cette condition d'imputation produit son effet (4).

206. Lorsque les père et mère mariés sous le régime dotal (5) constituent conjointement une dot, sans distinguer la part de chacun, elle est censée constituée par portions égales et sans

---

En cas de prédécès de la future épouse, cette rente sera réversible au profit et sur la tête des enfants et descendants à naître du mariage en projet ; et elle sera réversible également au profit du futur époux, s'il y a lieu, pour effectuer le service des avantages viagers qui vont lui être assurés ci-après.

La rente ou pension viagère présentement constituée ne représentant que des revenus ne donnera lieu à aucun rapport aux successions futures des donateurs.

X. *Somme à prendre sur la succession d'un oncle ; garantie hypothécaire.* En considération du mariage, M. . . . donne et constitue en dot, par préciput ou hors part,

A M. . . ., futur époux, son neveu, qui accepte,

Une somme de . . . , à prendre sur les plus clairs biens que le donateur laissera à son décès.

Si la somme donnée est productive d'intérêt : Jusqu'à l'époque du décès du donateur, M. . . . s'oblige à en servir au futur époux les intérêts à cinq pour cent par an, à partir du jour de la célébration du mariage, payables chaque année en un seul terme.

A la garantie de l'exécution de cette donation, le donateur affecte et hypothèque spécialement : (*Désigner les biens hypothéqués.*)

XI. *Donation d'immeuble avec réserve d'usufruit.*

En considération du mariage, M. et Mme . . . . font donation entre-vifs, par préciput et hors part,

Au futur époux, leurs fils, qui accepte,

D'une maison située à . . . .

Cette maison dépend de la communauté existant entre les donateurs au moyen de l'acquisition que le mari en a faite de . . . ., etc.

Chacun de M. et Mme . . . ., donateurs, fait la réserve à son profit et pendant sa vie, de l'usufruit de la part pouvant lui appartenir dans la maison donnée.

Et celui d'entre eux qui survivra à l'autre impose formellement au donataire, qui y con-

(1) Marcadé, *1439*, 2.
(2) Duranton, X, 579; Toullier, XIV, 90 ; Marcadé, *1548*, 2; Bedarride, *Dot*, IV, 1467; Dict. Not., *Fraude.* n° 17; Rouen, 3 juill. 1828; Montpellier, 14 nov. 1844; Paris, 31 janv. 1845; Lyon, 13 juill. 1843; Bourges, 9 août 1847 ; Grenoble, 3 août 1854; Rennes, 11 déc 1860; Cass., 25 fév 1845, 2 mars 1847, 24 mai 1848,6 juill. 1849, 18 nov. 1801 ; J. N., 12365, 12983, 13425, 13458, 13521, 13788, 17342; contra, Montpellier, 6 avril 1842; Rennes, 10 juill. 1813; Cass.,6 juin 1844.

(3) Toullier, XIII, 338 ; Marcadé, *1439*, 3 ; Roll., *Dot*, n° 67; Arg. Cass., 16 janv. 1838.
(4) Dict. Not., *Dot*, n° 63; Paris, 11 janv. 1819, 3 août 1847 ; J. N., 13098 ; contra Marcadé, *1439*, 3.
(5) S'il y a une société d'acquêts et que la constitution soit faite en biens de cette société, c'est l'art. 1439 qui est applicable : Marcadé, *art. 1544.*

solidarité entre eux (1). Si la dot est constituée par le père seul pour droits paternels et maternels, la mère, quoique présente au contrat, n'est point engagée, et la dot demeure en entier à la charge du père (C. N., 1544). Si, au contraire, la dot est constituée par la mère seule, elle est en entier à sa charge (2).

207. Quoique la fille dotée par ses père et mère, dans un contrat la soumettant au régime dotal, ait des biens à elle propres dont ils jouissent, la dot est prise sur les biens des constituants, s'il n'y a stipulation contraire (C. N., 1546).

208. Si le survivant des père ou mère, en mariant sa fille sous le régime dotal, lui constitue une dot pour biens paternels et maternels, sans spécifier les portions, la dot se prend d'abord sur les droits de la future dans les biens du conjoint prédécédé, et le surplus sur les biens du constituant (C. N., 1545).

209. La garantie de la dot est due par toute personne qui l'a constituée (C. N., 1440, 1547). Elle est due non-seulement au conjoint du donataire, mais aussi au donataire lui-même (3). Comme conséquence de cette obligation de garantie, les père et mère du futur époux qui ont dissimulé frauduleusement dans son contrat de mariage une créance personnelle qu'ils avaient contre lui peuvent en être déclarés responsables envers la future (4).

210. Les intérêts de la dot, sauf stipulation contraire, courent de plein droit du jour du mariage,

---

sent, la condition de lui laisser la jouissance à titre d'usufruitier pendant sa vie à compter du jour du décès du premier mourant, aux charges de droit, mais avec dispense de fournir caution, de toute la part pouvant appartenir à ce dernier dans le même immeuble.

Ces réserves et conditions sont imposées par chacun des donateurs, personnellement et séparément, comme charges de son concours à la donation ; elles ne pourront donc, dans aucun cas, être considérées comme donnant lieu à une libéralité entre époux.

XII. *Condition que le donataire ne pourra demander un compte de tutelle* (ou *un partage*). En considération du mariage, Mme veuve . . . donne et constitue en dot,

A Mlle . . . . future épouse, sa fille, qui accepte,

Une somme de . . . .

Cette donation est faite à la condition que la future épouse ne pourra demander à Mme . . . ., sa mère, le compte de la gestion et de l'administration qu'elle a eues de ses biens en qualité de tutrice légale depuis le décès de M. . . . ., son mari.

Et il est expressément convenu que si, malgré cette stipulation, la future épouse ou ses représentants viennent à demander le compte de tutelle, la somme présentement donnée sera imputable sur le reliquat de ce compte, et l'excédant, s'il y en a, sur la succession de la donatrice.

Ou en cas de donation par des père et mère conjointement : Cette donation est faite à la condition que la future épouse ou ses représentants laisseront jouir le survivant des donateurs, pendant sa vie, à titre d'usufruitier, avec dispense de fournir caution, mais à la charge de faire faire inventaire des biens meubles et acquêts du prédécédé (ou des biens formant l'importance de la succession du premier mourant) ; en conséquence, elle s'interdit le droit d'exercer aucune demande en partage avant le décès du survivant des donateurs.

Et il est expressément convenu que si, nonobstant cette stipulation, le partage est demandé et a lieu, la somme de . . ., présentement constituée en dot, sera imputée en totalité sur la succession du premier mourant, qui sera censé avoir seul doté ; et s'il y a excédant, cet excédant sera imputable sur la succession du premier mourant.

---

(1) Tessier, I, p. 30; Rodière et Pont, I, 95 ; Troplong, n° 3077; Massé et Vergé, § 667, note 7; Marcadé, 1544, 2.
(2) Troplong, n° 3075; Massé et Vergé, § 667, note 8.
(3) Duranton, XIV. 206 ;Tessier, 1, p. 193; Bellot, I, p. 568; Benoît,

1, 80; Zach., § 663, note 10; Rodière et Pont, I, 101; Odier, III, 114 ; Troplong, n° 1249; Marcadé, 1440, 2.
(4) Paris, 22 fév. 1847 ; Jur. N., 8753.

contre ceux qui l'ont promise, encore qu'il y ait terme pour le payement (*C. N., 1440, 1548*), mais seulement lorsque la dot consiste en une somme d'argent ou en créances productives d'intérêt; car s'il s'agit d'ameublements livrables dans un délai déterminé ou de créances non productives d'intérêt, il n'en est point dû (1). Ces intérêts étant payables par année, sont soumis à la prescription de cinq ans (2).

211. Les intérêts de la dot peuvent, sans qu'il y ait usure, être stipulés au-dessus du taux légal (3).

212. Nonobstant la clause insérée dans un contrat de mariage que la célébration du mariage vaudra aux donateurs, quittance de la dot, cette présomption tombe nécessairement devant l'aveu des père et mère qu'ils redoivent un solde (4).

§ 3. — DES INSTITUTIONS CONTRACTUELLES.

213. Les pères et mères, les autres ascendants, les parents collatéraux des époux et même les étrangers peuvent, par contrat de mariage, disposer de tout ou partie des biens qu'ils laisseront au jour de leur décès, tant au profit des époux qu'au profit des enfants à naître de leur mariage, dans le cas où le donateur survivrait à l'époux donataire. Pareille donation, quoique faite au profit seulement des époux ou de l'un d'eux, est toujours, dans le cas de survie du donateur, présumée faite au profit des enfants et descendants à naître du mariage (*C. N. 1082*) [Form. 49 1°, 2°, 3°].

214. Cette disposition reçoit, dans la pratique, la dénomination *d'institution contractuelle*. Elle ne peut

---

XIII. *Convention de nourrir et loger.*

En considération du mariage, M. et Mme .... s'engagent solidairement à loger et nourrir dans leur maison, pendant .... années, à partir du jour du mariage, les futurs époux, leurs domestiques et les enfants à naître du mariage.

Cet engagement cessera d'être obligatoire avant le délai ci-dessus indiqué, en cas de décès de l'un des donateurs ou de décès de la future épouse sans enfant.

Les donateurs auront la faculté de se libérer du présent engagement en payant aux futurs époux et par douzième, une pension annuelle de .... jusqu'à l'expiration du délai susindiqué :

Cette donation ne donnera lieu à aucun rapport par la future épouse aux successions des donateurs.

FORMULE 48. — Droit de retour.

M. et Mme .... se réservent expressément, chacun en ce qui le concerne, le droit de retour sur les immeubles, créances et valeurs par eux donnés à Mlle leur fille, future épouse, pour le cas où elle décéderait avant eux sans postérité, et pour le cas encore où les enfants de la future épouse viendraient eux-mêmes à décéder sans descendants avant les donateurs.

Mais l'exercice de ce droit de retour ne mettra pas obstacle à ce que les époux dis- posent de ces immeubles, créances et valeurs comme bon leur semblera (*en cas de régime dotal avec obligation d'emploi, l'on ajoute* : sauf l'emploi ci-après stipulé), et exercent tous droits et actions s'y rattachant, sans qu'il y ait besoin du concours des donateurs ; comme aussi il n'empêchera pas l'effet de la donation que la future épouse fera au futur époux, sous l'article .... ci-après.

FORMULE 49. — Institution contractuelle.

1° *Par le père, de la quotité disponible* (N°s 213 à 226 et 234 à 239).

En considération du mariage et conformément aux art. 1082 et 1883 du Code Napoléon, M. Lebon, comparant, fait donation entre-vifs, par préciput et hors part,

---

(1) Bellot, IV, p. 33 ; Duranton, XV, 382 ; Tessier, I, p. 167 ; Zach., § 633, note 14 ; Odier, III, 1134 ; Duvergier sur Toullier, XIV, 97 ; Rodière et Pont, I, 116 ; Troplong, n°s 1255 et 1256 ; Marcadé, *1110.* 3 ; contra Toullier, XIV, 97.

(2) Tessier, I, p. 166 ; Duranton, XV, 383 ; Sérizlat, n° 65 ; Rodière et Pont, I, 119 ; Troplong, *Prescript.*, n° 1025 ; Agen, 18 nov. 1830 ; Toulouse, 12 août 1834 et 14 déc. 1850 ; Pau, 13 fév. 1861 ; contra,

Bellot, IV, p. 55 ; Paris, 23 juin 1818, selon lesquels ils ne se prescrivent que par trente ans.

(3) Tessier, I, p. 162 ; Massé et Vergé, § 633, note 14 ; Riom, 12 mars 1828.

(4) Paris, 20 juin 1864 ; Cass., 4 août 1802 ; J. N., 17541. Voir aussi Lyon, 9 avril 1802 ; J. N., 17548.

être faite que par contrat de mariage, ou par contre-lettre au contrat de mariage, dans le sens des art. 1396 et 1397 C. N. (1).

215. Elle peut comprendre non-seulement l'universalité ou une quote-part des biens que le donateur laissera à son décès, mais aussi des biens déterminés donnés à titre particulier, comme une somme d'argent, à prendre sur la succession du donateur (2) [Form. 49, 4°]

216. Le mineur parvenu à l'âge de seize ans, bien que pouvant disposer par testament, voir notre *Traité form.*, n° 2654, n'a pas la capacité de faire une institution contractuelle (3), la capacité de disposer par donation étant requise pour cette forme de disposition. De même, la femme mariée, bien que pouvant tester sans autorisation, voir notre *Traité form.*, n° 2655, ne peut faire une institution contractuelle sans l'autorisation de son mari ou de justice (4). Il en est de même de celui qui est pourvu d'un conseil judiciaire ; il peut tester sans l'assistance de son conseil, *ibid.*, n° 1387, et cependant il ne peut, sans cette assistance, faire une institution contractuelle (5).

217. La femme mariée sous le régime dotal a-t-elle la capacité, avec l'autorisation de son mari, de disposer de ses biens par voie d'institution contractuelle au profit de toute personne, dans les termes de l'art. 1082, de même qu'elle le peut par testament ? Cette question est vivement controversée (6) ; dans le doute, il est préférable de s'abstenir. Mais la femme dotale ne peut faire une donation cumulative de biens présents et à venir (7), cette donation étant susceptible de se transformer en une donation de biens présents, *infra* n° 228, qu'elle est incapable de faire autrement que pour l'établissement de ses enfants.

218. L'institution contractuelle peut être faite dans le même contrat par plusieurs conjointement, la défense édictée par l'art. 968, en ce qui concerne le testament, voir notre *Traité-form.*, n° 2658, ne s'étendant pas aux donations (8).

219. L'institution contractuelle ne peut être faite qu'aux époux et aux enfants à naître du mariage

---

A la future épouse, sa fille, qui accepte,
De toute la portion de biens dont la loi permettra la libre disposition au donateur, à l'époque de son décès, à prendre dans les biens meubles et immeubles qu'il laissera à son décès ;
En cas de prédécès de la donataire, ses descendants à naître du mariage projeté recueilleront la libéralité, s'ils survivent au donateur.
Le donateur se réserve de disposer gratuitement, par telles voies et en faveur de telles personnes que bon lui semblera, d'une valeur de deux mille francs sur la portion disponible ; il s'interdit formellement de faire aucune autre disposition au préjudice de la donataire. S'il n'use pas de la faculté qu'il vient de réserver, la donataire en profitera comme de droit.

2° *De l'universalité par une tante.* (N°s 213 à 226 et 234 à 239.)

En considération du mariage, et conformément aux art. 1082 et 1083 du Code Napoléon, Mlle d'Aunay, comparante, fait donation par préciput ou hors part,
Au futur époux, son neveu, qui accepte,

---

(1) Duranton, IX, 672 ; Coin-Delisle, *1082*, 13 ; Marcadé, *1082*, 1 ; Troplong, n° 2360 ; Zach., Massé et Vergé, § 517, note 6 ; Dict. not., *Inst. contract.*, n° 60 ; Roll., *ibid.*, n° 13. Nîmes, 8 janv. 1850 ; CONTRA, Toullier, V, 830.
(2) Coin-Delisle. *1082*, 14 à 18 ; Marcadé, *1082*, 1 ; Troplong, n° 2364 ; Zach., Massé et Vergé, § 517, note 3 ; Dict. Not., *Inst. contract.*, n° 9 ; Roll., *ibid.*, n° 10 ; Rouen, 5 mars 1834 ; Cass., 1er mars 1824 ; 13 juill. 1855 ; Besançon, 9 juin 1862 ; J. N., 17636 ; CONTRA, Duranton, IX, 676, 730 ; Roll., *Don. en fav. du mar.*, n° 41.
(3) Grenier, n° 431 ; Coin-Delisle, *1082*, 10 ; Zach., Massé et Vergé, § 517, note 10 ; Troplong, n° 2368 ; Mourlon, II, p. 494 ; Dict. Not., *Inst. contract.*, n° 50.
(4) Duranton, IX, 723 ; Coin-Delisle, *1082*, 11 ; Troplong, n° 2371 ; Marcadé, *1083*, 1 ; Mourlon, II, p. 494 ; Massé et Vergé, § 417.
note 21, et 517, note 11 ; Dict. Not., *Inst. contract.*, n° 57 ; CONTRA, Grenier, n° 431.
(5) Pau, 31 juill. 1855 ; J. N., 15725.
(6) AFFIRMATIVE : Duranton, IX, 724 ; Tessier, *Dot.*, 1, p. 340, note 507 ; Dict. Not., *Inst. contract.*, n° 51 ; Vazeille, *1082*, 16 ; Cubain, *Droit des femmes*, n° 364 ; Zach., § 517, note 12 ; Troplong, *Cont. de mar.*, n° 3272 et *Don.*, n° 2371 ; Grenoble, 11 juin 1851 ; Rouen, 18 nov. 1854 ; J. N., 14725. — NÉGATIVE : Rodière et Pont, *Contr. de mar.*, II, 4941, Odier, *ibid.*, n° 1248 ; Dalloz, *ibid.*, n° 3466 ; Pont, *Rev. crit.*, 1853, p. 446 ; Demolombe, *Rev. crit.*, 1851, p. 418. Nîmes, 18 fév. 1834 ; Caen, 16 août 1842 et 28 mars 1843 ; Agen, 28 janv. 1850 ; Trib. Pau, 8 déc. 1860 ; M. T. 1861, p. 213.
(7) Grenier, n° 430 ; Roll., *Don. en fav. du mar.*, n° 37.
(8) Duranton, IX, 675 ; Coin-Delisle, *1082*, 12.

en faveur duquel elle a lieu ; les enfants issus d'un mariage antérieur ou d'un subséquent mariage ne peuvent donc jamais y être appelés, même par une clause formelle (1).

220. L'institution contractuelle ne peut être faite directement aux enfants à naître du mariage ; elle doit, à peine de nullité, s'adresser en premier lieu aux époux, puis, en cas de prédécès, à leurs descendants (2), mais elle peut contenir la stipulation qu'elle sera caduque en cas de prédécès du donataire laissant des enfants ; ceux-ci alors sont exclus de la donation (3). Les descendants appelés à recueillir la libéralité, en cas de prédécès du donataire, sont les enfants du mariage ou leurs descendants, selon les règles de la représentation admises pour les successions *ab intestat* (4). Si l'un des enfants renonce, sa part accroît aux autres (5).

221. L'institué, comme l'héritier, a la saisine du jour du décès, sans être tenu de demander la délivrance (6), et il est tenu *ultra vires* au payement des dettes et charges de la succession (7), sauf acceptation bénéficiaire.

222. L'institution contractuelle est irrévocable, en ce sens seulement que le donateur ne peut plus disposer à titre gratuit, même manuellement (9) ou par actes déguisés sous la forme de contrats onéreux (10), ni par contrat de mariage (11), des objets compris dans la donation, si ce n'est pour sommes modiques, à titre de récompense (12) ou autrement (C. N., *1083*), pourvu, dans ce cas, que la disposition soit faite à titre particulier, car si elle avait lieu pour une quote-part, même très-minime, elle serait nulle (13).

223. L'instituant ne peut s'interdire de disposer pour sommes modiques (14). Il peut se réserver de disposer des biens compris en l'institution jusqu'à concurrence d'une valeur ou même d'une quotité déterminée (15). Si l'instituant a fait des dispositions supérieures, elles sont sujettes à retranchement en

---

De l'universalité des biens meubles et immeubles qui composeront la succession de la donatrice, sans exception ; en conséquence, elle institue le futur époux son héritier unique et universel.

En cas de prédécès du donataire, ses descendants à naître du mariage projeté recueilleront la libéralité, s'ils survivent à la donatrice.

La donatrice s'interdit formellement toute disposition par acte entre-vifs ou testamentaire, au préjudice du donataire, si ce n'est pour sommes modiques, à titre de récompense ou autrement.

3° *De quotité par un étranger.* (Nos 213 à 226 et 234 à 239.)

En considération du mariage et conformément aux art. 1082 et 1083 du Code Napoléon, M. LORIN, comparant, fait donation entre-vifs, par préciput ou hors part,

Au futur époux qui accepte,

Du quart des biens meubles et immeubles qui composeront la succession du donateur,

(1) Grenier, n° 421 ; Toullier, V, 851 ; Coin-Delisle, *1082*, 36 ; Durauton, IX, 722 ; Marcadé, *1082*, 2 ; Troplong, n° 2557 ; Mourlon, II p. 494 ; Dict. Not., *Inst. contract.*, n°s 37, 42 ; Roll., *ibid.*, n° 400 ; Bourges, 19 déc. 1821.

(2) Toullier, V, 852 ; Duranton, IX, 729 ; Coin-Delisle, *1082*, 27 ; Massé et Vergé, § 517, note 13 ; Mourlon, II, p. 494 ; Marcadé, *1082*, 2 ; Troplong, n°s 2360, 2440 ; Dict. Not., *Instr. contract.*, n° 30 ; Paris, 25 mai 1849 ; J. N., 13808.

(3) Grenier, n° 421 ; Duranton, IX, 677 ; Vazeille, *1082*, 5 ; Marcadé, *1082*, 2 ; Massé et Vergé, § 517, note 4 ; Roll., *Inst. contract.*, n° 32 ; CONTRA, Coin-Delisle *1082*, 29 à 35.

(4) Grenier, n° 419 ; Toullier, V. 843 ; Duranton, IX, 685 ; Coin-Delisle *1082*, 4 ; Marcadé. *art. 1082* ; Zach., Massé et Vergé, § 517, note 13.

(5) Duranton, IX, 687 ; Coin-Delisle, *1082*, 45.

(6) Troplong, n° 2366 ; Dict. Not., *Instr. contract.*, n° 39 ; Roll., *ibid.*, n°s 7 et 94 ; Trib. Seine, 27 fév. 1833 ; CONTRA, Marcadé, *1082*, 5 ; Massé et Vergé, § 517, note 27.

(7) Grenier, n° 433 ; Toullier, V, 817 ; Vazeille, *1085*, 3 ; Troplong.

n° 2365 ; Massé et Vergé, § 517, note 27 ; Roll., *Inst. contr.*, n°s 90, 95 ; CONTRA, Marcadé, *1082*, 5.

(8) Lyon, 12 déc. 1862 ; M. T., 1863, p. 192.

(9) Grenier, n° 442 ; Toullier, V, 835 ; Coin-Delisle, *1083*, 5 ; Roll., *Inst. contract.*, n° 6.

(10) Grenier, Toullier, Coin-Delisle, *loc. cit.* ; Duranton, IX, 709 ; Zach., § 517, note 21 ; Dict. Not., *Inst. contract.*, n° 7 ; Roll., *ibid.*, n° 68.

(11) Lyon, 28 janv. 1835 ; J. N., 15728.

(12) Paris, 18 avril 1859, J. N., 16615.

(13) Grenier, n° 443 ; Duranton, IX, 705 ; Coin-Delisle, *1083*, 10 ; Vazeille, *1083* ; Marcadé, *art. 1083* ; Dict. Not., *Inst. contract.* n° 10 ; Roll., *ibid.*, n° 74 ; Cass., 23 fév. 1818 et 2 fév. 1819.

(14) Duranton, IX, 712 ; Zach., § 517, note 25 ; Coin-Delisle, *1083*, 17 ; Cass., 4 déc. 1810 ; CONTRA, Roll., *Inst. contract.*, n° 79.

(15) Duranton, IX, 743 ; Dict. Not., *Inst. contract.*, n° 17 ; Roll., *Don. en fav. de mar.*, n° 96.

commençant par les donations les plus récentes et en remontant, s'il est nécessaire, jusqu'aux plus anciennes (1).

224. L'institué ne peut donc, du vivant de l'instituant, renoncer au bénéfice de l'institution (2); mais il peut y renoncer après le décès de l'institué, si d'ailleurs il n'a pas fait acte d'héritier (3).

225. L'interdiction de disposer à titre gratuit des biens compris dans l'institution est d'ordre public; et ne pourrait être validée par le consentement de l'institué, qui ne saurait produire plus d'effet qu'une renonciation à une succession future (4).

226. L'instituant conserve la faculté d'aliéner à titre onéreux (5) les biens compris dans la disposition, même à rente viagère, pourvu que ce soit sans fraude (6). La clause par laquelle le donateur s'interdirait la faculté d'aliéner serait nulle en exécution de l'art. 1130 du Code Nap. (7).

227. *Donation cumulative de biens présents et à venir* [FORM. 50]. La donation par contrat de mariage peut être faite comulativement des biens présents et à venir, en tout ou en partie, pourvu qu'il soit annexé à l'acte un état des dettes et charges du donateur existantes (8) au jour de la donation ; auquel cas il est libre au donataire, lors du décès du donateur, de s'en tenir aux biens présents en renonçant au surplus des biens du donateur (*C. N., 8084*). Si l'état dont il vient d'être question n'a point été annexé à l'acte contenant donation des biens présents et à venir, le donataire est obligé d'accepter ou de répudier cette donation pour le tout. En cas d'acceptation, il ne peut réclamer que les biens qui se trouvent existants au jour du décès du donateur, et il est soumis au payement de toutes les dettes et charges de la succession (*C. N., 1085*); en conséquence il ne peut critiquer les ventes faites par le donateur, puisqu'en sa qualité de successeur et comme tenu des dettes, il est obligé de garantir ces ventes (9).

228. La donation cumulative des biens présents et à venir ne dessaisit pas le disposant de ses biens présents (10), puisqu'il conserve la faculté de les aliéner à titre onéreux (11). Mais, à la différence de

---

sans exception; en conséquence, il institue le futur époux son héritier pour cette portion. En cas de prédécès du donataire, etc. (*Voir la formule précédente.*)

4o *D'une somme fixe.* (Nos 215 et 234 à 239.)

En considération du mariage....., etc.

D'une somme de quatre mille francs sur les plus clairs biens que le donateur laissera à son décès, et qu'il oblige ses héritiers ou autres successeurs à payer au futur époux, au domicile à cet effet élu à . . . . ., en l'étude de Me . . . . ., notaire soussigné, dans les trois mois du décès du donateur, sans intérêt.

En cas de prédécès du donateur, etc. (*Le surplus comme en la formule 49, 2o.*)

FORMULE 50. Donation cumulative de biens présents et à venir. (Nos 227 à 239.)

En considération du mariage, et conformément aux art. 1084 et suivants du Code

---

(1) Troplong, no 2463 ; Cass., 7 juin 1808.

(2) Coin-Delisle. *1086*, 9 ; Troplong, no 2355 ; Massé et Vergé, § 517, note 29 ; Larombière, *1130*, 20 ; Dict. Not., *Inst. contract.*, no 47 ; Roll., *ibid.*, no 105 ; Riom, 30 avril 1811 ; Lyon, 16 janv. 1838 ; Toulouse, 15 avril 1812 ; Cass., 28 juill. 1818, 3 fév. 1835, 16 août 1841 ; J. N., 10243, 11082; CONTRA, Grenoble, 15 mars 1820.

(3) Troplong, no 2356 ; Massé et Vergé, § 517, note 20 ; Cass., 11 janv. 1853.

(4) Grenier, no 446 ; Roll., *Inst. contract.*, no 83 ; Troplong, no 2355.

(5) Grenier, no 412 ; Marcadé, *art. 1083* ; Coin-Delisle, *1083*, 1 ; Troplong, no 2349 ; Roll., *Inst contract.*, no 59.

(6) Duranton, IX, 711 ; Coin-Delisle, 1083, 2 ; Troplong, no 2354 ; Zach., Massé et Vergé, § 517, note 21 ; Dict. Not., *Inst. contract.*

no 14 ; Roll., *ibid.*, no 61 ; Riom, 4 déc. 1810 ; Cass., 15 nov. 1836 16 août 1841 ; J. N., 11082.

(7) Marcadé, *art. 1083* ; Vazeille, *1033*, 8 ; Roll., *Inst. contract.*, no 63. Voir cependant Troplong, no 2349; Dict. not., *Inst. contract.*, no 29 ; Coin-Delisle. *1083*, 3.

(8) Si des dettes résultent d'un compte courant, la donation doit mentionner le solde de ce compte au débit du donateur : Montpellier, 7 déc. 1860 ; Cass., 13 nov. 1861 ; J. N., 17242, 17307.

(9) Troplong, no 2391.

(10) Grenier, no 434; Duranton, IX, 735 ; Troplong, no 2400 ; Coin-Delisle, *1084*, 6 ; Marcadé. *1085*, 2 ; Roll., *Don. en fav. de mar.*, no 54 ; Cass., 1er déc. 1829 ; Bordeaux, 19 juill. 1831 et 16 juill. 1863. Journ. du Not., 1863, p. 341 ; V. Toulouse, 30 juill. 1859 ; J. N., 16729.

(11) Mais non à titre gratuit : Vazeille, *1084*, 3 ; Coin-Delisle, *1084*, 6 ; Zach., § 518, note 7; Troplong. no 2415 ; Cass., 27 fév. 1821 ; 31 mars 1840.

l'institution contractuelle qui est indivisible, le simple donataire peut, après le décès du donateur, si l'état des dettes a été annexé, diviser la donation et renoncer aux biens à venir pour s'en tenir aux biens présents; de cette manière, la disposition se transforme en une donation de biens présents dont l'effet remonte au jour de la donation ; alors c'est du jour de l'acte que le donataire est réputé propriétaire, et toutes aliénations, même à titre onéreux, toutes hypothèques consenties par le donateur, postérieurement à la transcription de la donation, *infra n° 252*, sont nulles à l'égard du donataire et ne peuvent lui être opposées (1).

229. Il ne faut donc pas voir dans la donation de biens présents et à venir deux dispositions, l'une de biens présents produisant les mêmes effets que la donation entre-vifs ordinaire, l'autre de biens à venir soumise aux règles des institutions contractuelles; cependant, si le donataire use de la faculté de renoncer aux biens à venir, elle se transforme, au décès du donateur, ainsi qu'on vient de le dire, en une donation de biens présents (2). Du reste, les parties sont libres de diviser la disposition, si elles veulent éviter la donation cumulative de biens présents et à venir, en faisant : 1° une donation de biens présents, soumise à toutes les règles des donations entre-vifs, avec réserve du droit de retour, voir notre *Traité form., n° 2540* ; 2° une institution contractuelle pour les biens que le donateur laissera à son décès, *supra n° 215*.

230. La donation de biens présents et à venir pouvant se transformer en une donation de biens présents, *supra n° 228*, doit contenir la désignation des biens présents et l'état estimatif du mobilier (3), voir notre *Traité form. n° 2490*.

231. Si le donataire renonce aux biens à venir pour s'en tenir aux biens présents, et que les dettes portées en l'état aient été acquittées par le donateur, le donataire en doit compte à sa succession (4).

232. Il n'y a nécessité de faire transcrire la donation de biens présents et à venir que dans la prévision de la transformation en une simple donation de biens présents, afin qu'elle soit opposable aux

---

Napoléon, M. LORIN, comparant, fait donation entre-vifs par préciput ou hors part,

Au futur époux, son neveu, qui accepte,

De l'universalité des biens meubles et immeubles présents et à venir du donateur, sans aucune exception ;

Les biens présents du donateur consistent dans :

Premièrement. Les meubles et objets mobiliers..., etc.

Deuxièmement. Une créance de..., etc.

Troisièmement. Et les biens immeubles dont la désignation suit :

1° Une maison..., etc. (*Désigner les immeubles.*)

Les dettes actuelles du donateur s'élèvent à six mille deux cents francs et sont détaillées en un état dressé par les parties à la date de ce jour, sur une feuille de papier au timbre de un franc; lequel devant être enregistré avant ou avec ces présentes, est demeuré ci-joint, après avoir été des parties certifié véritable par une mention d'annexe signée d'elles et des notaires.

Lors du décès du donateur, il sera loisible au donataire de s'en tenir aux biens présents, en renonçant au surplus des biens; ce qui aura pour objet de transformer la présente donation en une donation de biens présents dont l'effet remontera à cejourd'hui, et le donataire ne sera tenu que des dettes actuelles qu'il payera aux créanciers ou qu'il remboursera aux héritiers du donateur si elles ont été acquittées par lui.

Le donataire aura la jouissance du tout à partir du décès du donateur.

---

(1) Coin-Delisle, *1084* 6; Marcadé, *1085*, 2; Zach., Massé et Vergé, § 548, note 7; Troplong, n°s 2391, 2401; Roll., *Don. en fav. de mar.*, n° 63.
(2) Coin-Delisle, *1084*, 4; Marcadé, *1085*, 2; Zach., Massé et Vergé, 518, note 3.

(3) Toullier, V, 854; Durantou, IX, 733; Marcadé, *1085*, 3; Roll., *Don. en fav. de mar.*, n° 44; CONTRA, Grenier, n° 435; Troplong, n° 2143.

(4) Marcadé, *1085*, 3.

tiers (1), *supra n° 228*. Pour le mode et les effets de la transcription, voir notre *Traité form. n°s 2478 et suiv.*

233. Si le donataire est décédé avant le donateur, ses enfants deviennent donataires à sa place, *supra n° 220*, et s'ils renoncent aux biens à venir pour s'en tenir aux biens présents, la disposition remonte au jour de la donation, *supra n° 228*, alors même qu'ils auraient renoncé à la succession de leur auteur (2).

234. *Dispositions communes aux formes de libéralités qui précèdent.* La donation par contrat de mariage, qu'elle soit de biens présents seulement (3), *supra n° 197*, ou des biens à venir, ou à la fois des biens présents et à venir, en faveur des époux et, en cas de prédécès, des enfants à naître de leur mariage, peut être faite, à condition de payer indistinctement toutes les dettes et charges de la succession du donateur, ou sous d'autres conditions dont l'exécution dépendrait de sa volonté, par quelque personne que la donation soit faite; le donataire est tenu d'accomplir ces conditions, s'il n'aime mieux renoncer à la donation (C. N., 1086).

235. Lorsque le donateur, par contrat de mariage, s'est réservé la liberté de disposer d'un effet compris dans la donation de ses biens présents, ou d'une somme fixe à prendre sur ces mêmes biens, voir notre *Traité form. n° 2475*, l'effet ou la somme, s'il meurt sans en avoir disposé, sont censés compris dans la donation et appartiennent au donataire ou aux enfants issus du mariage (C. N., 1086).

236. Les donations faites par contrat de mariage ne peuvent être attaquées, ni déclarées nulles, sous prétexte de défaut d'acceptation (C. N., 1087). Elles ne sont pas révocables pour cause d'ingratitude (C. N., 959).

237. Toute donation faite en faveur du mariage est caduque si le mariage ne s'ensuit pas (C. N., 1088), ou si, ayant été célébré, il est annulé (4).

238. Les donations faites à l'un des époux dans les termes des art. 1082, 1084 et 1086, *supra n°s 215, 227, 254, 255*, deviennent caduques si le donateur survit à l'époux donataire et à sa postérité (C. N., 1089) issue du mariage en faveur duquel la libéralité a été faite: quant à la donation de biens présents, *supra n° 197*, contenant la réserve de disposer d'un objet ou d'une somme, elle est également caduque en ce qui concerne l'objet ou la somme, si le donataire et sa postérité décèdent avant le donateur (5).

239. Toutes donations faites aux époux par leur contrat de mariage sont, lors de l'ouverture de la succession du donateur, réductibles à la portion dont la loi lui permet la disposition (C. N., 1090). Cette réduction a lieu à la date du contrat de mariage (6), mais avant les dons ou legs modiques, à titre de récompense ou autrement, que l'instituant aurait mis à la charge de l'institué dans les termes de l'art. 1083. *supra n° 222*; comme aussi, avant les dons ou legs que le donateur aurait faits des objets ou sommes dont il se serait réservé la disposition (7), *supra n°s 223, 255.*

Une expédition de la présente donation sera transcrite au bureau des hypothèques de…, afin d'être opposable aux tiers, si, par suite de la renonciation aux biens à venir, elle se transforme en une donation de biens présents.

En cas de prédécès du donataire, ses descendants à naître du mariage projeté recueilleront la libéralité s'ils survivent au donateur, et, comme lui, ils auront la faculté de s'en tenir aux biens présents en renonçant à ceux à venir.

---

(1) Grenier, n° 547 ; Duranton, IX, 737; Coin-Delisle, *939*, 18; *1084*, 7; Zach., § 518, note 14; Marcadé, *1084*, 2 ; Troplong, n° 1160; Dict. Not., *Don. par contr. de mar.*, n° 68; Roll., *Don. en fav. de mar.*, n° 46.

(2) Grenier, n° 434; Duranton, IX, 736; Marcadé, *1085*, 4 ; Troplong. n° 2409 ; Massé et Vergé. § 518, note 13 ; Dict. Not., *Don. par contr. de mar.*, n° 45; Roll., *Don. en faveur de mar.*, n°s 73, 74.

(3) Grenier, n° 408; Toullier, V, 825; Duranton, IX. 669, 741; Roll.,

Don. en fav. de mar., n° 86; Cass., 27 déc. 1815, 17 août 1841 ; contra. Coin-Delisle, *1086*, 4.

(4) Troplong, n° 2423 ; Zach., § 515, note 5.

(5) Grenier, n°s 408, 438, 439 ; Toullier, V, 825, 830 ; Duranton, IX, 741; Dict. Not., *Don. par contr. de mar.*, n° 99 ; Roll., *Don. en fav. de mar.*, n°s 89, 90.

(6) Troplong, n°s 2505, 2506 ; Mourlon. II, p. 501.

(7) Troplong, n°s 2509, 2510; Grenier, n° 609 ; Coin-Delisle, *1090*, 5 et 6.

240. *Promesse d'égalité* [Form. 51]. Est considérée comme institution contractuelle la disposition par laquelle les père et mère font une promesse d'égalité en faveur de leur enfant, c'est-à-dire s'interdisent de faire aucun don ou legs susceptible de diminuer sa portion héréditaire dans leurs successions ; cette disposition ne profite qu'à l'enfant en faveur duquel elle a été faite, et les père et mère conservent la faculté de disposer de la quotité disponible sur les parts de leurs autres enfants (1). Il a été jugé qu'il y a promesse d'égalité de la part du père qui, dans le contrat de mariage de son fils, déclare consentir qu'après son décès son fils s'empare de sa succession et la partage avec sa sœur, dans l'état qu'elle se trouvera et par moitié entre eux (2).

CHAPITRE SEPTIÈME

DES DONATIONS ENTRE ÉPOUX PAR CONTRAT DE MARIAGE.

241. Les époux peuvent, par contrat de mariage, se faire réciproquement, ou l'un des deux à l'autre, telles donations qu'ils jugent à propos, sous les modifications ci-après (C. N., 1091).

242. Toute donation entre-vifs de biens présents faite entre époux par contrat de mariage [Form. 52] n'est point censée faite sous la condition de survie du donataire, si cette condition n'est formellement exprimée ; et elle est soumise à toutes les règles et formes prescrites pour ces sortes de donations (C. N., 1092). Il y a donc lieu de la faire transcrire au bureau des hypothèques si elle comprend des immeubles (3).

243. Lorsque la donation, faite par le futur à la future, avec ou sans condition de survie, comprend une somme d'argent ou même une rente viagère [Form. 53, 5°], la future épouse a hypothèque légale sur les biens de son mari du jour du mariage, s'il résulte des termes de la donation qu'il y ait dessaisissement actuel, quoique subordonné à la survie de la donataire (4). La donation d'une somme à prendre sur les plus clairs deniers de la succession n'est qu'une donation de biens à venir, ne donnant pas lieu à l'hypothèque légale de la femme (5).

FORMULE 51. — Promesse d'égalité. (N° 240.)

En considération du mariage, M. et Mme DUHAMEL, père et mère de la future épouse, s'interdisent de faire aucune disposition par acte entre-vifs ou testamentaire, en faveur de qui que ce soit, au préjudice de leur fille future épouse, ou, si elle prédécède, de ses enfants à naître du mariage projeté ; en conséquence ils leur garantissent l'intégralité de la portion héréditaire de la future épouse dans leurs successions.

§ 7. -- DES DONATIONS ENTRE ÉPOUX PAR CONTRAT DE MARIAGE.

FORMULE 52. — Donation de biens présents. (N°s 241 et 242.)

En considération du mariage, M..., futur époux, fait donation entre-vifs, avec dessaisissement actuel,

(1) Duranton, IX, 655, 608, 699 ; Zach., Massé et Vergé, § 517, note 21 ; Coin-Delisle, *1082*, 65 ; *1083*, 49 ; Troplong, n°s 2358, 2376 ; Roll., *Inst. contract.*, n° 50 ; Paris, 26 janv. 1833, 28 janv. 1852 ; Douai, 28 mars 1835 ; Limoges, 20 fév. 1844, 23 juill. 1862 ; Besançon, 11 juin 1844 ; Cass., 11 mars 1834, 26 mars 1845 ; Bordeaux, 15 déc. 1848, 14 juin 1859, 20 janv. 1863 ; J. N., 13170, 14615, 16652 ; Sirey, 1863, II, p. 98.

(2) Bordeaux, 22 mai 1861, 28 janv. 1863 ; Jur. N., 12122. Voir aussi l'au, 16 mai 1863 ; M. T., 1863, p. 300.

(3) Grenier, n° 445 ; Duranton, VIII, 505 ; Coin-Delisle, *1092*, 7 ; Troplong, n° 1168 ; Meurlon. II, p. 507 ; Cass., 4 janv. 1830, 10 mars 1840.

(4) Toulouse, 24 mai 1855 ; J. N., 15635.

(5) Pont, *Hyp.*, n° 438 ; Riom, 4 déc. 1810, Metz. 5 août 1819 et 28 juin 1859 ; Caen, 3 janv. 1854 ; Rouen, 1er juill. et 26 déc. 1856 ; Cass., 12 fév. 1817, 15 nov. 1836, 16 mai 1855 ; J. N., 15635, 16816 ; Bordeaux, 1er juin 1863 ; M. T., 1864, p. 402.

244. La donation de biens à venir ou de biens presents et à venir, faite entre époux par contrat de mariage, soit simple, soit réciproque, est soumise aux règles établies à l'égard des donations pareilles qui leur sont faites par un tiers, voir notre *Traité form.* n° 2960. [Form. 53, 1°]; sauf qu'elle n'est point transmissible aux enfants issus du mariage, en cas de décès de l'époux donataire avant l'époux donateur (C. N., 1093).

245. L'époux peut, soit par contrat de mariage, soit pendant le mariage, disposer en faveur de son conjoint : s'il ne laisse point d'héritiers à réserve, de la totalité de ses biens ; — s'il laisse des enfants ou autres descendants, d'un quart en propriété et d'un quart en usufruit, ou de la moitié en usufruit de la totalité des biens ; — enfin, s'il ne laisse point d'enfants ou autres descendants, mais qu'il laisse des ascendants venant à sa succession, voir notre *Traité form.* n° 5050, en propriété de toute la portion disponible, *ibid.*, n° 5048, et en outre en usufruit, de la totalité de la portion dont la loi prohibe la disposition au préjudice des ascendants (C. N., 1094).

246. La quotité disponible entre époux, en cas d'existence d'enfants, à la différence de la quotité disponible ordinaire, ne varie pas selon le nombre des enfants; elle ne peut s'étendre lorsqu'il n'y a qu'un enfant à la quotité disponible ordinaire, qui dans ce cas est de moitié en pleine propriété (1).

A Mᵉ . . . , future épouse, qui accepte,

1° D'une pièce de terre labourable, située. . . , etc. ;

2° D'une somme de quarante mille francs, qui sera payée à la future épouse dans l'année du décès du futur époux, sans intérêt;

3° Et d'une rente viagère de cinq cents francs par an, sur la tête et pendant la vie de la future épouse, qui prendra cours du jour du décès du futur époux, et sera payable en la demeure de la future épouse, chaque année, en deux termes égaux, de six mois en six mois.

La pièce de terre donnée appartient. . . , etc. (*Établir l'origine de propriété.*)

La future épouse sera propriétaire dès ce jour des objets donnés, mais sous la condition de survie ci-après exprimée, et elle en prendra la jouissance lors du décès du futur époux.

Cette donation est subordonnée à la condition de survie de la future épouse, et conséquemment sera sans effet si la future épouse vient à décéder avant son mari.

Une expédition des présentes sera transcrite, etc. . . .

FORMULE 53. — Donation de biens à venir.

1° *Universalité en pleine propriété: réduction à la portion disponible ; usufruit de la réserve des ascendants.*
(Nᵒˢ 244 à 247.)

En considération du mariage, les futurs époux se font donation entre-vifs au profit du survivant, ce qui est accepté par chacun d'eux,

De l'universalité des biens meubles et immeubles qui composeront la succession du premier mourant, sans aucune exception.

Le survivant aura la pleine propriété du tout au jour du décès du premier mourant.

En cas d'existence d'enfants du mariage, lors de sa dissolution, ou de descendants d'eux, la présente donation sera réduite à la portion disponible la plus large entre époux, c'est-à-dire à un quart en toute propriété et un quart en usufruit.

S'il n'y a point d'enfants ou d'autres descendants, mais qu'il existe un ou plusieurs ascendants auquel la loi accorde une réserve, le survivant, indépendamment de la portion disponible en pleine propriété, aura l'usufruit des biens composant la réserve.

(1) Toullier, V, 869 ; Grenier, n° 581 ; Duranton, IX, 793 ; Proudhon., *Usuf.*, I, 355; Coin-Delisle, *1094*, 5 ; Troplong, n° 2550; Marcadé, *1094*, et *Rev. crit.*, 1852, p. 532 ; Massé et Vergé, § 100, note 8; Dict. not., *Port. disp.*, n° 159 ; Roll., *ibid.*, n° 167 ; Nîmes, 20 juin 1807;   Riom, 8 mars 1842 ; Montpellier, 8 fév. 1813 ; Cass., 3 déc. 1844 ; J. N., 11774, 12200; contra, Benech, *Quot. dispon.*, p. 101 ; Valette, *Journ Droit*, 11 mars 1846 ; Zach., § 469 not : 8.

247. Lorsqu'un époux a donné à son conjoint la pleine propriété de la totalité de ses biens, sans fixer la réduction légale, s'il y a lieu, ou en se bornant à dire que la libéralité sera réduite conformément à la loi, la disposition est réduite à la quotité disponible la plus large entre époux, c'est-à-dire, en cas d'existence d'enfants, à un quart en propriété et un quart en usufruit; et en cas d'existence d'ascendants, à la propriété de la quotité disponible et à l'usufruit de la réserve des ascendants (1). S'il a donné de la même manière l'usufruit de l'universalité des biens [Form. 53, 2°], il est à présumer que l'époux ne voulait donner à son conjoint qu'un usufruit; d'où il suit qu'en cas d'existence d'ascendants, la donation n'est pas réductible, et qu'en cas d'existence de descendants, elle est réductible à la quotité disponible la plus large en usufruit, soit à moitié (2); voir toutefois notre *Traité form. n° 5099*. Il est toujours préférable, dans le but d'éclairer les parties, de déterminer la réduction par l'acte qui renferme la libéralité.

248. La donation de l'usufruit de l'universalité des biens que le donateur laissera à son décès, comprend l'usufruit éventuel des biens dont le donateur n'a, lors de son décès, que la nue propriété (3).

249. L'usufruitier peut être dispensé de fournir caution, même lorsque son usufruit frappe sur la réserve des héritiers, ascendants ou descendants, voir notre *Traité form. n° 1502*.

Le survivant jouira de l'usufruit pendant sa vie, à compter du jour du décès du premier mourant, sans être tenu de fournir caution ni de faire emploi des valeurs mobilières, mais à la charge de faire faire inventaire.

2° Universalité en usufruit; réduction à moitié. (Nos 247 à 249.)

En considération du mariage, les futurs époux se font donation entre-vifs au profit du survivant, ce qui est accepté par chacun d'eux,
De l'usufruit de l'universalité des biens meubles et immeubles qui composeront la succession du premier mourant, sans aucune exception.
Cette donation ne subira aucune réduction en cas d'existence d'ascendants; mais s'il existe des enfants du mariage projeté ou des descendants d'eux, elle sera réduite à la moitié aussi en usufruit des mêmes biens meubles et immeubles.
Le survivant jouira de l'usufruit donné pendant sa vie, à compter du jour du décès du premier mourant, sans être tenu de fournir caution ni de faire emploi des valeurs mobilières, mais à la charge de faire faire inventaire.

3° Universalité en usufruit, avec conversion, si elle est demandée, en donation d'un quart en propriété et un quart en usufruit. (N° 250.)

En considération du mariage. . . . , etc.
De l'usufruit de l'universalité. . . . , etc.
En cas d'existence d'enfants du mariage lors de sa dissolution, ou de descendants d'eux, si un ou plusieurs des enfants ou autres descendants exigent la réduction de cette donation à la portion disponible, le survivant aura droit à un quart en propriété et un quart en usufruit des biens formant la part héréditaire de ceux des enfants ou autres descendants qui exigeront la réduction.
Le survivant jouira de l'usufruit. . . . . , etc. (*Voir la formule précédente.*)

---

(1) Grenier, n° 450; Toullier, V, 805; Proudhon, Usuf., I, 354; Duranton, IX, 790, Coin-Delisle, 1094-7, 10 ; Troplong, n°s 2755 et suiv. ; Massé et Vergé, § 400, note 15; Marcadé, 1098, 3; Dalloz, n° 805 ; Mourlon, II, p. 511 ; Dict. not., Port. disp., n°s 464, 272 ; Roll., ibid., n°s 230, 231; Agen, 14 déc. 1827 ; Caen, 20 mars, 1843 ; Riom, 16 déc. 1846, Paris, 30 déc. 1817, 28 déc. 1860 ; Lyon, 2 fév. 1853; Caen, 28 mai 1838 ; Pau, 29 nov. 1860; Cass., 18 nov. 1840, 30 juin 1842, 3 avril 1843, 21 avril 1854, 19 mars 1862; Paris, 1er mars 1861 ; J. N., 11621, 11902, 16463, 17094, 17956; contra, Agen, 26 nov. 1827 ; Bastia, 12 janv. 1859.
(2) Proudhon, Usuf., n° 326; Coin-Delisle, 1094-8; Marcadé,

1098, 2; Troplong. n° 2560 ; Dalloz, n° 824; Demolombe, XIX, 462 ; Dict. not., Port. disp., n° 328 ; Amiens, 15 fév. 1827 ; Bourges, 12 mars 1839; Angers, 8 juill. 1840 ; J. N., 10743; Caen. 26 mars 1843 et 24 déc. 1862; Sirey, 1863, II, p. 127 ; contra, Beneeh, Quot. disp., p. 436, 445; Poitiers, 20 mars 1825; Rouen, 8 avril 1853.
(3) Roll., Port. disp., p. 135; Schneider, J. N., 14427; Rouen. 20 déc. 1852; Rennes. 19 mai 1864; Bordeaux, 16 juin 1863. Trib. La Châtre, 27 août 1863; Journ. du Not., des 2 sept., 21 oct. et 18 nov. 1863; J. N., 14880, 17853 ; contra, Dissertation, J. N., 13795; Trib. Lisbonne, 9 déc. 1802; J. N., 17693.

250. On a vu, *supra* n° 247, que la donation de l'usufruit de tous les biens se réduit à l'usufruit disponible ; mais on peut stipuler qu'elle sera convertie en cas d'enfants, en une donation d'un quart en propriété et un quart en usufruit ; cette conversion peut aussi être imposée à titre de clause pénale, à défaut par les enfants de laisser au survivant l'usufruit de l'universalité des biens (1) [Form. 543, 3°].

251. C'est une question très-controversée que de savoir si les reprises des époux sont mobilières dans tous les cas, ou si elles sont mobilières ou immobilières selon qu'elles sont prélevées sur des meubles ou des immeubles ; dans le premier cas, le conjoint donataire des biens meubles aurait droit à la totalité des prélèvements opérés, même les immeubles ; tandis que, dans le deuxième cas, il n'aurait droit qu'à ceux effectués sur les biens meubles, voir notre *Traité form.* n° 5770. 6°. Afin d'éviter la difficulté, il est utile d'exprimer la volonté des parties à cet égard [Form. 53, 4°] ; les parties peuvent mobiliser la totalité des reprises en déclarant que la donation les comprendra toutes, qu'elles s'exercent sur du mobilier ou des immeubles.

252. La donation entre époux des biens meubles en propriété et des biens immeubles en usufruit, à défaut de stipulations à cet égard, est, en cas d'existence d'enfants, réductible à la quotité disponible la plus large en pleine propriété sur les biens meubles, et en usufruit tant sur les biens meubles que sur les biens immeubles. — *Premier exemple* : les biens meubles sont d'une valeur supérieure

4° *Pleine propriété des biens meubles et usufruit des biens immeubles.* (N°s 251 et 252.)

En considération du mariage......, etc.

De la pleine propriété des biens meubles et de l'usufruit des biens immeubles qui composeront la succession du premier mourant, sans aucune exception ; étant fait observer que les prélèvements du survivant sur la communauté, pour raison de ses reprises, seront considérés comme mobiliers, en tant qu'ils s'exerceront sur des biens meubles, et comme immobiliers en tant qu'ils s'exerceront sur les immeubles.

En cas d'existence d'enfants du mariage, lors de sa dissolution, ou de descendants d'eux, la présente donation sera réduite à la moitié en usufruit des mêmes biens meubles et immeubles. — *Ou bien* : sera réduite à un quart en propriété et un quart en usufruit. Le quart en propriété sera prélevé sur les biens meubles, et le quart en usufruit d'abord sur les biens meubles, s'il en reste, et subsidiairement sur les immeubles. Si les biens meubles ne s'élèvent point au quart de l'importance de la succession, la donation en pleine propriété sera réduite aux biens meubles, et le survivant aura l'usufruit des immeubles jusqu'à concurrence du surplus de ce quart, et d'un autre quart de la succession totale.

S'il existe des héritiers ascendants, leur réserve sera prise sur les immeubles et, en cas d'insuffisance, sur les biens meubles ; dans les deux cas, le survivant aura l'usufruit de leur réserve.

Le survivant aura la pleine propriété des biens donnés en propriété, dès l'instant du décès du premier mourant ; quant à l'usufruit, il en jouira pendant sa vie, aussi du jour du décès du premier mourant, sans être tenu de fournir caution ni de faire emploi des valeurs mobilières, mais à la charge de faire inventaire.

5° *Somme d'argent et rente viagère.* (N° 242.)

En considération du mariage, les futurs époux se font donation entre-vifs au profit du survivant, ce qui est accepté par chacun d'eux :

1° D'une somme de quatre mille francs qui sera payable au survivant dans les six mois du jour du décès du premier mourant ;

2° D'une rente viagère de six cents francs par an, sur la tête et pendant la vie du survivant, qui prendra cours du jour du décès du premier mourant et sera payable au survivant, en sa demeure, chaque année, en deux termes égaux, de six mois en six mois.

(1) Demolombe, XVIII, 281.

au quart de la succession, le conjoint donataire a droit au quart en propriété à prendre sur les biens meubles (1), puis au quart en usufruit à prendre, tant sur les meubles restants que sur les immeubles (2). — *Deuxième exemple* : la succession est d'une importance de 100,000 fr., les biens meubles sont d'une valeur de 10,000 fr., le conjoint donataire les prélève pour son don en pleine propriété, et il a l'usufruit sur les immeubles pour une valeur de 40,000 fr.

253. Lorsque le don est d'une rente viagère excédant ou paraissant excéder la quotité disponible entre époux, les héritiers ont l'option (*C. N.*, *917*), ou d'exécuter la disposition, ou d'abandonner au conjoint donataire la quotité disponible la plus large en propriété et en usufruit (3) ; jugé cependant que la rente doit être réduite au disponible le plus fort entre époux, c'est-à-dire à l'équivalent du quart en propriété et du quart en usufruit (4). En présence de cette controverse, il faut, dans l'acte qui renferme la libéralité, prévoir la réduction et la régler.

254. L'homme ou la femme qui, ayant des enfants d'un autre lit (5), contracte un second ou subséquent mariage, ne peut donner à son nouvel époux [Form. 54] qu'une part d'enfant légitime le moins prenant, calculée à raison du nombre de tous les enfants (6) du défunt, de quelque mariage qu'ils soient issus (7), et sans que, dans aucun cas, la donation puisse excéder le quart des biens (*C. N.*, *1098*) ; si elle excède cette quotité, elle y est réductible (8).

Les héritiers et représentants du premier mourant demeureront obligés solidairement au payement des quatre mille francs et au service de la rente viagère de six cents francs ; et pour garantir au survivant le service des arrérages de la rente viagère, ils seront tenus, soit de consentir, à son profit, une affectation hypothécaire sur des immeubles libres de toute charge et d'une valeur vénale de dix-huit mille francs au moins, soit d'acquérir six cents francs de rente trois pour cent sur l'État français, qu'ils feront immatriculer, pour la nue propriété en leurs noms, et pour l'usufruit au nom du survivant. Ils auront pour faire cette option six mois du jour du décès du premier mourant, sans que ce délai fasse obstacle au droit du survivant de demander la séparation des patrimoines.

Les frais que nécessiteront ces formalités seront supportés par les héritiers du premier mourant.

En cas d'existence d'héritiers à réserve, si cette donation est critiquée comme excédant la quotité disponible et que la réduction en soit demandée, les futurs époux, pour ce cas, se font donation entre-vifs, au profit du survivant, de la quotité disponible la plus large en pleine propriété et en usufruit sur la part héréditaire de celui ou de ceux qui demanderaient la réduction, sans que, pour jouir de l'usufruit, le survivant soit tenu de fournir caution ni de faire emploi des valeurs mobilières, ce dont il est dispensé, mais à la charge de faire faire inventaire.

FORMULE 54. — Donation entre époux lorsque l'un d'eux a des enfants d'un précédent mariage. (Nᵒˢ 254 à 258.)

En considération du mariage, les futurs époux se font donation entre-vifs, au profit du survivant, ce qui est accepté par chacun d'eux,

De l'usufruit de l'universalité des biens meubles et immeubles qui composeront la succession du premier mourant, sans aucune exception.

Cette donation ne subira aucune réduction en cas d'existence d'ascendants ; mais s'il existe des descendants, elle subira la réduction suivante :

---

(1) Et non pas seulement sur les immeubles, comme le dit à tort Roll., *Port. disp.*, nᵒ 129.

(2) Cass., 28 mai 1862 ; M. T., 1862, p. 366.

(3) Proudhon, *Usuf.*, nᵒ 345 ; Coin-Delisle, *1094*, 9 ; Dict. Not., *Port. disp*, nᵒ 335 ; Roll., *ibid.*, nᵒ 289 ; Douai, 22 mars 1836.

(4) Rouen, 9 avril 1853 ; J. N., 14087 ; contr., Troplong, nᵒ 2673 ; contra, Dalloz, nᵒ 908.

(5) Ce qui ne s'applique pas à des enfants adoptifs : Troplong,

nᵒ 2701 ; Massé et Vergé, § 461, note 4 ; contra, Zach., § 461, p. 462.

(6) Si les enfants ont prédécédé laissant de la postérité, les petits-enfants, même venant de leur chef, sont comptés seulement pour celui qu'ils représentent ou à la place duquel ils viennent : Grenier, nᵒ 705 ; Toullier, V, 877 ; Duranton, IX, 803 ; Coin-Delisle, *1098*, 16 ; Marcadé, *1098*, 2 ; Troplong, nᵒ 2747.

(7) Marcadé, *1098*, 2 ; Dalloz, 895 ; Roll., *Noces (secondes)*, nᵒ 79.

(8) Vazeille, *1098*, 17 ; Ancelot sur Grenier, IV, 708 ; Coin-Delisle, *1098*, 13. Voir cependant Troplong, nᵒ 2706, 2707.

255. Lorsqu'il existe un seul enfant du précédent mariage, quoique la quotité disponible ordinaire soit de moitié, le conjoint ne peut recevoir qu'un quart. S'il y a plus de trois enfants, on ajoute le conjoint au nombre des enfants (1) , et il prend une part égale à celui des enfants qui reçoit le moins; *exemple* : succession de 80,000 fr., quatre enfants ; le *de cujus* a disposé de 5,000 fr. par préciput en faveur de l'un de ses enfants (2) ; il reste 75,000 fr., dont le cinquième pour le conjoint et pour chacun des enfants est de 15,000 fr.(3).

256. La réduction peut être demandée aussi bien par les enfants issus du mariage en faveur duquel la donation a eu lieu (4) que par ceux du précédent mariage (5), pourvu cependant qu'à l'époque du décès du donateur, il existe des descendants du précédent mariage venant à la succession (6).

257. Lorsque le don est de l'usufruit d'une fraction supérieure au quart, ou même de l'universalité des biens, les enfants du premier lit ne peuvent exiger que la donation soit réduite à l'usufruit de la quotité disponible ; ils doivent, conformément à l'art. 917, offrir la portion disponible en pleine propriété (7). Si le don est d'une rente viagère, voir *supra* n° 245.

258. La quotité disponible en secondes noces ne peut être donnée qu'une fois : ainsi un époux, en se mariant en secondes noces, fait à sa femme une donation de biens présents sans condition de survie, jusqu'à concurrence de la quotité disponible ; si sa femme vient à décéder et qu'il se remarie, il ne pourra plus rien donner à sa nouvelle épouse (8), à moins que la quotité disponible ne soit venue à augmenter par le décès de l'un des enfants sans postérité ; alors il pourra disposer de la différence.

Si le premier mourant laisse seulement des enfants du mariage projeté ou des descendants d'eux, elle sera réduite à la moitié aussi en usufruit des mêmes biens meubles et immeubles.

Mais si c'est le futur époux qui prédécède, et qu'il existe des enfants de son précédent mariage ou des descendants d'eux, elle sera réduite à une part d'enfant légitime le moins prenant en pleine propriété (*ou* en usufruit), sans que cette part puisse excéder un quart des biens.

Ou bien à la place de la phrase précédente :

Si c'est le futur époux qui prédécède et qu'il existe des enfants de son précédent mariage ou des descendants d'eux, la présente donation sera également réduite à moitié en usufruit ; mais si, nonobstant cette stipulation, la réduction à la quotité disponible vient à être exigée, la future épouse aura droit à la quotité disponible la plus large en pleine propriété sur la part de celui ou de ceux des enfants qui auront exigé la réduction, le futur époux lui en faisant donation entre-vifs, pour ce cas.

Le survivant, dans tous les cas, jouira de l'usufruit donné, pendant sa vie, à compter du jour du décès du premier mourant, sans être tenu de fournir caution ni de faire emploi des valeurs mobilières, mais à la charge de faire faire inventaire.

FORMULE 55. — **Donation entre époux lorsque l'un des futurs est mineur.**
(N°s 260, 261.)

En considération du mariage, les futurs époux, la future avec le consentement et l'as-

---

(1) Grenier, n° 700; Toullier, V, 884; Dalloz, n° 809; Duranton, IX, 824; Coin-Delisle, *1098*, 13; Troplong, n° 2705; Zach., Massé et Vergé, § 461, note 21; Roll., *Noces (secondes)*, n° 92.

(2) Voir Duranton, IX, 815; Troplong, n°s 2708, 2727.

(3) Que le don par préciput à l'enfant ait été fait avant ou après celui fait au conjoint ; Troplong, n° 2712; Paris, 49 juill. 1833. — Si le don à l'enfant est rapportable, il est réuni fictivement à la masse, pour calculer la part d'enfant du conjoint sur la masse totale ; Coin-Delisle, *1098*, 13; Troplong, n° 2710; Paris, 27 fév. 1809.

(4) Grenier, n° 698; Toullier, V, 870; Duranton, IX, 817; Vazeille, *1098*, 3; Coin-Delisle, *1098*, 8; Zach., § 461, note 20, Mourlon, II,

p. 514; Roll., *Noces (secondes)*, n° 409 ; contra, Marcadé, *1098*, 3; Troplong, n° 2723 ; Massé et Vergé, § 461, note 20.

(5) Voir Grenoble, 14 avril 1850 ; M. T., 1859, p. 342.

(6) Coin-Delisle, *1098*, 9, 10.

(7) Bénech, *Quot. disp.*, p. 440; Proudhon, *Usuf.*, n° 349 ; Demolombe, XIX, 962; Dict. not.. *Port. disp.*, n° 350 ; Cass., 1er avril 1844; Douai, 22 mars 1846, 14 juin 1852; Orléans, 16 août 1853; Bordeaux, 3 juill. 1855 ; J. N., 15022; contra. Poitiers, 27 mai 1834. Voir aussi Caen, 10 déc. 1859; J. N., 17096.

(8) Toullier, V, 882; Grenier, n° 712; Dalloz, n° 873; Zach. Massé et Vergé, § 461, note 33; Marcadé, *1098*, 3; Roll., *Noces (secondes)*, n° 23; Troplong, n° 2720. Voir cependant Duranton, IX, 894.

259. Tout ce que nous avons dit *supra* n°ˢ 244 à 258, relativement à la quotité disponible entre époux est applicable, que la libéralité ait été faite par contrat de mariage, par acte de donation pendant le mariage, ou par testament.

260. Le mineur ne peut, par contrat de mariage, donner à l'autre époux, soit par donation simple, soit par donation réciproque, qu'avec le consentement et l'assistance de ceux dont le consentement est requis pour la validité de son mariage. voir notre *Traité form.* n°ˢ *943 et suiv.* [Fonм. 55] et avec ce consentement, il peut donner tout ce que la loi permet à l'époux majeur de donner à l'autre conjoint (C. N., *1095*).

261. Il n'est point indispensable que ceux dont le consentement est nécessaire assistent le mineur en personne ; ils peuvent se faire représenter par un mandataire (1) muni d'une procuration authentique (2) relatant sommairement les clauses et conditions du contrat de mariage, et aussi les donations à faire entre époux, le tout sous peine de nullité, *supra* n° *121*.

262. On peut apposer à une libéralité entre époux la condition que le donataire ne se remariera pas [Fonм. 56] : en conséquence est valable la stipulation que la donation sera résolue par le fait d'un second mariage (3), voir notre *Traité form.,* n° *2555*, 2°. A plus forte raison on peut stipuler que l'usufruit donné entre époux s'éteindra par le fait d'un second mariage ; c'est apposer à l'usufruit un terme conditionnel, voir notre *Traité form.* n° *1344, 10°*. On peut aussi stipuler que l'usufruit donné ne s'éteindra par le fait d'un second mariage, ou que la donation en pleine propriété ne sera résolue par le fait d'un second mariage, qu'autant que, lors du mariage, il existera des enfants ou autres descendants légitimes du donateur.

sistance de ses père et mère en raison de sa minorité, se font donation entre-vifs, au profit...... etc.

FORMULE 56. — **Résolution de donation en cas de second mariage.** (N° 262.)

En cas de convol à de secondes noces de la part du survivant, la présente donation sera résolue de plein droit par le fait seul du second mariage et à partir du jour de sa célébration civile ; et, comme conséquence, les biens qui auront été recueillis par le survivant en vertu de cette donation, reviendront dans la succession du premier mourant pour être partagés entre ses héritiers ou autres représentants.

Ou si la donation est d'un usufruit :

En cas de convol à de secondes noces de la part du survivant, l'usufruit donné s'éteindra de plein droit, par le fait seul de ce second mariage, à partir du jour de sa célébration civile.

Ou bien encore :

L'usufruit donné ne subira aucune extinction ni réduction en cas de convol à de secondes noces de la part du survivant, si lors de ce convol il n'existe point d'enfants ou autres descendants du mariage projeté ; mais si, au contraire, il existe des enfants ou autres descendants, l'usufruit donné s'éteindra de plein droit par le fait seul du second mariage et à partir du jour de sa célébration civile.

(1) Troplong, *Contr. de m.r.*, n° 282. et *Don.*, n° 2625; Duranton. IV, 765; Coin-Delisle, *1095*. 4 ; Zach., Massé et Vergé, § 319, note 4. Voir Cass., 19 mars 1838.
(2) Troplong, n° 2626.
(3) Toullier. V, 259; Grenier. n° 437; Proudhon, *Usuf.*, n° 409;

Duranton, VIII, 128; Coin-Delisle, *900*, 39; Saintespès, I, 435; Zach., Massé et Vergé, § 464, note 9: Rodière et Pont, *Contr. de mar.*, I, 52; Troplong, *ibid.*, n° 52; Toulouse, 25 avril 1836; Lyon, 22 déc 1829; Limoges, 31 juill. 1839; Cass., 8 janv. 1849; Douai, 10 juill. 1861; J. N., 10818, 13663. 1722¹; covтra, Pezzani, n° 135; Dalloz, n° 430.

CHAPITRE HUITIÈME.

DES DÉPOTS D'EXTRAITS DE CONTRATS DE MARIAGE; DES CONTRE-LETTRES; DES RÉSILIATIONS.

§ 1. — DES DÉPOTS D'EXTRAITS DE CONTRATS DE MARIAGE.

263. Tout contrat de mariage entre époux dont l'un est commerçant doit être transmis par extraits dans le mois (1) de sa date (2) et inséré aux tableaux placés à cet effet : 1° dans l'auditoire du tribunal civil ; 2° dans l'auditoire du tribunal de commerce ou, s'il n'y en a pas, dans la principale salle de la maison commune (3) ; 3° dans la chambre des avoués de première instance ; 4° et dans celle des notaires ; le tout au domicile (4) de celui des futurs époux qui est commerçant (5). Ces insertions sont certifiées par les greffiers et par les secrétaires des chambres (C. pr., 872 ; comm., 67). L'extrait énonce : si les époux sont mariés en communauté, s'ils sont séparés de biens, ou s'ils ont contracté sous le régime dotal (C. comm., 67); et il indique les principales modifications apportées au régime adopté : ainsi, en cas de communauté, si elle est réduite aux acquêts, s'il y a une réserve de propre des biens meubles, s'il y a exclusion des dettes ; en cas de régime dotal, s'il y a société d'acquêts, si tous les biens de la femme sont constitués en dot ou si des biens sont paraphernaux [FORM. 57]. Le montant des apports respectifs des époux n'a pas besoin d'être exprimé (6).

264. Le notaire qui a reçu le contrat de mariage est tenu de faire la remise de cet extrait dans chacun des lieux susindiqués sous peine de vingt francs (7) d'amende, et même de destitution et de responsabilité envers les créanciers, s'il est prouvé que l'omission soit la suite d'une collusion (C. comm., 68).

265. Sont commerçants ceux qui exercent des actes de commerce et en font leur profession habituelle (C. comm., 1) ; ainsi, les négociants, marchands, fabricants, entrepreneurs d'ouvrages, banquiers, courtiers, commissionnaires, agents d'affaires (8), etc. Décidé, notamment au point de vue de l'obligation du dépôt, que l'on doit considérer comme commerçants : les boulangers (9), bouchers (10), marchands blatiers (11), cafetiers (12), aubergistes (13), cabaretiers et débitants (14), pharmaciens (15), voituriers (16), loueurs de voitures (17), armateurs de navires (18), entrepreneurs de

---

§ 8. — DÉPOT. CONTRE-LETTRE. RÉSILIATION.

FORMULE 57. — **Extrait pour déposer le contrat de mariage d'un commerçant.**
(Nos 263 à 270.)

D'UN CONTRAT passé devant Me....., qui en a gardé minute, et son collègue, notaires à....., le....., portant cette mention : Enregistré....., etc.

---

(1) Plus un jour par cinq myriamètres de distance : Décis. min. fin., 19 oct. 1813 ; J. N., 13273.
(2) Et non pas seulement du jour de la célébration du mariage : Trib. Grenoble, 26 mai 1852; J. N., 14788.
Le jour du contrat de mariage n'est pas compris dans le délai : Trib. Seine, 9 août 1818 ; J. N., 13273.
Lorsque le dernier jour du délai est férié, le notaire est passible d'une amende s'il n'a effectué le dépôt que le lendemain : Trib. Seine, 9 août 1853 ; J. N., 13451; Lille, 13 sept. 1856; Rec. pér., 745.
(3) Il ne peut y être suppléé par le dépôt de deux extraits au greffe du tribunal civil jugeant commercialement : Déc. min. just., et fin.16 juill. 1823 ; Trib. Saint-Pol, 8 mai 1862; J. N., 17381.
(4) Encore bien que le siège de son établissement soit dans un autre arrondissement : Garnier, n° 2885; trib. Nantes, 7 janv. 1816.
(5) Trib. Ste-Menehould, 11 janv. 1850 ; Rec. pér., 1293.
(6) Rodière et Pont, t. 150 ; Odier, II, 646; Troplong, n° 90; Roll., Dépôt de contr. de mar., n° 45 bis.
(7) L'amende était de 100 fr. ; elle a été réduite à 20 fr. par la loi
du 16 juin 1831, art. 10 : Garnier, n° 2387 ; Roll., Dép. de contr. de mar., n° 34 ; Dict. not., ibid., n° 53 ; Bourges, 13 juin 1826; Cass., 27 août 1828 ; délib. rég., 21 oct. 1828 ; Colmar, 4 mai 1826; Douai, 24 juill. 1816 ; J. N., 6658, 6921, 13862; contra, Colmar, 10 juin 1821; trib. Bourbon-Vendée, 25 juin 1815 ; J. N., 8703, 12599.
(8) Avis Cons. d'État, 3 sept. 1817 ; Roll., Commerçant, n° 35; Paris, 6 déc. 1814.
(9) Dijon, 10 mars 1838. Voir cependant Cass. 28 fév. 1811.
(10) Aix, 15 janv. 1825.
(11) Loches, 23 avril 1853.
(12) Rouen, 4 déc. 1818; Nantes, 10 déc. 1845.
(13) Trèves, 19 avril 1805 ; Cass., 26 juin 1821 ; Bourges, 19 déc. 1823, 27 août 1821.
(14) Cass., 23 avril 1813 ; Douai, 24 juill. 1818 ; J. N., 13862.
(15) Dict. not., Dépôt de contr. de mar., n° 13; Nîmes, 27 mai 1829, trib. Beaune, 29 mars 1815; J. N., 12361; trib. Grenoble, 28 mars 1850; Rec. pér., 1174.
(16) Bruxelles, 18 fév. 1829.
(17) Trib. Malines, 13 déc. 1859; Rec. pér., 4345.
(18) Paris, 1er août 1810; Bordeaux, 1er août 1831.

pompes funèbres (1), de transports militaires (2), les forgerons (3), charbonniers (4), imprimeurs et libraires (5), directeurs de spectacles (6), foulonniers (7), les meuniers lorsqu'ils vendent la farine (8), les marchandes de modes (9) ; et les charrons, menuisiers, serruriers, charpentiers, maçons, cordonniers, maréchaux ferrants, tailleurs d'habits, marbriers, tailleurs de pierres, etc., lorsqu'ils fournissent les objets qu'ils mettent en œuvre (10) ;

266. Ne sont pas réputés commerçants les simples artisans qui ne travaillent qu'au fur et à mesure des commandes qu'ils reçoivent journellement sans joindre à cette qualité celle de marchands (11), tels que des cordonniers, charrons, charpentiers qui ne fournissent pas la matière (12), des meuniers qui se bornent à moudre le grain d'autrui (13), etc.

267. On a aussi décidé qu'il n'y a pas lieu au dépôt du contrat de mariage de : teneurs de pension bourgeoise (14), entrepreneurs de cercles d'abonnés (15), prêteurs sur gage (16), adjudicataires d'entrepôts municipaux (17), maîtres de postes (18), maîtres de pensions (19), débitants de tabacs (20), capitaines de navires (21), bateliers (22), teinturiers, ferblantiers (23), sages-femmes, même lorsqu'elles reçoivent des pensionnaires (24), et du propriétaire d'une tuilerie lorsqu'il fabrique la tuile avec des matériaux provenant des terres qui lui appartiennent (25).

268. Lorsque la qualité de commerçant a été donnée par erreur dans un contrat de mariage le dépôt n'est pas exigé (26), mais il y a lieu au dépôt : 1° en cas de mariage d'un non-commerçant auquel un fonds de commerce est donné par son contrat de mariage, pour en jouir du jour du mariage (27) ; 2° si l'individu étant commerçant a pris dans le contrat la qualification d'ouvrier (28) ; 3° lorsque le futur époux étant commerçant lors du contrat de mariage y a été qualifié tel, encore bien qu'avant l'expiration du délai d'un mois il ait cessé de l'être (29) ; 4° en cas de rupture du mariage si l'on n'établit pas qu'elle a eu lieu dans le mois du contrat (30).

269. Le notaire est présumé connaître la profession des parties, et il est tenu d'ailleurs de se la faire certifier (31) ; il ne peut donc invoquer son erreur comme une excuse, surtout si la profession est notoire (32).

270. L'époux séparé de biens ou marié sous le régime dotal, qui embrasse la profession de commerçant postérieurement à son mariage, est tenu de faire le dépôt d'un extrait de son contrat de mariage à chacun des endroits indiqués *supra* n° *263*, dans le mois du jour où il a ouvert son commerce ; à défaut de cette remise, il peut être, en cas de faillite, condamné comme banqueroutier simple (C. comm., 69).

CONTENANT les clauses et conditions civiles du mariage projeté entre :

M. . . . .

Et Mlle . . . . .

(1) Cass., 9 janv. 1840 ; Paris, 13 avril 1831.
(2) Cass., 22 avril 1800.
(3) Bourges, 2 juill. 1851 ; Jur. N., 16383.
(4) Douai, 21 juill. 1848 ; J. N., 13802.
(5) Bruxelles, 11 mai 1827 ; Paris, 25 avril 1844.
(6) Garnier, n° 2975 ; Paris, 31 mai 1808, 10 juill. 1825.
(7) Rouen, 2 déc. 1825.
(8) Cass., 26 janv. 1818 ; Angers, 11 déc. 1823 ; Poitiers, 12 mars 1844 ; Charleroi, 10 déc. 1851 ; Colmar, 16 mai 1855 ; Rec. pér., 436, 476.
(9) Trib. Dinan, 16 fév. 1855 ; Rec. pér., 437.
(10) Roll., *Commerc.*, n° 40 ; Dict. not., *Dép. de contr. de mar.*, n° 12 ; Lettre min. just., 5 mai 1812 ; Colmar, 22 nov. 1811 ; Cass., 15 mars 1812 ; 15 déc. 1830 ; Metz, 8 mai 1824 ; Amiens, 4 avril 1826 ; Orléans, 25 juin 1850 ; Douai, 30 juill. 1850 ; Jur. n° 10383 ; Trib. Dinan, 16 fév. 1855 ; Pau, 27 déc. 1859 ; Rec. pér., 475, 1395.
(11) Lettre min. just., 7 avril 1811.
(12) Turin, 3 déc. 1810 ; Colmar, 22 nov. 1811 ; Rouen, 11 mai 1825.
(13) Pardessus, n° 4 ; Colmar, 23 mai 1814.
(14) Limoges, 16 fév. 1833.
(15) Grenoble, 12 déc. 1829.
(16) Bruxelles, 4 juin 1807, 6 mai 1828.
(17) Bruxelles, 5 mai 1813.
(18) Bruxelles, 30 avril 1812.
(19) Dict. not., *Comm.*, n° 45 ; Cass., 23 nov. 1827 ; Paris, 19 mai 1814, 16 déc. 1836 ; J. N., 9811.
(20) Bruxelles, 6 mars et 5 mai 1843.
(21) Trib. Bordeaux, 19 juill. 1858 ; Rec. pér., 1292.
(22) Décis. direct. enreg. Lille, 31 déc. 1811 ; J. N., 12389 ; CONTRA, Dinan, 20 déc. 1854 ; Rec. pér., 459.
(23) Trib. Altkirch, 23 déc. 1840 ; J. N., 10944.
(24) Paris, 13 avril 1837.
(25) Trib. Beaune, 22 janv. 1862 ; Rec. pér., 1776.
(26) Roll., *Dép. de contr. de mar.*, n° 10 ; Dict. Not., *ibid.*, n° 24 ; Bourges, 27 fév. 1826 ; Pointe-à-Pitre, 30 déc. 1852 ; Jur. N., 9989 ; Foix, 10 juin 1862 ; Valence, 10 déc. 1862 ; J. N., 17530, 17668. Voir aussi Douai, 21 juill. 1848 ; J. N., 13862 ; CONTRA, Colmar, 4 mai 1829 ; Fontainebleau, 28 déc. 1843 ; Jur. N., 6897.
(27) Dict. not., *Dép. de contr. de mar.*, n° 20 ; Locré, sur l'art. 69, *C. comm.*, Dalloz, *Contr. de mar.*, n° 284 ; CONTRA, trib. Loches, 18 juill. 1811 ; J. N., 11097.
(28) Bordeaux, 22 juin 1826 ; Douai, 21 juill. 1848 ; Avesne, 3 nov. 1860.
(29) Pau, 27 déc. 1859 ; Rec. pér., 1395.
(30) Anvers, 3 juin 1864 ; J. du Not., 1864, p. 238.
(31) Délib. not. Paris, 14 janv. 1808 ; Colmar, 16 mai 1855 ; Jur. N., 10973.
(32) Dict. not., *Dép. de contr. de mar.*, n° 26 ; Douai, 21 juill. 1848 ; J. N., 13862.

§ 2. — DES CONTRE-LETTRES AUX CONTRATS DE MARIAGE.

271. L'immutabilité étant de l'essence des contrats de mariage, les conventions qu'ils renferment ne peuvent recevoir aucun changement après la célébration du mariage (C. N., *1395*) (1); c'est par cette raison qu'une femme commune en biens ne peut valablement contracter avec son mari une société commerciale en nom collectif (2); de même le mari ne peut, après (3) la célébration du mariage, renoncer valablement à exiger soit le capital, soit les intérêts de la dot constituée à la future par leur contrat de mariage (4) ; toutefois, on ne saurait voir un changement aux conventions matrimoniales dans le fait de la dation d'un immeuble en payement d'une dot constituée en argent (5), ni dans la reconnaissance par les père et mère qu'une dot stipulée payable le jour du mariage qui en vaudrait quittance, n'a pas été effectivement comptée (6).

272. Mais, dans l'intervalle du contrat de mariage à la célébration, les conventions matrimoniales peuvent, sous le nom de *contre-lettre* [FORM. 58], recevoir tels changements que les parties jugent convenables (C. N., *1396*); toutefois sous l'observation des dispositions suivantes :

1° Les changements ou contre-lettres doivent être constatés par acte public dans la même forme que le contrat de mariage (C. N., *1396*); et les prénoms, qualités et demeures des parties doivent y être reproduits à peine d'amende (7).

2° Cet acte ne peut être fait qu'en la présence et avec le consentement (8) simultané, c'est-à-dire non isolément, et surtout, non à des dates différentes à peine de nullité (9), de toutes les personnes (10) qui ont été parties dans le contrat de mariage (C. N., *1396*), comme habilitant les futurs époux ou comme leur ayant fait des libéralités par le contrat; mais la présence de ceux qui ont seulement habilité les futurs époux mineurs n'est plus nécessaire pour la validité de la contre-lettre si elle intervient après leur majorité (11), et il n'est pas besoin de la présence des ascendants qui n'ont été appelés au contrat que par révérence, et dont l'assistance au mariage pourrait être remplacée par des actes respectueux (12).

IL RÉSULTE que les futurs époux ont adopté le régime de la communauté, tel qu'il est réglé par le Code Napoléon. — *Ou* le régime de la communauté réduite aux acquêts, conformément aux art. 1498 et 1499 du Code Napoléon. — *Ou* le régime de la communauté avec réserve de propres de leurs biens présents et à venir, et exclusion de leurs dettes actuelles et futures.—*Ou* que les futurs époux ont déclaré qu'ils seraient séparés de biens. — *Ou* que les futurs époux ont adopté le régime dotal avec société d'acquêts, et que la future épouse s'est constitué en dot ses biens meubles et immeubles présents et à venir.

EXTRAIT par M⁰ ..., notaire soussigné, de la minute dudit contrat de mariage étant en sa possession.

FORMULE 58. Contre-lettre à un contrat de mariage. (N⁰ˢ 271 à 276.)

PAR-DEVANT M⁰ .....,

ONT COMPARU : 1° M. ... (*noms, prénoms, qualités et demeures de* TOUTES *les personnes qui ont été* PARTIES *au contrat de mariage*) ;

---

(1) Duranton, XIV, 38; Battur, I, p. 2; Zach., Massé et Vergé, § 636, note 5; Rodière et Pont. I, 433, 434; Duvergier sur Toullier, XII. 40; Troplong, I. 173, 174; Marcadé, *1397*, 2; Toulouse, 7 mai 1829; Bordeaux, 8 déc. 1831; Lyon, 3 janv. 1838; Caen. 9 mai 1844 ; Cass., 23 août 1826, 31 janv. 1833.

(2) Massé et Vergé, § 636, note 5; Cass., 9 août 1851; Rouen, 15 nov. 1832; Jur. N., 9887. Voir cependant Duvergier, *Société*, n° 102; Troplong, *ibid.*, n° 206.

(3) Il ne pourrait avant la célébration qu'au moyen d'une contre-lettre assujettie aux règles des art. 1395 et 1396.

(4) Toullier, XII, 64; Battur, n° 50; Dict. not., *Contr. de mar.*, n° 255; Dijon, 17 juill. 1816; Pau, 9 janv. 1838; Nîmes, 23 janv. 1843; Rennes, 1ᵉʳ mars 1849; Rouen, 22 juill. 1803; J. N., 10535, 13987, 18066; CONTRA, Duranton, XIV, 64; Roll., *Contr. de mar.*, n°ˢ 215. 216.

(5) Paris, 27 août 1851; Cass., 4 août 1852; J. N., 14793.

(6) Bordeaux, 29 mars 1851; J. N. 14492.

(7) Trib. Hazebrouck. 23 mars 1845; J. N., 12434.

(8) On ne pourrait présumer le consentement de ce que les parties appelées par une sommation ne se seraient pas opposées; Duranton, XIV, 53; Rodière et Pont, I, 442; Duvergier sur Toullier, XII, 50; Troplong, n° 234; Marcadé, *1397*. 4; CONTRA, Toullier, XII, 50; Battur, I, 49.

(9) Marcadé, *1397*, 4; trib. Valenciennes, 5 janv. 1854; J. N., 15464.

(10) Ou leurs mandataires; Troplong, n° 234; Rodière et Pont. I, 442; Odier, II, 656; Duranton, VII, 54; Dict. Not., *Contr. de mar.*, n° 207; Roll.. *Contre-lettre à un contr. de mar.*, n° 20; Marcadé, *1397*, 4.

(11) Bellot, I, p. 48; Roll., *loc. cit.*, n° 48; Dict. not., *ibid.*, n° 305.

(12) Toullier XII, 54; Bellot, I, p. 42; Battur, I, 47; Troplong, n° 239 ; Roll..*loc. cit.*, n° 47; CONTRA, Odier, II, 650; Duranton, XIV, 57; Rodière et Pont, I. 441; Marcadé, *1397*, 3; Dict. not., *Contr. de mar.*, n° 206.

273. Si l'une des parties refuse son concours à la contre-lettre, l'on ne peut passer outre ; mais il sera possible, lorsque ce défaut de concours n'émanera pas de parties essentielles, de faire un nouveau contrat de mariage qu'on rendra seul officiel en l'énonçant dans l'acte de mariage, *supra* n° 4 (1), et, bien entendu, si la partie refusante avait fait une donation, sa libéralité deviendra sans objet (2). Si l'une des parties est décédée, ses héritiers doivent consentir à sa place (3).

274. Est prohibée toute modification, abrogation ou addition, postérieure au mariage, qu'elle porte sur le régime, sur les apports, sur les donations entre les futurs, sur celles faites aux époux par des parents ou des tiers, ou sur toute autre convention matrimoniale.

275. Les changements et contre-lettres faits conformément à ce qui est dit ci-dessus, produisent tout leur effet entre les parties. Mais, au regard des tiers, ils sont sans effet s'ils n'ont été rédigés à la suite de la minute du contrat de mariage ; et le notaire ne peut, à peine des dommages et intérêts envers les parties, et sous plus grande peine s'il y a lieu (4), délivrer ni grosses ni expéditions du contrat de mariage sans transcrire à la suite le changement ou la contre-lettre (C. N., 1597) ; à défaut de cette transcription, la contre-lettre ne produit pas moins son effet à l'égard tant des parties que des tiers, mais le notaire doit indemniser les tiers qui en souffrent un préjudice (5).

276. La contre-lettre étant une suite du contrat de mariage auquel elle s'incorpore, il n'est pas utile d'y énoncer que lecture a été faite aux parties du dernier alinéa de chacun des articles 1392 et 1394, ni de leur délivrer le certificat prescrit par ce dernier article (6).

§ 3. — DE LA RÉSILIATION DES CONTRATS DE MARIAGE.

277. Les conventions matrimoniales et les donations contenues dans le contrat de mariage sont toujours censées faites sous la condition tacite que le mariage aura lieu. Si le projet de mariage vient à se rompre, et il y a certitude à cet égard lorsque l'un des futurs conjoints contracte un autre mariage, le contrat de mariage est résilié tacitement.

Lesquels ont dit que depuis la signature du contrat contenant les clauses et conditions civiles du mariage projeté entre M. ... et Mlle ,.., reçu par M^e ..., l'un des notaires soussignés, le ....., dont la minute enregistrée précède, ils ont apporté aux conditions de ce contrat divers changements ;

Et qu'ils sont unanimement d'avis de le modifier de la manière suivante :

(*Énoncer avec soin les changements ; indiquer les articles supprimés ou modifiés, et insérer les articles nouveaux.*)

En conséquence, les conventions ci-dessus arrêtées forment le complément du contrat de mariage d'entre M. ... et Mlle ..., dont la minute précède ; et ce contrat recevra sa pleine et entière exécution pour toutes les dispositions auxquelles il n'a pas été dérogé par la présente contre-lettre.

Mention des présentes sera faite en marge du contrat de mariage ci-dessus énoncé, duquel il ne pourra être délivré expédition ni extrait, sans qu'il soit ajouté à la suite une expédition ou un extrait des présentes.

Dont acte. Fait et passé, etc.

FORMULE 59. — Résiliation de contrat de mariage. (N°s 277 à 280.)

Par-devant M^e ...,

Ont comparu : M. ...   D'UNE PART,

Et Mlle ... ;   D'AUTRE PART.

Lesquels ont dit

Qu'aux termes d'un contrat passé devant M^e ..., l'un des notaires soussignés, le ...,

---

(1) Marcadé, *1397*, 4 ; Troplong, n° 256 ; Zach., § 636, note 16.
(2) Troplong, n° 256 ; Duranton, XIV, 66 ; Rodière et Pont, I, 443 ; Marcadé, *1397*, 5.
(3) Marcadé, *1397*, 3 ; Rodière et Pont, I, 437, Troplong, n° 256, 245.
(4) Par exemple, une peine disciplinaire ; Duranton, XIV, 68 ; Zach.,

§ 636, note 20 ; Troplong, n° 249 ; Marcadé, *1398*, 3 ; Dict. Not., *Contr. de mar.*, n° 347.
(5) Duranton, XIV, 69 ; Odier, II, 668 ; Rodière et Pont, I, 446 ; Marcadé, *1398*, 5 ; Troplong, n° 248 ; Zach., Massé et Vergé, § 636, note 48 ; Roll, *Contr e-lettre*, n° 40 ; Dict. Not., *Contr. de mar.*, n° 346 ; contra, Toullier, XII, 68.
Caen, 2 déc. 1836 ; Cass., 18 mars 1857 ; J. N., 16022.

278. La résiliation du contrat de mariage est expresse lorsqu'elle a lieu par acte notarié [Form. 59] ; cet acte est surtout utile pour obtenir la restitution des droits d'enregistrement perçus sur le contrat.

dont la minute précède, ils ont arrêté les clauses et conditions civiles du mariage projeté entre eux ;

Et que, n'étant plus dans l'intention de donner suite à leur projet,

Ils déclarent résilier purement et simplement ce contrat de mariage ; voulant que ce contrat, ainsi que les avantages en faveur des époux et ceux qu'ils se sont faits mutuellement, soient considérés comme non avenus et ne produisent aucun effet.

Mention des présentes sera faite en marge du contrat de mariage résilié et sur toutes pièces où besoin sera.

DONT ACTE. Fait et passé, etc.

§ 9. — CADRES DE CONTRATS DE MARIAGE.

FORMULE 60. — Communauté légale; ameublissement.

Comparutions (*form.* 1 à 4).
ART. 1er. Régime (*form.* 11).
ART. 2. Apports du futur (*form.* 45).
ART. 3. Apports de la future (*form.* 46).
ART. 4. Donations aux futurs époux (*form.* 47).
ART. 5. Droit de retour (*form.* 48).
ART. 6. Institution contractuelle (*form.* 49 à 51).
ART. 7. Ameublissement (*form.* 16).
ART. 8. Partage inégal de communauté (*form.* 27 à 29).
ART. 9. Préciput (*form.* 22 à 24).
ART. 10. Faculté pour le survivant de conserver un fonds de commerce; le droit à un bail (*form.* 25, 26).
ART. 11. Reprise d'apports (*form.* 19).
ART. 12. Clause de non-emploi (*form.* 15).
ART. 13. Limitation d'hypothèque légale (*form.* 21).
ART. 14. Donations entre époux (*form.* 52 à 56).
Clôture (*form.* 5).

FORMULE 61. — Communauté réduite aux acquêts.

Comparutions (*form.* 1 à 4).
ART. 1er. Régime (*form.* 12).
ART. 2. Apports du futur (*form.* 45).
ART. 3. Apports de la future (*form.* 46).
ART. 4. Donations aux futurs époux (*form.* 47).
ART. 5. Droit de retour (*form.* 48).
ART. 6. Institution contractuelle (*form.* 49 à 51).
ART. 7. Partage inégal de communauté (*form.* 27 à 29).
ART. 8. Préciput (*form.* 23, 24).
ART. 9. Faculté pour le survivant de conserver un fonds de commerce; le droit à un bail (*form.* 25, 26).
ART. 10. Reprise d'apports (*form.* 20).
ART. 11. Clause de non-emploi (*form.* 15).
ART. 12. Limitation d'hypothèque légale (*form.* 21).
ART. 13. Donations entre époux (*form.* 52 à 56).
Clôture (*form.* 5).

279. La résiliation expresse ou tacite du contrat de mariage rend sans effet, non-seulement les conventions matrimoniales et les avantages entre époux, mais aussi les donations que les parents des futurs époux ou des tiers leur avaient faites par le contrat (1).

FORMULE 62. — **Communauté avec séparation des dettes, et clause de réalisation du mobilier (ou mise en communauté).**

Comparutions (*form. 1 à 4*).
Art. 1er. Régime (*form. 11; si l'on soumet quelques-uns des biens au régime dotal, voir form. 34*).
Art. 2. Séparation des dettes (*form. 14*).
Art. 3. Apports du futur (*form. 45*).
Art. 4. Apports de la future (*form. 46*).
Art. 5. Donations aux futurs époux (*form. 47*).
Art. 6. Droit de retour (*form. 48*).
Art. 7. Institution contractuelle (*form. 49 à 51*).
Art. 8. Clause de réalisation du mobilier (*form. 13*).
        Ou mise en communauté (*form. 14*).
Art. 9. Partage inégal de communauté (*form. 27 à 29*).
Art. 10. Préciput (*form. 23, 24*).
Art. 11. Faculté pour le survivant de conserver un fonds de commerce, le droit à un bail (*form. 25, 26*).
Art. 12. Reprise d'apports (*form. 20*).
Art. 13. Clause de non-emploi (*form. 15*).
Art. 14. Limitation d'hypothèque légale (*form. 21*).
Art. 15. Donations entre époux (*form. 52 à 56*).
Clôture (*form. 5*).

FORMULE 63 — Communauté à titre universel.

Comparutions (*form. 1 à 4*).
Art. 1er. Régime (*form. 11 et 30*).
Art. 2. Apports du futur (*form. 45*).
Art. 3. Apports de la future (*form. 46*).
Art. 4. Donations entre époux (*form. 47*).
Art. 5. Droit de retour (*form. 48*).
Art. 6. Institution contractuelle (*form. 49 à 51*).
Art. 7. Partage inégal de communauté (*form. 27 à 29*).
Art. 8. Préciput (*form. 22 à 24*).
Art. 9. Faculté pour le survivant de conserver un fonds de commerce, le droit à un bail (*form. 25, 26*).
Art. 10. Reprise d'apports (*form. 19*).
Art. 11. Clause de non-emploi (*form. 15*).
Art. 12. Limitation d'hypothèque légale (*form. 21*).
Art. 13. Donations entre époux (*form. 52 à 56*).
Clôture (*form. 5*).

FORMULE 64. — Non-communauté.

Comparutions (*form. 1 à 4*).
Art. 1er. Clause de non-communauté (*form. 31, 1°*).

(1) Dict. Not., *Contr. de mar.*, n° 350; Roll, *Résil. de contr. de mar.*, n°3.

280. Le contrat de mariage résilié par acte exprès, et les donations aux futurs époux ou entre eux qui y sont contenues, ne recouvrent pas leur effet par le mariage ultérieur des futurs époux, alors même que l'acte de résiliation serait motivé sur la rupture du projet de mariage (1).

ART. 2. Apports du futur (*form*. 31, 2°).
ART. 3. Apports de la future (*form*. 46).
ART. 4. Donations aux futurs époux (*form*. 47).
ART. 5. Droit de retour (*form*. 48).
ART. 6. Institution contractuelle (*form*. 49 à 51).
ART. 7. Perception de revenus par la future (*form*. 31, 3°).
ART. 8. Constatation du mobilier de la future (*form*. 31, 4°).
ART. 9. Clause de non-emploi (*form*. 15).
ART. 10. Gain de survie (*form*. 31, 5°).
ART. 11. Faculté pour le survivant de conserver un fonds de commerce, le droit à un bail (*form*. 25, 26, *en faisant les changements nécessités par la non-communauté*).
ART. 12. Indemnité pour engagements contractés par la future (*form*. 31, 6°).
ART. 13. Restitution des biens de la future (*form*. 31, 7°).
ART. 14. Limitation d'hypothèque légale (*form*. 21).
ART. 15. Donations entre époux (*form*. 52 à 56).
Clôture (*form*. 5).

FORMULE 65. — Séparation de biens.

Comparutions (*form*. 1 à 4).
ART. 1er. Clause de séparation de biens (*form*. 32, 1°).
ART. 2. Apports du futur (*form*. 45).
ART. 3. Apports de la future (*form*. 46).
ART. 4. Donations aux futurs époux (*form*. 47).
ART. 5. Droit de retour (*form*. 48).
ART. 6. Institution contractuelle (*form*. 49 à 51).
ART. 7. Contribution aux charges du mariage (*form*. 32, 2°).
ART. 8. Propriété des meubles garnissant les lieux occupés (*form*. 32, 3°).
ART. 9. Faculté pour le survivant de conserver un fonds de commerce, le droit à un bail (*form*. 25, 26, *en faisant les changements nécessités par la séparation de biens*).
ART. 10. Clause de non-emploi (*form*. 15).
ART. 11. Responsabilité du mari (*form*. 32, 4°).
ART. 12. Limitation d'hypothèque légale (*form*. 21).
ART. 13. Donations entre époux (*form*. 52 à 56).
Clôture (*form*. 5).

FORMULE 66. — Régime dotal sans société d'acquêts ; dotalité de tous les biens.

Comparutions (*form*. 1 à 4).
ART. 1er. Régime (*form*. 33).
ART. 2. Constitution de dot (*form*. 35).
ART. 3. Apports du futur (*form*. 31, 2°).
ART. 4. Apports de la future (*form*. 38, 39, 46).
ART. 5. Donations aux futurs époux (*form*. 47).

---

(1) Dict. not., *Contr. de mar.*, n° 347 ; Roll., *ibid.*, n°s 175, 176.

Art. 6. Droit de retour (form. 48).
Art. 7. Institution contractuelle (form. 49 à 51).
Art. 8. Administration des biens dotaux (form. 36).
Art. 9. Constatation du mobilier de la future (form. 33, 4°).
Art. 10. Perception de revenus par la future (form. 31, 3°, 37).
Art. 11. Réserve par la future de disposer de ses biens dotaux en faveur de ses enfants d'un premier lit (form. 40).
Art. 12. Faculté d'aliéner les biens dotaux (form. 41).
Art. 13. Gain de survie (form. 31, 4°).
Art. 14. Faculté pour le survivant de conserver un fonds de commerce, le droit à un bail (form. 25, 26, en faisant les changements nécessités par le régime adopté).
Art. 15. Restitution de la dot (form. 42).
Art. 16. Limitation d'hypothèque légale (form. 21).
Art. 17. Donations entre époux (form. 52 à 56).
Clôture (form. 5).

FORMULE 67. — Régime dotal sans société d'acquêts; paraphernalité de tous les biens.

Comparutions (form. 1 à 4).
Art. 1er. Régime (form. 33).
Art. 2. Apports du futur (form. 45).
Art. 3. Apports de la future (form. 46).
Art. 4. Donations aux futurs époux (form. 47).
Art. 5. Droit de retour (form. 48).
Art. 6. Institution contractuelle (form. 49 à 51).
Art. 7. Stipulation de paraphernalité; administration des biens paraphernaux (form. 43).
Art. 8. Contribution aux charges du mariage (form. 32, 2°).
Art. 9. Propriété des meubles garnissant les lieux occupés (form. 32, 3°).
Art. 10. Faculté pour le survivant de conserver un fonds de commerce, le droit à un bail (form. 25, 26, en faisant les changements nécessités par le régime adopté).
Art. 11. Clause de non-emploi (form. 15).
Art. 12. Responsabilité du mari (form. 32, 4°).
Art. 13. Limitation d'hypothèque légale (form. 21).
Art. 14. Donations entre époux (form. 52 à 56).
Clôture (form. 5).

FORMULE 68. — Régime dotal avec société d'acquêts.

Comparutions (form. 1 à 4).
Art. 1er. Régime (form. 33).
Art. 2. Société d'acquêts (form. 44).
Art. 3. Constitution de dot (form. 35).
Art. 4. Apports du futur (form. 45).
Art. 5. Apports de la future (form. 38, 39, 46).
Art. 6. Donations aux futurs époux (form. 47).
Art. 7. Droit de retour (form. 48).
Art. 8. Institution contractuelle (form. 49 à 51).
Art. 9. Réserve par la future de disposer de ses biens dotaux en faveur des enfants d'un premier lit (form. 40).
Art. 10. Faculté d'aliéner les biens dotaux (form. 41).

Art. 11. Partage inégal de la société d'acquêts (*form.* 27 à 29).

Art. 12. Préciput (*form.* 23, 24).

Art. 13. Faculté pour le survivant de conserver un fonds de commerce, le droit à un bail (*form.* 25, 26).

Art. 14. Reprise d'apports (*form.* 20).

Art. 15. Limitation d'hypothèque légale (*form.* 21).

Art. 16. Donations entre époux (*form.* 52 à 56).

Clôture (*form.* 5).

APPENDICE

DES DROITS D'ENREGISTREMENT

SOMMAIRE

SECTION 1ʳᵉ. — DISPOSITIONS GÉNÉRALES.

281. Sont sujets au droit fixe de 5 fr. les contrats de mariage qui ne contiennent d'autres dispositions que des déclarations de la part des futurs de ce qu'ils apportent eux-mêmes en mariage et se constituent, sans aucune stipulation avantageuse entre eux. (*Loi du 22 frimaire an VII, art. 68. § 3, nᵒ 1, et 28 avril 1816, art. 45, nᵒ 2.*)

282. L'acte dans lequel les futurs se font une donation mutuelle en vue du mariage, sans y insérer

7

aucune clause relative au statut conjugal ou aux apports, n'est pas un contrat de mariage soumis au tarif précédent, mais une simple libéralité éventuelle passible du droit fixe de 5 fr. (1).

283. On ne peut pas non plus considérer comme un contrat tarifé au droit de 5 fr. la simple promesse de mariage ; c'est un acte passible du droit de 2 fr. (2).

284. Le contrat tarifé au droit fixe de 5 fr. comprend d'ailleurs toutes les conventions sur le régime adopté et sur les apports des futurs. Ces clauses ne donnent donc pas lieu à un droit particulier (*I. Rég. 290 § 9*).

SECTION II. — DES CONVENTIONS DE MARIAGE.

285. Ainsi, on a considéré comme conventions de mariage faisant partie intégrante du contrat et dispensées de l'impôt : 1° la stipulation portant que les époux, quoique mariés sous le régime dotal, seront néanmoins associés aux acquêts (3) ; — 2° ou que l'actif de la communauté se partagera *inégalement*, soit dans tous les cas de dissolution, soit seulement en cas d'existence d'enfants (4) ; — 3° la clause d'ameublissement (5) ; — 4° la convention de communauté universelle, même en cas d'apports inégaux (6), sauf dans le cas où l'attribution revêt la forme d'une libéralité (7) ; — 5° la réserve par la femme de reprendre son apport franc et quitte (8), même dans l'hypothèse d'une renonciation à la communauté (9) ; — 6° la fixation d'un préciput à prélever par le survivant sur l'actif commun (10), avec cette réserve toutefois que le droit de donation éventuelle est exigible si la femme conserve le droit au préciput, malgré sa renonciation à la communauté (11) ; — 7° la clause d'attribution de *toute* la communauté à l'un des époux lors de sa dissolution, excepté quand l'autre conjoint ou ses héritiers perdent le droit de retirer leurs apports, ou bien que la convention revêt la forme manifeste de la libéralité (12). Dans ces deux hypothèses, en effet, le droit de don éventuel devient exigible sur le contrat ; et, à l'événement du décès on perçoit le droit de succession sur le montant des apports ou sur la moitié de la communauté.

286. Lorsque l'attribution de toute la communauté au survivant des époux doit avoir lieu à charge de rembourser aux héritiers du prédécédé la valeur de la part du défunt, la clause peut aussi constituer une promesse de vente, dont la réalisation s'opère au décès, et donne alors ouverture au droit de cession selon la nature des biens (13). Cette stipulation, n'étant plus une convention de mariage proprement dite, est passible du droit fixe de 2 fr. sur le contrat.

287. Du reste, la question de savoir si une clause de cette espèce renferme une convention de mariage, une libéralité ou une promesse de vente, dépend beaucoup des termes de sa rédaction et de l'ensemble des circonstances. Le notaire devra donc s'attacher à manifester catégoriquement l'intention des parties.

SECTION III. — DES DÉCLARATIONS D'APPORT.

288. Les déclarations d'apport, ayant pour objet de constater la fortune des époux, sont aussi de l'essence du contrat de mariage, et demeurent à ce titre affranchies de tout impôt par la perception du droit fixe de 5 fr. exigible sur l'ensemble de l'acte.

289. Telles sont notamment : 1° l'estimation donnée aux meubles et aux immeubles (14), à moins qu'elle ne porte déclaration expresse de vente au futur (15) ; — 2° la description faite par le futur des effets qui lui proviennent d'une première communauté (16) ; — et 3° la reconnaissance du futur d'avoir reçu la dot

(1) Dél., 10 juin 1829 ; Charleroi, 2 juin 1855 ; Cambrai, 20 juill. 1855 ; R. P., nos 472 et 580 ; R. G., 3735 ; J. N., 13720 ; contra, Charleroi, 16 juill. 1856 ; R. P., 743.

(2) Dél., 7 août 1822 ; Dict. Not., *Contr. de mar.*, n° 428 ; R. G., 3736.

(3) Dalloz, 3391 ; Rodière et Pont, II, 106 ; Champ. et Rig., 2898 ; Garnier, R. G., 3789 ; Dél. 15 juin 1827 ; Dict. Not., *loc. cit.*, 368.

(4) Dalloz, 3392 ; Rodière et Pont, II, 107 ; Cass., 24 nov. 1834 ; R. G., 3760 ; I., 1143-1, 1156-6 et 1256-4.

(5) Dict. Not., *Ameub.*, n° 99 ; R. G., 3762 ; J. N., 15885, 18063 ; Déc. min. fin., 23 déc. 1863 ; R. P., 1011 ; Trib. Saverne, 12 mars 1852 ; Jur. N., 9617 ; Instr. régie, 22 fév. 1865, Jur., N. 12765.

(6) Duranton, XV, 234 ; Zach., III, 396 ; Rodière et Pont, II, 122 ; Dalloz, 3405 ; Champ. et Rig., 2688.

(7) Cass., 3 avril 1843 ; R. G., 3764.

(8) Cass., 28 août 1827 ; D. m. f., 6 mai 1828 ; J. N., 6663 ; I., 1256-4 ; R. G., 3765.

(9) Pothier, 380 ; Troplong, *Contr. de mar.*, 2104 ; Toulouse, 27 janv. 1814 ; R. G., 3766 ; D. N., *loc. cit.*, 377.

(10) Cass., 30 juill. 1823 ; J. N., 4405 ; Laon, 3 déc. 1826 ; J. N., 6191 ; D. m. f., 6 mai 1828 ; J. N., 9043 ; I., 1256-4.

(11) Rodière et Pont, II, 277 ; Troplong, *loc. cit.*, 2124 ; Dél. 26 juin 1827 ; J. N., 6301 ; D. m. f., 6 mai 1828, *suprà, cit.* ; contra : Champ. et Rig., 2907 ; Dict. Not., *loc. cit.*, 379 ; Rennes, 31 déc. 1814 et 11 juin 1815 ; J. N., 12232, 12478.

(12) Cass., 13 fév. 1822, 15 fév. 1841, 12 juill. 1842 ; 21 mars 1831 ; 21 nov. 1834, 23 avril 1849, 21 déc. 1850, 28 mars 1854, 8 mai 1854, 1er août 1855 ; Dict. Not., *loc. cit.*, 376 ; R. G., 3709 et suiv. Voir encore R. P., nos 90, 291, 471, 774, 784, 800, 1147, 1454, 1773, 1816 et 1977 ; J. N., 15152, 15209, 15237, 15777, 15905, 17731, 17793.

(13) Seine, 17 août 1855 ; R. G., 14250. — Arg. de Cass., 20 mars 1819 ; J. N., 15601 ; R. G., 11837.

(14) D. m. f., 12 et 22 mai 1810 ; I., 481 ; Dél., 4 mai 1821 ; Dict. Not., *loc. cit.*, 371 ; R. G., 3739.

(15) Cass., 1er mars 1809 ; R. G., 3739 ; Dalloz, 3267 ; Rodière et Pont, II, 209 ; Champ. et Rig., 2920 ; Dict. Not., *loc. cit.*, 371.

(16) Garnier, R. G., 3752.

de la future (*Loi du 22 frim. an VII, art. 68, § 3, n° 1*), même en cas d'exclusion de communauté et d'engagement du futur d'en payer les intérêts (1).

290. Cette dernière reconnaissance, quoique émanée du futur et de son père *solidairement*, est de même dispensée de l'impôt (2). Mais le droit d'obligation serait dû sur la reconnaissance du père seul du futur (3); ou sur celle de la future d'avoir reçu la dot du futur (4).

291. En principe, les déclarations de dettes faites par les époux à l'occasion de leurs stipulations d'apport ont un caractère purement énonciatif qui les affranchit du droit proportionnel. On l'a ainsi jugé au sujet de la mention, émanée d'une future, que sur son apport elle devait 30,000 fr. à un tiers (5); — et des déclarations si fréquentes par lesquelles un époux se constitue un office ou un fonds de commerce sur le prix duquel il redoit au vendeur non présent une somme déterminée. Ni le droit d'obligation, ni celui de vente mobilière ne peuvent être perçus (6).

292. Mais le droit proportionnel serait exigible si la déclaration paraissait avoir été faite pour conférer un titre au créancier (7), et si surtout le créancier était présent au contrat (8). — Par la même raison, le droit d'obligation devrait être acquitté si la déclaration d'apport avait lieu en présence du débiteur de la créance verbale que le futur se constitue (9); par exemple, en présence du tuteur indiqué comme débiteur d'un reliquat de compte (10).

SECTION IV. — DES DONATIONS.

293. I. *Tarif.* La loi soumet les contrats de mariage au droit fixe à la condition qu'ils ne contiendront aucune stipulation avantageuse entre les futurs ou autres personnes. « Si les futurs, dit à cet égard l'art. *68, § 3, n° 1, de la loi du 22 frim. an VII*, sont dotés par leurs ascendants ou s'il leur est fait des donations par des collatéraux ou autres personnes non parentes par leur contrat de mariage, les droits seront perçus suivant la nature des biens. »

294. Ces libéralités se divisent en deux grandes classes différemment tarifées par la loi fiscale : les donations à cause de mort dont le résultat est subordonné au décès du disposant et qui acquittent seulement, à l'enregistrement du contrat de mariage, le droit fixe de 5 fr. fixé par les *art. 68, § 3, n° 5, de la loi du 22 frim. an VII, et 45, n° 4, de celle du 28 avril 1816 ;* — les donations entre-vifs ordinaires qui produisent leur effet actuellement et qui donnent ouverture au droit proportionnel.

295. Afin de favoriser les contrats de mariage, le législateur a soumis ces dernières donations entre-vifs à des droits moins élevés que les autres. Voici le détail des quotités du tarif. (*Lois du 22 frim. an VII, art. 69, § 4, n° 1 ; 28 avril 1816, art. 54 ; 21 avril 1852, art. 53, et 18 mai 1850, art. 10.*)

DEGRÉS DE PARENTÉ.	MEUBLES.		IMMEUBLES.	
	fr.	c.	fr.	c.
Ligne directe.	1	25	2	75
Entre époux.	1	50	3	»
Frères, sœurs, oncles, tantes, neveux, nièces..	4	50	4	50
Grands-oncles, grand'tantes, petits-neveux, petites-nièces, cousins germains.	5	»	5	»
Parents au delà du 4e degré jusqu'au 12e	5	50	5	50
Non parents.	6	»	6	»

(1) Sol., 5 août 1807 ; R. G., 3753.

(2) Champ. et Rig., 1075; Rodière et Pont, I, 212; Dalloz, 1280; Garnier, 3756.

(3) Sol., 21 sept. 1832; R. G., 3755; coxina, Rodière et Pont, I, 213; Champ. et Rig., 1706; Dalloz, 1270.

(4) Cass., 7 fév. 1838 ; J. N., 9912; I., 1377-4.

(5) Strasbourg. 12 oct. 1826; Lille, 10 mars 1813; R. G., 3751-1.

(6) Dél., 22 juin 1825; Sol., 11 avril 1832, 25 mars 1842, 25 nov. 1842; J. N., 5246; Dalloz, 2807; J. N., 11523; Rambouillet, 6 août 1847; J. N., 13103; Versailles, 18 mars 1847; Corbeil, 19 mai 1847;

J. N., 13082; Lille, 10 mars 1843 ; R. G., 3751-1; Dél., 20 nov. 1846; J. N., 13027.
Voir cependant Nantes, 22 janv. et 20 fév. 1847, au sujet du maintien du droit de 2 p. 100. R. G., 3751-2 en note.

(7) Dél., 30 août 1826.

(8-9) Dél., 9 déc. 1831 ; Dijon, 22 déc. 1811; Sens, 17 juill. 1816 ; J. N., 13077; Soissons, 29 janv. 1847; Sol., 7 oct. 1831; R. G., 3751-1. *Comparez :* Cass., 16 mars 1840; Autun, 2 déc. 1837 ; Nantes, 1 déc. 1837 et Lille, 20 nov. 1845; R. G., 3751-1.

(10) Dél., 5 mars 1830, J. N., 7177; Château-Gontier. 22 déc. 1810, R. G., 3450; coxina, Strasbourg, 15 avril 1823; Montauban, 49 avril 1846; R. G., 8945-3; Dict. Not., loc. cit., 404 et suiv.

296. On voit, dans ce tableau, que les donations mobilières en ligne collatérale et entre étrangers sont tarifées comme les donations d'immeubles, et acquittent ainsi le droit de transcription. Ce résultat singulier, d'abord fort critiqué (1), est aujourd'hui sanctionné par la jurisprudence (2).

297. Il n'y a pas même à considérer, pour cela, si la donation fait cesser l'indivision, car l'art. 939 C. N., qui ordonne la transcription de toute donation ne fait aucune distinction entre les immeubles indivis et ceux qui ne le sont pas (3).

298. La réduction du tarif pour les libéralités entre-vifs se restreint du reste très-étroitement à celles qui ont lieu dans le contrat de mariage même au profit des futurs. On ne l'appliquerait donc ni aux donations faites aux futurs par acte antérieur ou postérieur (4) ; — ni à celles qui devraient profiter à d'autres qu'aux époux (5).

299. Mais il faut considérer comme renfermée dans le contrat la donation antérieure qui est seulement acceptée dans cet acte (6) ; — ou bien celle qui a lieu, avant la célébration, par un acte additionnel écrit à la suite du contrat, en présence de toutes les parties (7). Il a même été soutenu que la réduction du tarif profitait aux libéralités contenues dans le contrat de mariage passé *après la célébration*, sous l'empire d'une législation qui le permet (8).

300. II. *Donations éventuelles*. Le nombre des droits fixes de 5 fr. à percevoir pour les donations soumises à l'événement du décès est en raison de celui des libéralités dont la réalisation est possible (9). Ainsi, la donation *mutuelle* que se font les futurs pour le cas de survie est passible d'un seul droit (10) ; tandis qu'il en est dû deux sur la clause par laquelle un tiers institue les futurs, ses héritiers *chacun pour moitié* 11).

301. Mais les diverses donations éventuelles faites au même époux par une même personne, ne constituent par leur réunion qu'une seule libéralité passible d'un droit unique (12).

302. Si les futurs stipulent que les acquêts appartiendront au survivant ou aux enfants à provenir du mariage, la clause relative aux enfants est alors une libéralité éventuelle soumise au droit de 5 fr. (13) ; — et il en est de même de la renonciation par l'un des époux au droit d'exercer ses reprises lors de la dissolution de la communauté (14).

303. Mais n'est pas passible de ce droit la clause par laquelle il est convenu que le futur, en recueillant une donation faite à la future servira une rente viagère au père de celle-ci, non présent au contrat (15). Et si les père et mère du futur lui donnent ainsi qu'à ses trois frères *non présents*, certains immeubles à prendre ensemble par préciput à leur décès, il n'est dû que deux droits de 5 fr. et non pas cinq (16).

304. III. *Institution contractuelle*. La promesse faite aux futurs de les instituer héritiers équivaut à une institution contractuelle et rend le droit fixe de 5 fr. exigible (17). On assimile à cette promesse la clause par laquelle les père et mère des futurs leur assurent une part héréditaire égale à celle des autres enfants ou s'engagent à ne point avantager ces derniers (18), *supra n° 240*, ou celle par laquelle ils garantissent au futur une part égale à celle du *plus* prenant (19). Le droit fixe de 5 fr. est seul exigible sur la donation d'un immeuble à prendre tel qu'il sera au décès du disposant (20).

305. On ne saurait, toutefois, attribuer le même caractère à la déclaration des parents que le futur aura en mariage ce qu'il recueillera dans leurs successions (21) ; car il n'y a, dans cette hypothèse aucun dessaisissement.

306. IV. *Donation cumulative*. La donation cumulative de biens présents et à venir contient réelle-

(1) Dict. Not., Don., 478.
(2) Seine, 26 mars 1851 ; Cass., 17 nov. 1851 ; J. N., 14332 et 14542.
(3) Sol., 24 mai 1832 ; Dél., 14 janv. 1834 ; Epernay, 24 août 1834 ; Bar-sur-Aube, 24 août 1837 ; Seine, 7 mai 1840 ; J. N., 9908 ; R. G., 3783-1.
(4) Cass., 30 janv. 1839 ; J. N., 10289 ; I., 1500-6 ; 7 nov. 1842 ; J. N., 11472 ; I., 1693-2 ; R. G., 3898 ; Dict. Not., Don. en fav. du mar., 7 à 9 ; Dél., 16 juill. 1832 ; R. G., 3812 : Circul. de la Régie, n° 1721.
(5) Dél., 20 déc. 1827 ; D. m. f., 5 janv. 1838 ; R. G., 3814.
(6) Cass., 9 avril 1828 ; J. N., 6573 ; R. G , 3813 ; Sol., 9 fév. 1847 ; J. N., 13316 ; I., 1796-8.
(7) Seine, 12 mai 1841 ; Dél., 24 mars 1813 ; R. C., 3814 bis.
(8) J. N., 11065 ; Dict. Not., Don. par contr. de mar., 12).
(9) Sol., 7 nov. 1831 et 12 mai 1832 ; R. G., 3828.
(10) D. m. f., 21 juill. 1820 ; Dict. Not., Contr. de mar., 373 ; R. G., 3828-1.
(11) Garnier, R.-G.,3828-2 ; contra, Dél., 25 janv. 1845 ; R. G., eod.

(12) Sol., 9 pluv. an 7 ; Dict. Not., loc, cit., 374.
(13) Cass., 11 avril 1834 ; I., 1381-6.
(14) Cass., 3 déc. 1839 ; J. N., 10571.
(15) Dreux, 26 août 1846 ; J. N., 12002 ; D. N., loc. cit., 382.
(16) J. N., 10379 ; Dict. Not., loc. cit., 388.
(17) Cons., Merlin ; Rép. Voir Inst. cont., § 6, n° 2. Delvincourt, I, 212 ; Duranton, IX, 655 ; Coin-Delisle, 1082, 6 ; Champ. et Rig., 2950 ; Rodière et Pont. II, 246.
(18) Dél., 6 juin 1817 ; J. N., 2200 ; Sol., 8 déc. 1835 ; J. N., 9313 ; I., 1513-1 : Cass., 11 mars 1834 ; R. G., 3851 ; contra, Champ. et Rig., 2951 ; Bourbon-Vendée, 5 fév. 1839 ; R. G., eod.; Dict. Not.. loc. cit., 387.
(19) Garnier, R. G., 3852 ; contra, Dict. Not., 387 ; J. N., 9410.
(20) Cass., 20 nov. 1833 ; J.N., 8301 ; R. G., 3337 ; Dél., 12 oct. 1839 ; J. N., 7313 ; Dict. Not., Don. par contr. de mar., n° 138.
(21) Dél., 14 fév. 1824 ; R. G., 3851.

ment deux libéralités distinctes dont la première se transforme, lors du décès, en une donation ordinaire des biens qui existaient au jour du contrat, *supra n° 227*. Cependant, on considère que la disposition, dans son ensemble, ne produit pas d'autre effet que celle d'un testament et le droit fixe de 5 fr. est seul exigible (1).

307. Toutefois, la Régie soutient que si le donataire est mis sur-le-champ en *jouissance* des biens présents, le droit proportionnel est dû sur la valeur de cette jouissance (2). Elle fait également acquitter ce droit sur la valeur de la toute propriété, quand le donataire est autorisé à disposer de la nue propriété des biens présents (3).

308. D'ailleurs, si la donation cumulative comprend un objet déterminé dont le donataire soit immédiatement investi, le droit proportionnel est de suite exigible sur cet objet (4).

309. V. *Donations de sommes payables au décès*. Les donations de sommes payables au décès sont des libéralités éventuelles passibles du droit de 5 fr. quand elles ne confèrent au donataire qu'un droit subordonné au décès du disposant et n'emportent aucun dessaisissement actuel de la part de celui-ci.

310. C'est ce qu'on a décidé spécialement : 1° pour la donation d'une somme à prendre sur les plus clairs biens de la succession, sans qu'il puisse être requis inscription et avec stipulation que le donataire n'aura la jouissance de la somme donnée qu'après le décès d'un tiers (5) ; — 2° pour celle d'une somme à prélever sur la succession du donateur avec convention que l'objet donné ne sera pas sujet à rapport (6) ; — 3° enfin pour la donation à la future d'une somme à prendre sur les biens que le donateur laissera au décès, payable à terme avec intérêts, et caduque par le prédécès sans enfant du donateur (7).

311. Mais le droit proportionnel est exigible si le donateur se dessaisit actuellement de l'objet donné. Telles sont, entre autres, les libéralités contenant : 1° une clause formelle de dessaisissement actuel (8) ; — 2° une stipulation d'hypothèque au profit du donataire (9) ; — 3° une réserve d'usufruit en faveur des donateurs (10) ; — 4° ou une clause de retour (11) ; — 5° les donations stipulées faites en avancement d'hoirie (12) ; — 6° ou rapportables à la succession (13) ; — enfin 7° les donations de sommes payables après le décès sans intérêts (14).

312. Les hypothèses qui précèdent ne sont données ici qu'à titre d'exemple et non pour servir de règle fixe. Il serait impossible de poser un principe certain dans une matière où l'intention des parties se détermine par l'examen des termes de chaque disposition et l'appréciation des circonstances. Le point essentiel à préciser, c'est que le droit proportionnel est dû si la donation contient des expressions d'où l'on puisse inférer un dessaisissement actuel de propriété de la part du donateur.

313. VI. *Donations conditionnelles*. Les libéralités dont nous nous occupons sont soumises au droit commun pour la formation du contrat, la capacité des parties, et les conditions dont il est permis de les affecter.

314. Nul doute, d'abord, qu'on puisse les subordonner à l'accomplissement d'un événement inconnu ; et que, devant cette condition suspensive, le droit fixe de 2 fr. soit seul exigible. Tel est le cas, par exemple, de la donation entre-vifs faite par contrat de mariage à la future d'un immeuble, pour le cas où, à son décès, elle laisserait des enfants issus de son mariage (15). Il semblerait même que toutes les donations faites dans le contrat en faveur du mariage devraient être rangées de plein droit dans cette catégorie, puisque leur existence dépend de la célébration. Cependant la pratique contraire a prévalu et la Régie perçoit l'impôt proportionnel sauf restitution, *infra n°s 338 à 345*.

315. Mais lorsque les père et mère du futur s'engagent à recevoir les époux chez eux ou à leur

(1) Cass., 1er déc. 1829; J. N., 7833; I., 1307-5; R. G., 3904.
(2) I., 1320-1; Av. cons. d'Etat, 22 déc. 1809; I., 1307-4; R. G., 3905; J. N., 7131; Dél., 10 fév. 1846; R. G., 3917 *bis;* Dict. Not., *Don. par cont. de mar.*, 146; J. N., 9456 et 9860.
(3) I., 463, 1307-1 et 1320-4; Bayonne, 22 nov. 1843; J. N., 11800. *Comp.* Cass., 14 juill. 1807, 13 avril 1815, 28 janv. 1819; J. N., 346, 2296, 6771, 7033, 7131, 7137, 11890; Rodière et Pont, I, 259; I., 1320-1; contra, Cass., 15 fév. 1830; J. N., 7137.
(4) Cass., 20 mars 1833; J. N., 8932; I., 1425-5; R. G., 3907.
(5) Cass., 5 nov. 1839; J. N., 10520; I., 1615-2; R. G., 3911.
(6) Dél., 15 janv. 1836; J. N., 9168.
(7) Fontoise, 1er mai 1851; R. G., 3917.
(8) Cass., 8 juill. 1822; R. G., 3910; 15 mars 1825; J. N., 5210. Voir R. pér., 398.
(9) Seine, 26 mai 1841; Toulouse, 7 juill. 1844; Cass., 6 août

1827; Figeac, 11 déc. 1855 et 6 nov. 1856; R. G., 3911; R. P., 640 et 755; Besançon, 15 mai 1854; R. P., 796.
(10) Tulle, 8 mars 1852; Clermont. 11 janv. 1848; Loudun, 9 déc. 1846; Seine, 23 fév. 1842; R. G., 3910, 3911; J. N., 17898; Seine, 26 déc. 1863; J. N., 18070.
(11) Cass., 17 avril 1826; I., 1200-5; J. N., 5752; I., 1132-6; D. m. f., 24 mai 1832; Lannion, 10 mai 1837; Cass., 13 déc. 1828; J. N., 6781; I., 1272-5; 8 déc. 1831; J. N., 7646; I., 1398-2; 17 janv. 1844; J. N., 11885; I., 1713-4; 28 janv. 1839; J. N., 10272; I., 1590-5.
(12) Cass., 9 juill. 1810; R. G., 3911-5.
(13) Versailles, 16 mars 1843; R. G., 3910-2.
(14) Dél., 20 janv. 1835; I., 1189-2; R. G., 3910-7.
(15) Cass., 20 avril 1846; J. N., 12665; Conf., 11 déc. 1840; J. N., 10851.

donner, s'ils veulent se séparer, une somme d'argent ou la jouissance d'un immeuble, le droit proportionnel de donation est souvent perçu sur cette somme ou sur cette jouissance (1).

316. VII. *Donations alternatives.* Les contrats de mariage renferment souvent des stipulations par lesquelles un donateur promet une chose *ou* une autre. Ces libéralités alternatives sont sujettes au droit proportionnel, puisqu'il est certain qu'un objet a été donné. — On perçoit le droit le moins élevé si le choix appartient au donateur (2), ou bien lorsqu'il a été laissé au donataire pour être exercé après le décès du donateur (3) ; — sauf à réclamer l'excédant lors de l'option ultérieure (4). Si le choix appartient au donataire sans condition, le droit est perçu au taux le plus élevé.

317. Constitue une donation alternative proprement dite la clause d'un contrat de mariage par laquelle le père du futur se réserve de remplacer les immeubles constitués en dot par d'autres immeubles (5) ; — ou par une certaine somme si le futur veut les aliéner (6). Mais le caractère de la condition résolutoire a été reconnu à l'abandon d'un immeuble dont le donateur se réserve de faire la vente à charge de remettre une partie du prix au donataire (7).

318. VIII. *Donations onéreuses.* Les libéralités faites par contrat de mariage sont quelquefois grevées de charges qui en diminuent l'importance ; et il n'est pas sans difficulté de savoir s'il faut alors percevoir le droit de cession à titre onéreux ou le droit de donation.

319. Quand les charges sont inférieures à la valeur de l'objet constitué en dot, l'acte doit être considéré, dans son ensemble, comme une libéralité (8). On ne saurait exiger à la fois, le droit de vente sur les charges et le droit de donation sur le reste de l'objet (9), — à moins qu'il n'apparaisse évidemment que l'intention des parties a été de faire deux conventions distinctes (10).

320. Si les charges égalent la valeur de la chose donnée, il y a beaucoup plus d'embarras, et la question a été résolue en des sens opposés par la jurisprudence (11).

321. Lorsque les charges consistent dans certaines sommes à payer à des créanciers sans titre enregistré, le droit de reconnaissance de dette à 1 p. 100 est-il exigible? — La jurisprudence a distingué entre les donations universelles ou à titre universel et les donations d'objets particuliers. Le donataire de tout ou partie des biens présents est légalement tenu de tout ou partie des dettes présentes (12). L'état ou la déclaration prescrite par les art. 945, 1084 et 1086 C. N., a pour objet de mettre le donataire à même de connaître les charges de la libéralité ; il ne peut servir de titre aux créanciers. Aussi le droit d'obligation n'est-il pas exigible (13), à moins que les créanciers n'interviennent à l'acte pour accepter l'aveu (14) ; — on doit décider de même pour les donations cumulatives de l'art. 1084 C. N. (15) et pour les partages anticipés (16).

322. Quand il s'agit de la donation d'un objet particulier, le donataire n'est pas tenu au payement des dettes du disposant. La charge que ce dernier lui impose de les acquitter et l'énonciation qu'il en fait ont paru constituer une sorte de délégation de prix donnant ouverture au droit proportionnel, si la créance ne résulte pas d'un titre enregistré (17).

323. IX. *Dons manuels.* Les déclarations de dons manuels en faveur du mariage, faites dans les contrats

---

(1) Cass.. 18 avril 1821 ; J. N., 3654; Dict. Not. Voir *Don. par cont. de mar.*, 194; 9 juill. 1838; R. G., 3789; Lyon, 8 mai 1850;R. G.,3788; Saint-Calais, 13 août 1850; R. P., 742; contra, Tarbes, 15 avril 1861; R. P., 1715.
(2) Cass., 15 juin 1808; I., 405; Sol., 7 avril 1837; R. G.,4941.
(3) Sol., 9 avril 1825; I., 1173-3; J. N., 5000; Cass., 20 août 1827 ; J. N., 6340; Dict. Not., *Don.*, n° 605.
(4) D. m. f., 3 fév. 1817 ; I., 766 ; J. N., 5096; Dict. Not., *loc. cit.*, 603.
(5) J. N., 11039.
(6) J. N., 0746.
(7) Cass.. 17 août 1831 ; J. N., 7534 ; I., 1388-2 ; R. G., 4945.
(8) Coin-Delisle, *art. 894;* Marcadé, *eod.;* Altkirch, 15 nov. 1813 ; R. G., 4897; Senlis, 13 mai 1844; Rethel, 7 août 1856; Dict. Not., *loc. cit.*, 547.
(9) Voyez cependant Epernay, 31 déc. 1846; Reims, 27 déc. 1845; aint-Quentin, 11 mars 1846; Vervins, 17 juill. 1846; Bordeaux, 20 juill. 1846; Le Havre, 25 mai 1848; Châtillon-sur-Seine, 19 mai 1849 ; R. G.,4897, *note;* J. N., 12055; Dict. Not., *Don.*, 549.
(10) Saint-Quentin, 13 mars 1844; Périgueux, 14 mars 1845; Cass., 11 déc. 1838; R. G., 4898.
(11) Nous ne pouvons que renvoyer ici aux nombreuses décisions

d'espèces. Voir J. N., 8319, 12366, 13009, 13047, 13138, 13391, 13634, 13895, 14418, 15967 et 18184; Dict. Not., *Don.*, nos 540 à 550; Garnier, R. G., 4895. Voyez encore Cass., 13 déc. 1853; J. N., 15128 et Dict. Not., *Don. par cont. de mar.*, 178.
(12) Grenier, *Donation*, 90 ; Duranton, IX, 482; Dalloz, *Disp. entrevifs*, ch. 4. sect. 3; Vazeille, 941 ; Champ. et Rig., II, 1151.
(13) I., 386-19 ; Dél., 6 avril 1827 ; Dalloz, 1234 ; J. N., 6285; Nantes, 31 juill. 1829; Tarbes, 25 avril 1831 ; R. G., 9539-2 ; Vervins, 25 fév. 1838; R. P., 1025 ; J. N., 16386; Sol., 16 mai 1861 ; R. P , 1509 ; contra, Délib., 27 juill. 1830 ; J. N., 7251.
(14) Limoges, 16 déc. 1845; R. G., 9539-2 ; I., 386-19; Dél.,13 fév. 1835; Bull.. 1692; R. P., 1268, p. 74.
(15) Loulans, 27 juin 1845; Dalloz, 1230; R. P., 1268, p. 66; Champ. et Rig., 874.
(16) Dalloz, 1603; Lunéville, 21 mai 1828; Cass., 28 avril 1829; Nantes, 31 juill. 1829; Tarbes, 25 avril 1831 ; Castres, 27 août 1834 ; Cass., 21 juin 1832; I., 1110-5; R. G., 9559; R. P., 1268, p. 73; J. N., 7761.
(17) Cass., 2 avril 1828 ; I., 1270; J. N., 6388; R. P., 1268, p. 77; R. G., 4160-1 ; Clermont, 2 mars 1847; J. N., 13460; Nevers, 6 janv. 1851; Mâcon, 2 juin 1843; R. G , 4448-2 ; contra, J. N., 12166-12, 11711, 17146; Dalloz, 1605; Champ. et Rig., 1152.

par les futurs, profitent de la réduction du droit, comme si la donation avait lieu dans cet acte lui-même (1). — Pour motiver la perception de l'impôt, la déclaration du donataire n'a pas besoin d'indiquer la personne du donateur; et c'est ce qui arrive fréquemment pour les cadeaux que les futurs se constituent en dot (2). Les parties peuvent alors demander à indiquer, conformément à l'art. 46 de la loi du 22 frim. an VII, le degré de parenté des donateurs, afin d'éviter le tarif entre étrangers (3).

324. Le droit de donation manuelle ne saurait être du reste perçu que sur la déclaration formelle du donataire (*Loi du 18 mai 1850, art. 6*) ; d'où il suit qu'il ne serait rien dû sur l'apport pur et simple d'une somme d'argent, quoiqu'elle paraisse cependant, d'après les circonstances, provenir au futur d'une libéralité (4).

325. X. *Dot imputable sur une succession échue.* S'il est exprimé, dans le contrat de mariage, ou s'il est justifié par des actes tels qu'un inventaire ou un partage, que la dot constituée par le père ou la mère survivant se compose en entier d'effets mobiliers et de sommes existant dans la succession de l'ascendant prédécédé, *supra formule 45, 6°,* la constitution de dot est considérée comme une simple déclaration d'apport exempte de tout droit (5); ou donnant lieu soit au droit de décharge quand la délivrance en est faite dans le contrat (6), soit au droit d'obligation quand le survivant s'oblige de la payer à terme (7).

326. Mais le droit de donation est exigible lorsque le contrat n'énonce pas ou qu'il n'est pas justifié que les valeurs existent dans la succession (8).

327. Si le futur, moyennant cette constitution de dot, renonce à demander compte et partage de la succession du prédécédé, il ne s'ensuit pas, par cela seul, qu'il abandonne ses droits au constituant. La clause n'exprime que l'ajournement du compte et la continuation dans les mains du père ou de la mère survivant de la gestion des biens héréditaires. Le droit de donation sur la constitution de dot est donc seul exigible (9). Pour qu'on y pût voir une cession à titre onéreux d'usufruit ou de nue propriété, il faudrait que l'intention des parties fût manifeste (10). — Telle serait, par exemple, la stipulation que le père de la future ne pourra être recherché *de son vivant* à raison de la succession (11), ou *jouira* des biens de celle-ci. (12).

328. XI. *Donations entre époux.* Les époux peuvent se faire, par contrat de mariage, telles donations qu'ils jugent à propos; et, sauf la différence de tarif, ces donations sont soumises, en droit fiscal, aux mêmes règles que les libéralités faites en faveur du mariage par des tiers dans le contrat.

329. Le droit proportionnel est donc immédiatement exigible sur les donations de l'espèce qui contiennent un dessaisissement actuel ; — telles que la clause par laquelle la future déclare se constituer une corbeille dont le futur lui fait cadeau (13) ; ou la déclaration du futur qu'il donne actuellement à la future une somme déterminée (14).

330. Mais il n'est dû que le droit fixe de 5 fr., quand l'effet de la libéralité est subordonné au décès du disposant; et on doit appliquer dès lors les règles indiquées précédemment pour cette nature de donation (15) *supra n° 300.*

SECTION V. — QUESTIONS DIVERSES.

331. Il n'est dû aucun droit spécial sur la clause par laquelle le futur s'engage à entretenir jusqu'à l'âge de majorité un enfant naturel de la future (16); ou à subvenir aux dépenses de sa femme (17).

332. Le pouvoir donné au futur par la future d'aliéner ses biens dotaux ou propres sans autorisa-

(1) Dict. Not., *Don. par cont. de mar.*, 79 ; J. N., 14550 ; Garnier, R. G., 3809 et 4779-2 ; Rodière et Pont, I, 252 ; Senlis, 30 juill. 1857 ; J. N., 10212.
(2) Dél., 4 oct. 1850 ; J. N., 14171 ; Seine, 9 avril 1851 ; J. N., 14314 ; 28 mai 1851 ; J. N., 14389 ; Dél., 16 juin 1851 ; R. G., 4716.
(3) Sol., 16 juin 1851 et Seine, 28 mai 1851 ; J. N., 14389 ; R. G., 4777.
(4) Cass., 28 nov. 1859 ; R. P., 1209 ; J. N., 16710 ; voir J. N., 15409, 15809, 15984, 16018, 16035, 16098, 16147, 16189, 16405, 16710, 16804.
(5) Sol., 5 fév. 1830 ; L., 1333-1 ; R. G., 3817 ; J. N., 7216-1.
(6) L., 1333-1 ; J. N., 7216-1.
(7) Brives, 2 avril 1852 ; J. N., 14605 ; Garnier, 3755, n° 4.
(8) Mêmes autorités et Laon, 3 juill. 1831 ; R. G., 3820.
(9) Senlis, 22 sept. 1829 ; L., 1333-2, n° 1 ; Baugé, 14 avril 1829 ;

Metz, 20 août 1829 ; L., 1433-2, n° 1 ; J. N., 7216 ; Château-Thierry, 7 août 1855 ; J. N., 12520.
(10) Cass., 20 mai 1828 ; Dél., 5 fév. 1830 ; L., 1333-2 ; J. N., 6432, 6588 et 7216-2 ; Cass., 9 mai 1831 ; J. N., 9445 ; Dict. Not., *loc. cit.*,185.
(11) L., 1333-2 ; R. G., 3822-1 ; Privas, 16 mai 1842 ; R. G., *loc. cit.*
(12) Dél., 1er sept. 1835 ; Lure, 8 juill. 1843 ; Dijon, 2 janv. 1845 ; R. G., 3823 ; Voir cependant : Besançon, 14 mars 1826 ; Dict. Not., *Don. par cont. de mar.*, 186 ; Champ. et Rig., *supplément*, 795.
(13) Dél., 2 nov. 1840 ; R. G., 3777 ; Dict. Not., *Don. entre époux*, 94.
(14) Dél., 5 nov. 1830, J. N., 7308 ; Arg. Cass., 31 août 1853 ; J. N., 15030.
(15) *Cons.*, 4 arrêts de cass., 20 mars et 7 juill. 1840 ; J. N., 10664, 10708 ; Dict. Not., *loc. cit.*, 96.
(16) J. N., 3000 *bis* ; Garnier, R. G. 3919 ;
(17) J. N., 1788 ; Dél., 7 mai 1823 ; R. G., 3919 ; Seine, 20 avril 1842 ; Dict. Not., *contr. de mar.*, n° 367.

tion, avec ou sans charge de remploi, est une dépendance nécessaire du contrat et n'opère aucun droit particulier (1). Il en est de même pour la gestion des paraphernaux (2) ; — ou pour l'autorisation accordée par le mari à la femme de faire le commerce (3).

333. Si les futurs donnent au père de l'un d'eux mandat de gérer leurs biens, le droit de 2 fr. est exigible (4) ; — celui de bail à vie serait même dû dans le cas où le père serait dispensé de rendre compte (5).

334. Lorsque les futurs s'associent à leurs parents pour quelque entreprise, ou pour certains travaux, le droit de constitution de société doit être perçu (6) ; mais alors la remise de la dot aux parents à titre de mise de fonds est affranchie de l'impôt. — Du reste, il n'y aurait pas de société si chacune des parties se réservait individuellement le profit de sa collaboration et si on stipulait seulement un travail commun à certaines conditions (7).

335. Un notaire peut énoncer dans un contrat de mariage, sans encourir d'amende, que la dot de la future consiste en billets non enregistrés, car cette mention est purement déclarative (8) ; mais il y a usage des titres, selon un jugement, si le notaire annonce les avoir paraphés et remis au futur (9).

336. La contravention existe aussi quand le notaire relate une délibération non enregistrée par laquelle le conseil de famille a autorisé le mariage du mineur (10), ou lui a nommé un tuteur *ad hoc* 11) ; — ou bien s'il déclare que l'apport résulte d'un inventaire authentique, non encore enregistré (12).

337. L'acte par lequel les époux rétablissent leur communauté dissoute à la suite d'une séparation de biens est passible, comme acte complémentaire, du droit fixe de 2 fr. (13). Il en est de même des changements ou contre-lettres intervenus avant la célébration à la suite du contrat, s'il n'y a aucune addition donnant lieu à de nouveaux droits d'enregistrement (14). L'acte de résiliation du contrat de mariage est, comme acte innommé, passible du droit fixe de 2 fr. (*L. 22 frim. an VII, art. 68, § 1, n° 51 ; 18 mai 1850, art. 8.*)

SECTION VI. — RESTITUTIONS.

338. Les droits perçus sur les contrats de mariage doivent être restitués, quand il est reconnu que la célébration n'a pas eu et n'aura pas lieu (15).

339. Ce remboursement s'applique à toutes les conventions que le défaut de célébration rend sans effet ; — spécialement aux donations faites en faveur de mariage, et aux ventes consenties sous cette condition (16).Mais on ne saurait l'étendre ni au droit fixe de 5 fr., perçu pour salaire de formalité (17), ni aux stipulations qui reçoivent leur exécution malgré le résiliement du contrat (18), ni à l'amende encourue par le notaire pour enregistrement tardif de l'acte (19).

340. Le défaut de célébration du mariage résulte la plupart du temps d'un résiliement du contrat entre les parties, *supra n° 278*. Ce résiliement suffit pour obtenir la restitution (20), pourvu qu'il soit en la forme authentique (21) et lors même qu'il ne serait pas écrit à la suite du contrat (22). — Mais on décide généralement que la Régie peut le repousser s'il n'a pas eu lieu en présence des parties qui ont figuré au contrat résilié (23).

341. Dans tous les cas, la production de la copie de l'acte de résiliement est suffisante sans qu'il soit besoin d'en déposer à la Régie une expédition en la forme authentique (24).

342. La non-exécution du contrat peut se prouver encore, sans le secours d'un acte de résiliement,

(1) Dél., 21 mars 1819 et 17 nov. 1826; I., 1205-1; I. N., 2998 et 6077; Dict. Not., *loc. cit.*, 364 ; Champ et Rig., 2922; Dalloz, 3270; Rodière et Pont, I, 203; Garnier, R. G., 3922.
(2) Sol., 12 oct. 1850; I. N., 14383.
(3) Garnier, R. G., 3922-3.
(4) Meaux, 5 juin 1850; I. N., 14293.
(5) Cass., 10 mars 1819; Vitré, 21 déc. 1850; R. G., 3921.
(6) Dél., 15 sept. 1824; R. G., 3939; Champ. et Rig., 2937; Dalloz, 3464; Rodière et Pont, 232, y voient cependant un simple consentement sujet au droit fixe de 2 francs.
(7) Garnier, R. G., 3989-3.
(8) Sol., 30 janv. 1833; R. G., 792-3.
(9) Tulle, 9 janv. 1849; R. G., 806-5.
(10) Fontainebleau, 21 juill. 1839; I. N., 10603.
(11) Grenoble, 27 juill. 1836; I. N., 9520.
(12) D. m. f., 26 sept. 1833; R. G., 827-1.
(13) Dél., 22 pluv. an 10; Garnier, R. G., 3938.
(14) Dict. Not., *Cont. de mar.*, 432 à 434.

(15) D. m. f., 7 juin 1808; I., 286-29; Dél., 12 janv. 1836; I. N. 9212.
(16) Dict. Not., *Cont. de mar.*, 436 et 439; Sol., 27 août 1861 ; R. P. 1517.
(17) D. m. f., 7 juin 1808; I., 296-29; Dél., 12 janv. 1836 ; I. N., 9212; Cass. Belg., 7 avril 1859, R. P., 1178.
(18) Rodière et Pont, I, 270; Garnier, R. G., 3956; Sol., 25 sept. 1812 ; R. G., 3955.
(19) Garnier, R. G., 3955.
(20) Dél., 21 sept. 1812 et 27 oct. 1829; I. N., 3658; R. G., 3946; Dél.; 3 oct. 1837, Dict. Not., *loc. cit.*, 444; Rodière et Pont, n° 279.
(21) Dict. Not., 445; Dél., 11 mars 1814; I. N., 1051 et 9 juill. 1831; R. G., 3948; contra Garnier, R. G., 3918.
(22) Dél., 12 janv. 1814; I. N., 11935.
(23) Dél., 14 sept. 1832, 5 sept. 1832; Montmédy, 22 juill. 1832. R. G. 3949; contra, Roll., *Résol. de cont. de mar.*, n° 3.
(24) I. N., 7761; D. N., 447. Voir cependant Dél., 22 avril 1822, citée dans ces articles.

par des pièces justificatives établissant, d'une façon catégorique, que le mariage est demeuré en projet. Tels seraient, par exemple, les certificats par lesquels les maires compétents pour célébrer le mariage attesteraient l'inexistence de cette célébration, si on joignait à ces pièces, ou l'acte de décès de l'un des futurs, ou la copie de son acte de mariage avec une autre personne.

343. Mais il ne suffirait pas de présenter les certificats seuls, puisque le mariage pourrait avoir lieu postérieurement (1), — ni de produire une déclaration notariée que le mariage est rompu (2), — ou une signification extrajudiciaire faite dans le même but au notaire rédacteur du contrat (3), — ou la copie d'un jugement qui ordonne la restitution de la dot sans résilier le contrat (4).

344. Si les parties, après avoir résilié le contrat et obtenu la restitution des droits, déclaraient lors de leur mariage ultérieur faire revivre le premier acte, la Régie serait fondée à réclamer le reversement des droits remboursés (5).

345. La restitution des droits doit être demandée dans le délai de deux ans à partir de l'enregistrement du contrat de mariage et non pas du jour où sa non-exécution est devenue certaine (6). Elle n'est même plus possible, en aucun temps, quand le mariage a été célébré et bien que cette célébration soit annulée postérieurement en justice (7).

---

(1) Dél., 8 sept. 1832 ; R. G., 3958.
(2) Mauriac, 22 fév. 1850 ; R. G., 3959.
(3) Dél., 11 mars 1813 ; J. N., 1051 ; Dict. Not., 445.
(4) Dél., 8 sept. 1832 ; R. G., 3961.
(5) Cass., 20 août 1838 ; J. N., 10217 ; Dél., 23 mars 1825 ; Dict. Not., 451.

(6) Cass., 20 août 1838 ; J. N., 10217 ; I., 1590-14 ; Conf., Dél., 8 sept. 1832, 9 juill. 1833 ; Melun, 9 mai 1837 ; R. G., 3962 ; contra, Ville-neuve-d'Agen, 21 juill. 1835 ; Lectoure, 14 août 1835 ; Roanne, 11 mai 1836 ; J. N., 9345 ; Dict. Not., 411. Voir encore J. N., 3645, 6782 et Rodière et l'ont, 281, 282.
(7) Cass., 25 mai 1841 ; J. N., 11005 ; I., 1661-11 ; R. G., 3945.

TABLE ALPHABÉTIQUE

MATIÈRES DU TRAITÉ-FORMULAIRE DU CONTRAT DE MARIAGE

§ 1er. DROIT CIVIL.

Acceptation bénéficiaire, 224. — Acceptation de donation, 197, 236. — Accroissement, 38, 119. — Acquêts, 36 à 42, 179, 183, 189. — Acquisition, 100. — Actif, 37, 45. — Actions, 38, 94, 121. — Actions de la banque de France, 148, 157. — Administration du mari, 52, 105 ; de la femme séparée, 100, 104 ; des biens dotaux, 121 à 129, 154, 167 ; des biens paraphernaux, 183 à 189. — Agrément au mariage, 23, 24. — Amende, 22, 60, 264. — Ameublissement, 54 à 89. — Amis, 23. — Annexe, 20. — Antichrèse, 101. — Apports en mariage, 33, 62, 65, 190 à 193. — Arrérages, 39, 63. — Assistance au contrat de mariage, 10 à 21, 29, 260, 261. — Attribution de communauté, 86, 87 ; de parts, 77, 78. — Autorisation maritale, 103, 216.

Bail, 76. — Bénéfice de communauté, 91. — Biens acquêts, 37, 40, 44. — Biens dotaux, 113, 129, 130. — Biens paternels et maternels, 208. — Bonne foi, 204. — Bonnes mœurs, 3.

Caducité, 220, 237, 238. — Caution, 74, 95, 124, 150, 162, 249. — Certificat, 22, 276. — Charges du mariage, 39, 106, 182. — Clause de réalisation, 43. — Commerçant, 265 à 270. — Communauté légale, 28 à 34 ; conventionnelle, 35 et suiv., 92 ; réduite aux acquêts, 36 à 41, 67 ; d'acquêts immobiliers, 42 ; universelle, 88 ; à titre universel, 89. — Communauté (exclusion de), 93. — Commune renommée, 50. — Compte entre époux, 186, 187 ; de fruits, 105 ; de tutelle, 205. — Condition, 81, 86, 234. — Conseil de famille, 17 à 20 — Conseil judiciaire, 10, 216. — Constitution de dot sous le régime dotal, 109 à 120. — Contrat de mariage (formalités), 1 à 29. — Contre-lettre au contrat de mariage, 214, 272 à 276. — Convention de mariage, 86, 90. — Coutumes, 3. — Créanciers, 75.

Dation en payement, 155, 271. — Délits, 60. — Dépôt pour minute, 6. — Dépôt d'extraits de contrat de mariage, 263 à 270. — Dérogation, 92. — Description d'objets, 191, 192. — Destitution, 264. — Dettes, 36, 44, 60, 61, 79, 83, 84, 94, 143, 194, 221, 234. — Deuil, 176. — Dispenses de mariage, 9. — Dommages et intérêts, 275. — Donation en faveur du mariage, 197 à 212, 234 à 239 ; cumulative de biens présents et à venir, 217, 227 à 240 ; de biens à venir, 213 à 240 ; entre époux, 241 à 262. — Dot, 47, 112, 174, 197 à 212.

Échange, 152, 153. — Égalité, 240. — Empereur, 24. — Emploi, 53, 104, 122. — Emprisonnement, 141. — Emprunt, 100. — Enfant, 213, 219, 220, 233. — Enfant naturel, 21. — Engrais, 37. — Estimation, 125, 126. — Établissement, 135 à 139. — Étranger, 30, 31. — État de mobilier, 40, 41, 64, 96, 107, 230. — de dettes, 227. — Exclusion du mobilier, 43 ; des dettes, 44 ; de communauté, 93. — Expédition, 275. — Expropriation pour utilité publique, 146. — Extrait, 363.

Fonds de commerce, 76, 127, 192. — Fongible, 96. — Forfait de communauté, 84 à 91. — Franc et quitte, 64, 68, 194. — Fruits, 37, 95, 175 à 179.

Garantie, 64, 104, 120, 209. — Grosse exécutoire, 275. — Grosses réparations, 144.

Habitation, 176. — Hospice, 21. — Hypothèque, 57, 58, 88, 150, 155, 156. — Hypothèque légale, 67, 85, 91, 164, 243.

Imprescriptibilité, 166. — Imputation, 199. — Ina-

§ 2, ENREGISTREMENT.

FIN DE LA TABLE ALPHABÉTIQUE.

Paris. — E. Donnaud, imprimeur, rue Cassette, 9.

www.ingramcontent.com/pod-product-compliance
Lightning Source LLC
Chambersburg PA
CBHW071148200326
41519CB00018B/5151